# manuscritos econômico-filosóficos

# manuscritos econômico-filosóficos

## KARL MARX

Tradução
LUCIANO CAVINI MARTORANO

MARTIN CLARET

© *Copyright* desta tradução: Editora Martin Claret Ltda., 2015.
Tradução original do alemão: Marx, K. *Ökonomisch-philosophische Manuskripte*. Berlin, Dietz, 1982. Marx-Engels-Gesamtausgabe - MEGA2/I Abteilung, Band 2.

| | |
|---|---|
| Direção | Martin Claret |
| Produção editorial | Carolina Marani Lima |
| | Mayara Zucheli |
| Projeto gráfico e diagramação | Giovana Gatti Quadrotti |
| Direção de arte e capa | José Duarte T. de Castro |
| Revisão | Marcelo Maia / Alexander Barutti A. Siqueira |
| Impressão e acabamento | Paulus Gráfica |

Este livro segue o novo Acordo Ortográfico da Língua Portuguesa.

---

**Dados Internacionais de Catalogação na Publicação (CIP)**
**(Câmara Brasileira do Livro, SP, Brasil)**

Marx, Karl, 1818-1883.
 Manuscritos econômico-filosóficos / Karl Marx; tradução Luciano Cavini Martorano. — São Paulo: Martin Claret, 2017.

 Título original: *Ökonomisch-philosophische Manuskripte*.

 ISBN 978-85-440-0149-3

 1. Economia – Filosofia 2. Economia marxista 3. Filosofia marxista 4. Marx, Karl, 1818-1883 5. Socialismo I. Título.

17-04790                                                    CDD-330.01

Índices para catálogo sistemático:

1. Economia: Filosofia    330.-01

---

EDITORA MARTIN CLARET LTDA.
Rua Alegrete, 62 — Bairro Sumaré — CEP: 01254-010 — São Paulo — SP
Tel.: (11) 3672-8144 – www.martinclaret.com.br
1ª reimpressão em 2018

# Sumário

Trabalho alienado e abstrato, *Ingo Elbe* ............ 7
Edições básicas e traduções dos *Manuscritos econômico-filosóficos*, *Paulo Denisar Fraga* ............ 57

## MANUSCRITOS ECONÔMICO-FILOSÓFICOS

Prefácio (do caderno III) ............ 113
Caderno I
  Salário ............ 117
  Ganho de capital ............ 141
  Renda da terra ............ 167
  Trabalho alienado e propriedade privada ............ 189
Caderno II (Parte conservada)
  A relação da propriedade privada ............ 211
Caderno III
  Propriedade privada e trabalho ............ 223
  Propriedade privada e comunismo ............ 231
  Crítica da dialética e da filosofia hegelianas em geral ............ 253
  Propriedade privada e necessidades ............ 289
  Acréscimos ............ 299
  Fragmentos - Divisão do trabalho ............ 309
  Dinheiro ............ 319
Índice de nomes referidos por Marx ............ 327

# Trabalho alienado e abstrato

## Níveis de significação e déficits de fundamentação do conceito de trabalho alienado nos *Manuscritos econômico-filosóficos* de Marx[1]

Ingo Elbe*

O conceito de alienação atravessa uma boa conjuntura. Teóricos da crítica social recorrem novamente à "alienação" como "conceito-chave"[2] da filosofia social. No entanto, aí o conceito de *trabalho* alienado desempenha apenas um papel subordinado, enquanto o jovem Marx e uma tradição inteira do marxismo humanista viam nele o fundamento essencial para a compreensão dos modernos fenômenos da alienação.[3] O conceito de trabalho alienado, tal como Marx o emprega nos *Manuscritos econômico-filosóficos*,[4] deve

---

[1] Esse texto é uma versão consideravelmente reduzida e reelaborada de meu ensaio publicado em língua alemã *Entfremdete und abstrakte Arbeit* (ver Elbe, 2015). Tradução de Luciano Cavini Martorano.

* Professor de Filosofia na Universidade de Oldenburgo, Alemanha e autor, entre outros, dos livros *Paradigmen anonymer Herrschaft — Politische Philosophie von Hobbes bis Arendt*, Würzburg, 2015 e *Marx im Westen — Die neue Marx-Lektüre in der Bundesrepublik*, Berlin, 2010.

[2] Sobre isso, ver Jaeggi (2005:15) e também Rosa (2012:300-ss.).

[3] Ver, por exemplo, Marcuse (2004:241).

[4] Eu incluo no texto excertos do livro *Éléments d'économie politique*, de James Mill, porque ele tem relação direta com os posteriores assim chamados de *Manuscritos econômico-filosóficos*. Rojahn (1983) mostra que os *Manuscritos* não são uma obra terminada.

ser a seguir recapitulado brevemente, e a pretensão ali formulada de que ele proporciona uma análise da coerência interna e da dinâmica do capitalismo deve ser examinada. Depois, brevemente, tratar-se-á da relação entre o conceito de trabalho alienado e o conceito central de "trabalho abstrato" em *O capital*, com o qual Marx reivindica ter encontrado o "ponto crucial" (*MEW* 23, 1993:56) para uma crítica da economia política.

## 1 – Níveis de significação do conceito de trabalho alienado

Nos *Manuscritos*, Marx analisa as relações capitalistas tendo em vista suas consequências *morais* e *psicossociais*; mas, ao mesmo tempo, pretende proporcionar uma análise dos *mecanismos de constituição e de reprodução* dessas relações. Essas três dimensões são apresentadas sob a forma de uma crítica da economia nacional, que confronta sua tradição teórica sobre o valor do trabalho com suas contradições internas e pretende superá-la.

Marx ainda aceita as categorias e leis da economia nacional (p. 189*), mas a critica simplesmente por deixar os fenômenos da produção de riqueza e suas

---

* As páginas dos *Manuscritos* nas citações de Ingo Elbe se referem a esta edição. (N.T.)

contradições uns ao lado dos outros (por exemplo, o trabalho é fonte de riqueza, mas o trabalhador não pode readquirir o produto de sua atividade), e por não descobrir seu princípio fundamental, assume um ponto de vista a-histórico: "a economia nacional parte do fato da propriedade privada. Ela não nos explica esse fato." (p. 189) Ela fixa "a forma *alienada* da relação social como a *essencial* e *original* e correspondente à determinação humana" (*MEW* 40a,1990:451); "o homem" é, por ela, "pressuposto como proprietário privado (...), isto é, como proprietário exclusivo, que garante sua personalidade por meio dessa posse exclusiva" (*idem*: 452).[5] Marx, ao contrário, não quer simplesmente pressupor essas categorias, mas decifrá-las como formas alienadas do trabalho humano sob condições históricas determinadas.

Mas como Marx define o trabalho alienado e em que medida ele pode identificá-lo como o elo interior da produção capitalista de riqueza? A seguir, deve-se diferenciar inicialmente uma dimensão geral de uma dimensão particular da alienação analisada

---

[5] Para Adam Smith, a suposta "tendência para troca" é a base da divisão do trabalho, desde sempre interpretada como estando em conformidade com o mercado (Smith, 1776:18). Para Locke, a propriedade objetiva está fundamentada como propriedade na "própria pessoa" e no simples fato da apropriação da natureza pelo trabalho concreto (ver Locke, 1998:227). Já Hegel considera a propriedade privada como a única forma pensável de preservação da pessoa, ou melhor, como a "realidade da minha liberdade" (Hegel, 1989:102 e 110).

nos *Manuscritos*:[6] enquanto o conceito de *alienação geral* discute a autonomização da riqueza social frente a todos os indivíduos classistas, com o conceito de *alienação particular* focaliza-se a posição específica dos produtores diretos da riqueza, o trabalhador (ver p. 144-145).

### 1.1 Alienação típica

Eu começo com as quatro dimensões da alienação típica porque Marx, a partir delas, quer entender a lógica interna da produção de riqueza autonomizada.

#### 1.1.1 Alienação do produto

a) O trabalhador comporta-se "com *o produto de seu trabalho como um objeto estranho*" (p. 193), o que remete a uma relação de propriedade assimétrica: o produto do trabalho não pertence ao trabalhador, ele pertence "a um *outro ser que não o trabalhador.*" (p. 204)

b) O processo do trabalho, considerado como tal, significa para Marx uma referência consciente, objetiva do homem para com a natureza, na qual ela, através dos objetos naturais, é transformada segundo suas

---

[6] Ver Oppolzer (1997:227).

necessidades e objetivos.[7] A natureza coloca nesse processo "o *meio de vida do trabalhador*" (p. 194) e o "*meio de vida* em sentido estrito, ou seja, o meio de subsistência física do próprio trabalhador" (*idem*). O processo de trabalho no capitalismo significa, pelo contrário, que o homem "como trabalhador e, segundo, como sujeito físico" (*idem*), só pode existir se ele tem acesso aos meios de trabalho e a um salário garantidos por outro homem. A relação de produção implica então a separação entre trabalhador e meio de produção, bem como entre produto do trabalho e meio de vida do trabalhador. O poder de comando do capitalista sobre o trabalhador é mediado apenas por essa separação entre meios de produção e produtor direto.

Embora o trabalhador objetive seu trabalho em uma inteira acumulação de mercadorias, ele se "desrealiza" possivelmente até chegar à miséria e "a morrer de fome" (p. 192). Em vez de obter pela transformação da natureza os meios de vida de acordo com seus objetivos e necessidades "em sentido estrito" (p. 194), estes se tornam acessíveis para ele apenas indiretamente porque não tem a propriedade sobre os meios de produção e "o *meio de vida* do trabalho"

---

[7] Marx considera também a prestação de serviços e o trabalho "imaterial" (ver *MEGA* II/4.1, 1988: 113 e 23, 1993: 532). Na sua exposição dos momentos gerais do processo de trabalho nas *MEW* 23 (1993:192-ss), esses tipos de trabalho não são analisados, porém, de maneira satisfatória. Ver Dämpfling (2000:55-63).

(*idem*). Marx, no entanto, não apenas afirma que o acesso aos meios de vida do trabalhador no capitalismo é mediado pela produção para um outro homem. Ele argumenta também com o empobrecimento e a renda em sentido teórico — "quanto mais o trabalhador produz, tanto menos ele tem para consumir" — (*idem*), bem como no sentido de uma "deformação" do homem no interior do processo de trabalho — "quanto mais seu produto é elaborado, tanto mais ele deforma-se; quanto mais seu produto é civilizado, tanto mais bárbaro torna-se o trabalhador." (p. 194-195)[8]

c) A alienação do produto ainda tem um aspecto que vai além das relações de propriedade e de uso material, e consiste na referência puramente exterior, instrumental, indiferente, do trabalhador para com o objeto de seu trabalho. Aqui, trata-se da desapropriação, respectivamente, da apropriação do objeto no sentido da formação teórica, na medida em que o homem "realmente duplica-se... e por isso se vê em um mundo criado por ele." (p. 201) Sendo assim, a apropriação contém uma elaboração e uma confirmação

---

[8] Mais tarde, Marx contesta a teoria do salário referida à renda (ver *MEW* 23, 1993: 545-s., 645-s., 675; e *MEW*, 26.2, 1968: 420-s.), enquanto ele retém parcialmente o conceito de miséria orientado para as consequências negativas do processo de trabalho capitalista e, para isso, emprega também o conceito de alienação (ver *MEW* 23, 1993: 673-s.). Adicionalmente, ele refere-se à situação do exército de reserva industrial (ver *idem*: 673-s.). Sobre isso, ver Heinrich (1999: 324-ss).

de seus potenciais e, nesse aspecto, enriquece o próprio homem, formando-o;[9] já a desapropriação atua em sentido contrário, na medida em que o trabalhador se objetiva sempre de forma igual, com produtos não ligados a ele. Ao trabalhador resta apenas "deformação", "idiotice, cretinismo" (p. 195). A economia nacional oculta essa alienação "*ao não considerar a relação* imediata *entre o trabalhador (o trabalho) e a produção*" (*idem*).[10] Porém, Marx não quer apenas denunciar o desconhecimento das consequências classistas específicas do processo de produção. Ele pensa que, antes, "a relação essencial do trabalho" (*idem*) encontra-se apenas na relação *direta* entre o trabalhador e a produção. Mas aqui não fica claro se está implícita a relação de produção com os capitalistas; isto é, se Marx apresenta, na relação trabalho e produto, a *consequência* das relações capitalistas da propriedade privada, ou se ele quer explicá-la *originalmente* a partir da relação direta do trabalhador com o produto.

---

[9] Em seu conceito de formação, Marx tem como referência sobretudo Hegel, a quem ele elogia por haver entendido, ainda que apenas de forma alienada, o trabalho como processo de formação e de autogeração do homem. Ver sobre isso as páginas 203 e 218 desta edição.
[10] Destacado no texto original.

### 1.1.2 Alienação da atividade

Segundo Marx, a alienação do produto é apenas a consequência da "alienação da própria atividade do trabalho" (p. 196), na qual se reconhece o caráter social-psicológico e normativo do conceito de trabalho alienado: o trabalho é *"alheio"* ao trabalhador, não lhe proporciona nenhuma "energia física e mental livre." (*idem*) O trabalhador "nele não se sente bem, mas infeliz." (*idem*) Aqui, ele é reduzido, em sentido múltiplo, a uma "existência *abstrata*" (p. 214).
a) Sua atividade é abstrata no sentido de atividade monótona, que o degrada. Enquanto "trabalho abstrato", Marx considera "como trabalho nivelado, parcelado e, por isso, não livre" (p. 231), uma "atividade" que se "reduz ao mais abstrato movimento mecânico." (p. 289) O trabalhador, em razão da "divisão do trabalho" forçada, torna-se um "ser abstrato, um torno, etc" (*MEW* 40a, 1990: 455). A atividade vital como local de formação converte-se em local de má formação, o trabalho torna-se expressão "de minha própria *perda* e de minha *impotência*" (*idem*) em vez de minha "atividade humana." (p. 241) Marx pode relacionar aqui a teoria do valor do trabalho de Smith como teoria do sofrimento do trabalho e, ao mesmo tempo, decifrar sua identificação do trabalho como "esforço e tormento", sacrifício da "comodidade (…), liberdade (…) e felicidade",[11] como naturalização da forma alienada do

---

[11] Ver Adam Smith (1776:33 e 36).

trabalho (ver também *MEW* 42,1983:512). Mas esse conceito de trabalho abstrato encontra-se sobretudo na tradição da crítica neo-humanista de Schiller[12] e é emprestado explicitamente de Hegel.[13] Se Marx aqui fala de abstração, má formação ou de perda de si, está pressuposta uma ideia de boa formação ou bom desenvolvimento, uma crítica partindo de um conceito normativo de essência humana, que, apesar da metáfora da perda, não deve ser suposto como núcleo do sujeito oculto ou como fato histórico anterior, mas que se refere aos *potenciais* afirmados de desenvolvimento do homem sob determinadas *condições históricas*. Embora Marx, ao indicar o trabalho como alienado, recorra constantemente à factual não identificação do trabalhador com a sua atividade e à experiência subjetiva de sofrimento, a medida normativa de sua concepção de alienação não assinala a perspectiva do participante.[14]

---

[12] Ver Schiller (2006:22-ss.): "Com a esfera que limita sua eficácia, aparece também em si mesmo um senhor, que não raramente cuida de terminar com a opressão dos outros dispositivos"; "em vez de impregnar a humanidade em sua natureza, torna-se apenas a cópia de seu negócio".
[13] "O trabalhar do indivíduo torna-se *mais simples* com a divisão e, nesse sentido, tornam-se maiores a habilidade em seu trabalho abstrato, bem como a quantidade de suas produções. (...) A abstração do produzir, ademais, torna o trabalhar sempre mais mecânico e assim, ao final, capaz de separar dele o homem e deixar entrar em seu lugar a máquina." (Hegel, 1989:352-s.)
[14] Especialmente o capitalista, segundo Marx, mesmo na alienação pode sentir-se "bem e afirmar-se"(*MEW* 2, 1990:37; ver também *MEGA* II/4. 1, 1988: 65), o que nada muda na credibilidade da sua crítica. Consultar ainda Nussbaum (2010:40-43).

Tampouco sua crítica pressupõe nisso, de forma obrigatória, a ideia de um homem "total", com todas as capacidades desenvolvidas, mesmo se para ele não sejam desconhecidos os modos de argumentação perfeccionistas — "perfeccionismo" porque Marx recorre ao desenvolvimento como fim em si mesmo e à realização das capacidades humanas como critério normativo da crítica. Porém, o perfeccionismo de Marx é *liberal* porque as possibilidades para o desenvolvimento e a realização dos potenciais devem ser consideradas voluntariamente e não impostas; ele é *igualitário* porque o desenvolvimento não pode ser nenhum privilégio e nenhuma recompensa em uma corrida sob a forma de concorrência; finalmente, ele é *dinâmico* porque não indica nenhuma forma determinada de atividade como a mais elevada posta na essência do homem.[15] Marx critica determinadas atividades por já reduzirem a simples possibilidade de renda e "limitar a formação de outras capacidades e possibilidades de experiência, em vez de promovê-las".[16] O trabalho alienado abstrai então as possibilidades de desenvolvimento do homem, reduz tanto seu tempo livre, como também seu espectro de atividade de um modo destrutivo e depravado.

---

[15] Ver, entre outros, *MEW* 3, (1983: 377-s.); *MEW* 23, (1993: 431); *MEW* 42 (1983:601), 601; *MEGA* IV/2 (1981: 407). E ainda Lindner (2013: 355-s.).

[16] Jaeggi (2005:117). Mészáros (1973: 270-s.) afirma que Marx não parte aí de uma ampliação puramente qualitativa de determinadas práticas funcionais, pois se cada uma delas é alienada para si, tampouco a sua soma pode gerar uma vida que não seja alienada.

b) A atividade torna-se abstrata também no sentido de que sua qualidade concreta se torna indiferente ao trabalhador porque ela não é atrativa, sendo apenas um meio com a finalidade de se obter remuneração. Meio que se caracteriza por não ser o objetivo final da atividade e, segundo o caso, pode ser "intercambiável".[17] "A própria vida", segundo Marx, "aparece apenas como meio de vida" (p. 200), o trabalhador apenas como "uma atividade abstrata e uma barriga" (p. 132). Quando o conteúdo da atividade vital produtiva torna-se indiferente, ele torna-se *sem sentido* em si mesmo. O objetivo é ganhar dinheiro para poder sobreviver, logo, uma atividade igualmente "abstrata", vazia de conteúdo (para encher a "barriga"), ou pelo desejo de ganhar dinheiro, pois também a interpretação compensatória do trabalho por um produto monetário ou como uma "realização" abstrata são consideradas por Marx.

c) Por fim, a existência do trabalhador assalariado é abstrata porque ele está separado das condições de realização de sua força de trabalho e, logo, vive precariamente, "pode precipitar diariamente de seu pleno nada no nada absoluto." (p. 214) O trabalho é "dado" ao trabalhador, ele não pertence "a ele mesmo, mas pertence a um outro." (p. 194)

---

[17] Ver Jaeggi (2005:246).

Nenhum desses conceitos de trabalho abstrato, trabalho ou existência, que são enumerados como implicações do trabalho alienado, corresponde ao conceito posterior de trabalho abstrato como substância do valor, embora todas essas dimensões críticas que Marx cita nos *Manuscritos* também possam ser encontradas em sua obra de maturidade. Ali Marx ainda adapta amplamente a conceituação hegeliana, por isso a determinação de Dieter Wolf sobre seu estatuto teórico corresponde também ao uso conceitual do jovem Marx:

"Quando Hegel fala expressamente de (...) trabalho 'abstrato', trata-se sempre da caracterização da divisão do trabalho segundo a manufatura e (...) de sua modificação no sentido da industrialização, em suma, trata-se sempre dos (...) efeitos da subsunção real do processo de trabalho ao capital." (1980:185-ss)

### 1.1.3 Alienação do ser genérico

Como implicação das primeiras duas formas de alienação, Marx analisa a alienação do homem de seu ser genérico: para Marx, trabalho é o processo de um "ser *universal* e portanto livre." (p. 198) O homem "torna o gênero seu objeto, tanto o seu próprio como o das demais coisas" (*idem*), ele não está, como o animal, colocado em um nicho ecológico, mas relaciona-se com "toda a natureza" como sendo objeto, que por intermédio de seu trabalho voltado para um objetivo torna-se "meio de vida espiritual"(*idem*) e físico. Além disso, o homem se relaciona reflexivamente com a própria atividade. Enquanto o animal produz "unilateralmente" e somente "sob o domínio das necessidades físicas imediatas" (p. 191), o homem pode produzir "mesmo livre" delas, sim, "e só produz de verdade quando produz livre delas" (*idem*), tornando-se ativo, por exemplo, "segundo as leis do que é belo." (*idem*) Nesse sentido, "a atividade livre e consciente é o caráter genérico do homem." (p. 200)

No conceito de ser genérico existem dois aspectos a ser diferenciados: em primeiro lugar, o ser genérico é um fato antropológico e caracteriza, portanto, *cada* atividade humana, inclusive a alienada. Nem no mais simples manejo do trabalho dividido o homem está ativo conscientemente, nem no mais heteronômico processo de trabalho; "logo, a atividade do homem através do meio de trabalho é influenciada desde o início por uma mudança pretendida do objeto de trabalho" (*MEW* 23, 1993:195). "Livremente ativo" significa aqui apenas: não estar ativo de forma instintiva. Nisso, o conceito de ser genérico não vale como medida normativa da crítica. Em segundo lugar, o ser genérico entendido descritivamente *possibilita* um *desenvolvimento* das capacidades humanas e sua transmissão para as gerações futuras; o planejamento e a concepção autônomos, racionais do processo de produção; bem como uma atividade para além da coerção da reprodução material que pode mostrar os momentos do fazer com um fim em si mesmo. A partir dessa possibilidade *avaliada positivamente*, que para a sua realização necessita de certas condições histórico-sociais, Marx formula uma crítica à divisão entre atividade dispositiva e executiva no processo de trabalho capitalista; à redução, especialmente dos proletários, a uma existência *quase* animal por uma atividade altamente especializada e determinada alienadamente, sobretudo para objetivos que nem sequer se voltam para o desenvolvimento da cultura humana dos dominantes que não trabalham (*MEW* 40a, 1990: 431). "Livremente ativo" refere-se então ao potencial de desenvolvimento histórico, ao planejamento racional da produção e ao amplo abandono do reino da necessidade e do "trabalho forçado" (p. 196).

Porém, como alienação do ser genérico, Marx caracteriza sobretudo a instrumentalização socialmente imposta do potencial genérico ao objetivo da sobrevivência individual, assim, ela "aparece ao homem apenas como um meio para a satisfação de uma necessidade de conservar a existência física" (p. 199) — "comer, beber e procriar" (p. 197).[18] Com isso, "rebaixa a autoatividade, a atividade livre, a um meio" (p. 201). Que o ser genérico também aqui está ativo no primeiro significado, neutro, confirma Marx quando constata que a essência do homem é de fato imposta,

---

[18] Ver *MEW* 42 (1983: 228), onde Marx diagnostica, plenamente nesse sentido, que o trabalhador "entrega sua *força criativa* para a capacidade de trabalho como uma grandeza existente".

mas torna-se *conscientemente* meio de sua mera existência, ou seja, apenas "como um ser consciente", ele pode fazer de "sua essência, (...) um simples meio de sua existência." (p. 200)

### 1.1.4 Alienação do homem pelo homem

Como "consequência" (p. 201) das três formas anteriores de alienação, Marx descreve por fim a alienação do homem pelo homem. Inicialmente, ela é considerada no interior do processo de produção sob o ponto de vista da alienação típica:

a) Também a cooperação entre trabalhadores no processo de produção é alienada porque cada um deve ver o outro e o trabalho conjunto com ele como mero meio, e esse trabalho conjunto não é o resultado da autodeterminação coletiva dos trabalhadores, mas é ocasionado pelo capital e serve a seus objetivos. Trata-se aqui da "da alienação da dimensão social do trabalho concreto como atividade produtiva".[19] Desse modo, para Marx "*divisão do trabalho* [no interior da empresa] é a expressão da economia nacional da *sociabilidade do trabalho* no interior da alienação." (p. 309)

b) Nessa passagem também é tematizada a relação do trabalhador com o capitalista, cuja propriedade são os meios de produção e os produtos do trabalho, e é quem tem o poder de comando sobre o trabalho:

---

[19] Postone (2003:495). Comparar também com *MEGA* II/ 5 (1983: 270).

segundo Marx, o trabalhador apenas reproduz a sua existência, quando, na relação com o capital, ele reproduz a sua determinação enquanto trabalhador, isto é, "enquanto *mercadoria*". Ele é "o homem inteiramente perdido em si", porque "como trabalhador as suas qualidades humanas existem apenas na medida em que existirem para o capital que lhe é *alheio*." (*idem*)

### 1.2 Alienação geral

Marx deve estender a todas as classes da sociedade burguesa o diagnóstico de que o produto do trabalhador o domina, volta-se contra as suas necessidades e frustra sua autonomia, segundo um sentido determinado. O trabalho alienado gera os movimentos de uma alienação geral, em cuja exposição categorias como valor e dinheiro são igualmente relevantes, bem como a ideia de um domínio objetivo do capital.

#### 1.2.1 Trabalho remunerado, sistema monetário e instrumentalização recíproca

Marx afirma que a propriedade privada deve ser entendida como produto do trabalho alienado. Sob esse pressuposto, os proprietários privados, enquanto representantes de suas mercadorias, encontram-se em uma relação de troca mediada objetivamente. Portanto, trata-se, nesse sentido, não de uma relação interpessoal tendo como referência coisas, mas de uma relação dos produtores e seus trabalhos através de uma relação dos produtos de seu trabalho:[20]

> o "movimento mediado do homem que troca não é (...) nenhum movimento humano, nenhuma *relação humana*, ele é a *relação abstrata* de propriedade privada com propriedade privada, e essa relação é o *valor*, cuja existência como valor é antes de tudo o *dinheiro*." (*MEW* 40a, 1990:446-s.)

Nessa passagem dos excertos de Mill, Marx introduz um conceito de trabalho referido à troca, o chamado "trabalho remunerado"(*idem*: 454): em uma sociedade produtora de mercadorias, o trabalho não é mais a fonte de subsistência direta dos produtores, mas torna-se um meio para comprar outras mercadorias. No sistema do trabalho remunerado, o que trabalha não está mais "em nenhuma relação *direta* com suas necessidades". A necessidade não é a "medida da produção", mas "a posse do produto é a medida até onde as necessidades podem ser satisfeitas" (*idem*: 459). O produto do trabalho torna-se mercadoria, a mercadoria como objeto da propriedade privada

---

[20] Nessa passagem, Marx abstrai inicialmente as relações de classe e considera os atores no mercado enquanto proprietários de mercadorias sem maiores especificações. Aqui, ele fala abstratamente de "trabalho remunerado" e "sistema monetário".

torna-se meio de apropriação: "A existência da propriedade privada enquanto tal, de *substituto* tornou-se assim *equivalente*", ela é apenas "relação com um *outro*", ao qual é equiparada. Essa relação da unidade social, sob a condição e com a consequência da sistemática dissociação dos produtos como produtos privados, consiste no "*valor*": a característica de valor de um produto "é uma diferença de sua existência direta, de sua específica natureza exterior, (...) apenas uma existência *relativa* da mesma"(*idem*: 453). O valor é uma abstração da "existência direta", do valor de uso, tal como Marx dirá em *O capital*. Mas não fica claro como é possível a relação de equivalência e como ela está ligada ao "trabalho remunerado" (*idem, ibidem*).

Entre a necessidade ou a capacidade e o objeto que pode satisfazê-las ou ativá-las, surge o dinheiro por meio da propriedade privada. O dinheiro, que Marx já em *A questão judaica* havia caracterizado como a "a essência alienada do trabalho do homem"(*MEW* 1, 1961:375), torna-se a "*atividade mediadora* (...) do (...) ato social, por meio da qual os produtos dos homens se complementam reciprocamente, *alienam-se*" e convertem-se em "característica de uma coisa *material* fora do homem" (*MEW* 40a, 1990:446). A relação de condições parece ser então a seguinte: trabalho alienado → propriedade privada → relação da propriedade privada com a propriedade privada → valor

→ dinheiro. O dinheiro é o "*mediador* (...)*alheio*",[21] que no "*sistema monetário*", entretanto, torna-se "objetivo em si" (*idem*: 446). A relação social torna-se exterior e precária, como Marx afirmará nos *Grundrisse*, pode ser levada "no bolso", mas também pode "ser perdida" (*MEW* 42, 1983:90 e 148). Porém, o dinheiro é apenas a *alienada* "*essência genérica* do homem" (p. 266), isto é, "exterior e não proveniente do homem enquanto homem, e não proveniente da sociedade humana enquanto sociedade" (p. 267), é o poder privado de acesso exclusivo à riqueza sob forma objetivada. Para quem oferece mercadorias em geral só existe a procura quando há condições de pagar:

"A *demande* existe também para quem não tem dinheiro, mas sua *demande* é um mero ser ideal que não tem efeito algum sobre mim, sobre o terceiro, (...) nenhuma existência, portanto, para mim mesmo ela permanece *irreal, sem objeto*." Com isso, acentua-se a "diferença entre a *demande* efetiva, baseada no dinheiro, e a sem efeito, baseada na minha necessidade." (ver p. 325)

---

[21] Marx interliga aqui o ensaio de Moses Hess, *Über das Geldwesen*: os homens, "porque *eles mesmos não* estavam *unidos,* devem buscar a união *fora de si,* ou seja, em [um] sistema (...) *não humano.* — Sem esse meio de circulação *não humano* eles *não poderiam de modo algum* ter se relacionado." (Hess, 1961:335-s. e 347) Supõe-se que Marx conhecia esse texto de Hess em 1844.

O dinheiro como "elo" social, ou "meio de ligação", é assim, simultaneamente, "meio de separação" (p. 265); ele proporciona a unidade entre trabalhadores e produtos, a participação na riqueza social, sob a condição e com a consequência da sistemática separação dessa riqueza: a propriedade privada é entregue apenas na troca, que deve "ao mesmo tempo confirmar a propriedade privada" (*MEW* 40a, 1990: 453) — depois da troca, ambas as partes são novamente proprietários privados exclusivos de mercadorias (agora, respectivamente, de outras) e aquele que não pode oferecer nenhum equivalente sob a forma de dinheiro fica excluído do acesso por princípio.

A linguagem do conhecimento objetivado das necessidades, produtos e trabalhos dos produtores privados entra no lugar da linguagem da "dignidade humana"[22] (*idem*: 461) — o outro deve falar a linguagem do equivalente, do dinheiro, deve tornar a sua necessidade capaz de pagamento para poder ser visto por mim economicamente:

> A única linguagem inteligível que nós falamos um com o outro são nossos objetos em sua relação de um com o outro. Nós não entendemos uma linguagem

---

[22] Marx não proporcionou nenhuma definição explícita desse conceito de dignidade, mas a recepção do imperativo categórico, sobretudo a forma do fim em si mesmo (comparar Kant, 1998:61), não pode ser descartada (*MEW* I, 1961: 385; *MEW* 4b, 1990: 465; *MEW* 25,1989:828). Entretanto, isso não prova que Marx defende um conceito de dignidade genuinamente kantiano.

humana, e ela ficaria sem efeito. (*idem, ibidem*) Nosso valor *recíproco* é para nós o *valor* de nossos objetos recíprocos. Logo, o próprio homem reciprocamente *não tem valor* para nós. (*idem*: 462)

A "linguagem da mercadoria" é considerada, portanto, como estando de acordo com suas consequências morais, a inversão da dignidade na "linguagem alienada dos valores objetivos" (*idem*: 461). No sistema monetário, cada alegação do homem como um fim em si mesmo torna-se, sem a linguagem do equivalente, uma "súplica" desamparada e humilhante. (*idem, ibidem*) No capitalismo, os homens existem um para o outro apenas "na medida em que se tornam reciprocamente meios." (p. 309) Essa instrumentalização egoísta do outro também serve para criar ou despertar novas necessidades para se conseguir dinheiro, o que desencadeia uma dinâmica cega de diversificação das necessidades.

Por fim, a coerção da instrumentalização frente ao outro se apresenta na sociedade produtora de mercadorias como coerção para a auto-otimização e instrumentalização visando ao êxito no mercado: "Você deve tornar tudo o que é seu *vendável*, ou seja, útil". Isso inclui também a preparação funcional para a concorrência dos próprios sentimentos e das posturas morais. O proprietário concorrente de mercadorias "não pode garantir" consideração sem correr o risco da derrocada econômica e física: "deve poupar a participação em interesses gerais, na compaixão, na confiança, etc., caso queiras ser econômico, caso não queiras te arruinar com ilusões." (p. 295-296) Nesse contexto, alienação significa o dilaceramento dos "laços genéricos do homem (...) em um mundo de indivíduos atomizados, inimigos uns dos outros" (*MEW* 1,1961:376).

### 1.2.2 Propriedade privada e indiferença objetiva

Nessa relação de troca mediada objetivamente ocorre uma "exteriorização da propriedade privada" (*MEW* 40a, 1990: 447). Ela torna-se um poder de disposição *abstrato* que prescinde de todas as determinações referentes às características concretas do proprietário e da coisa: "Como os homens que trocam não se relacionam um com o outro como pessoas, logo a *coisa* perde o significado de propriedade humana, pessoal." (*idem, ibidem*) Ao contrário da propriedade privada pré-capitalista, a propriedade moderna é um poder de disposição que exclui os demais do acesso a ela, sem que essa disposição exclusiva devesse ser, por exemplo, uso real, acionamento e formação de minhas capacidades concretas em um objeto especial ou "a aderência do senhorio à posse da terra." (p. 182)[23]

A propriedade privada constitui o "sentido do *ter*":

---

[23] Marx, porém, não pretende criticar a propriedade privada moderna a partir da propriedade feudal. Ver adiante p. 218-219.

"a propriedade privada nos fez tão tolos e unilaterais que um objeto só é *nosso* se o tivermos, portanto, se existir como capital para nós, ou se for diretamente possuído, comido, bebido, levado pelo nosso corpo (...). Se bem que a propriedade privada conceba todas essas realizações imediatas da própria posse novamente apenas como *meios de vida*, e a vida, a que servem de meio, é a *vida da propriedade privada*: trabalho e capitalização. No lugar de *todos* os sentidos físicos e mentais entrou, portanto, a simples alienação *de todos* esses sentidos, o sentido do *ter*." (p. 241-242)

Esse parágrafo indica um lado subjetivo e um objetivo do "sentido do ter": a pura indiferença orientada para a posse e a troca frente aos valores de uso e sua verdadeira apropriação é, ao mesmo tempo, uma orientação imposta para a ação de todos os atores da sociedade burguesa, *e* é a meta objetiva condicionada estruturalmente da produção de riquezas. Eu me limito à exposição da indiferença objetiva porque ela é mais impactante para o tema do trabalho alienado do que a subjetiva.[24]

---

[24] A subjetiva consiste em que a coação da "capitalização" (*idem,ibidem*) gera uma coação no comportamento dos atores, que pode transformá-la em objetivo individual consentido: o "ter" exterior (de mercadorias, mas sobretudo de dinheiro) para além da real apropriação de um objeto. Aqui se discute o ajuste da estrutura

A indiferença objetiva torna-se então clara quando a relação de propriedade privada da assimétrica relação capitalista de produção é compreendida: que Marx, com o sistema de trabalho remunerado, se refira enfim ao capitalismo, fica evidente quando ele constata: "A separação do trabalho de si mesmo = separação entre trabalhador e capitalista = separação entre trabalho e capital"(*MEW* 40a, 1990: 455). "A relação da *propriedade privada* é trabalho, capital e a relação entre ambos"(p. 221), no que "capital" novamente nada mais deve ser que "trabalho acumulado" (p. 299) e "*poder de governar* o trabaho e seus produtos" (p. 142); um "poder" que o capitalista "possui (...) não por suas características pessoais ou humanas, mas na medida em que é *proprietário* do capital." (*idem*) Logo, são as condições estruturais que garantem esse poder ao capitalista, e não o poder direto ou um privilégio sancionado normativamente. Marx apresenta como grande avanço da economia nacional "a ideia de que 'não a vantagem ilícita dos consumidores, mas a vantagem ilícita mútua entre capitalista e trabalhador, seria a 'relação *normal*'" (p. 154) entre os proprietários privados. Essa "exploração" poderia ser entendida como uma

---

motivacional dos proprietários ao processo com um fim em si mesmo da produção do capital e à essência abstrata da propriedade. Contra isso, Marx apresenta um conceito emancipatório de apropriação que não indica simplesmente uma mudança de proprietário ou das relações de propriedade, mas uma relação com o mundo e um processo de formação do homem sem alienação (p. 239-s e 248-s).

teoria fraudulenta do lucro inspirada nos ricardianos de esquerda.[25] De fato, Marx constata, plenamente no sentido dos "socialistas ricardianos", que o "enriquecimento (...) progressivo" dos capitalistas seria

> "possível (...) quando se acumula muito trabaho, pois capital é trabalho acumulado; portanto, na medida em que mais produtos são retirados da mão do trabalhador, em que seu próprio trabalho aparece perante ele como propriedade alheia e o meio de sua existência e de sua atividade concentra-se ainda mais na mão dos capitalistas." (p. 121)

O que ele constata é que: a) o trabalho é a fonte da riqueza, e b) o trabalhador recebe menos salário do que a riqueza que produziu. Como isso acontece e como o capital-riqueza é possível na base de uma sociedade de troca de mercadorias, ele ainda não pode responder.

Não apenas do lado dos trabalhadores, mas também do lado dos capitalistas, a propriedade privada é "abstrata" porque nela "desapareceu toda determinação natural e social do objeto" (p. 214), ela

---

[25] Mas isso na citação seria imprudente, porque o engano "recíproco" não poderia ser fonte do lucro do capitalista. Aqui parece que Marx tem mais em vista a recíproca instrumentalização.

"perdeu sua qualidade natural e social (isto é, perdeu todas as ilusões políticas e sociais e não se misturou com nenhuma relação humana *aparente*) —; na qual também o *mesmo* capital na mais diversificadora existência natural e social permanece o *mesmo*, inteiramente indiferente ao seu conteúdo *verdadeiro*." (*idem*)

Isso implica os seguintes aspectos:
1) A mencionada disposição abstrata de poder da propriedade privada moderna em oposição à propriedade privada feudal de casta com ligação pessoal.
2) A indiferença *objetiva* na acumulação de valor abstrato, respectivamente, dinheiro, no processo de produção capitalista existente frente aos objetivos qualitativos orientados pelos valores de uso, e o excesso imanente paralelo a esse processo. Todos os objetivos e necessidades humanos, todos os objetos produzidos para isso se tornam meio visando à acumulação da relação social objetivada dos produtores privados, que não têm nenhum grau de saturação interior, do qual nunca se pode ter o "suficiente". Marx constata que sob as condições da produção capitalista, nas quais encontram-se as "duas classes: *proprietários* e *trabalhadores* sem propriedade", ocorre uma inversão entre meio e fim (p. 190): "o dinheiro, que aparece como meio, é o verdadeiro *poder* e o único *fim*, bem como, em geral, o *meio*, [...] [e] o ser objetivado alheio que se apropria de mim, é um *fim em si*" (p. 303). Aqui começa "o poder de governar do capital sobre o próprio capitalista" (p. 142):

"a alienação aparece tanto no fato de que *meu* meio de vida é de um *outro*, que isso que é meu desejo é a posse inacessível de um *outro*, quanto no fato de que cada coisa é em si mesma *outra* coisa, que minha atividade é *outra*, que finalmente — e isto vale também para os capitalistas —, em geral, o poder desumano domina." (p. 303)

A produção de luxo para as classes dominantes pré-capitalistas "ainda não experimentou a *riqueza* como um *poder* inteiramente *alheio* sobre si mesma." (p. 304) O senhor "antes vê nela seu próprio poder, e não a riqueza, mas sim a *fruição* [é para ele] finalidade última." (*idem*)[26] Ao contrário, no capitalismo o prazer do capitalista está subordinado ao capital:

"a transformação de toda propriedade privada em capital *industrial*" significa a "vitória completa da propriedade privada sobre toda *aparência* de suas qualidades humanas e a sujeição completa do proprietário privado à essência da propriedade privada — o *trabalho*. Sem dúvida, também usufruido pelo capitalista (...), mas sua fruição é apenas uma questão secundária (...) subordinada à produção." (p. 305-306)

Marx constata então que no capitalismo a relação social se realiza sobre abstrações que assumem uma forma objetiva, que, ao final, o dinheiro torna-se não apenas meio, mas o fim em si mesmo da produção e

---

[26] Colchetes na edição *MEW*.

da troca, e realizam uma forma coercitiva impessoal. Essas coerções consistem primariamente na subordinação da vontade e de toda a atividade social dos homens sob essa forma coisificada de sua própria relação social, que eles não podem gerar conscientemente:

"O que [aparece] como domínio da pessoa sobre a pessoa é então o domínio geral da *coisa* sobre a *pessoa*, do produto sobre os produtores. Assim como já no *equivalente*, no valor, encontrava-se a determinação da *exteriorização* da propriedade privada, logo, o *dinheiro* é a existência sensível, objetivada em si mesma dessa *exteriorização* (*MEW* 40a, 1990: 455)",

que, por fim, torna-se o objetivo da produção de riqueza no capital. Aqui, "domínio do produto" significa de fato, ainda que não elaborado como conceito, a autonomização e a coisificação do reconhecimento social dos trabalhadores em valor e dinheiro. Marx mostra com isso que a propriedade privada não pode ser tematizada, como pensam Kant ou Hegel, somente como meio para a realização da liberdade (*idem*: 452), que a humanidade com o capitalismo atingiu um ordenamento autorreferenciado da propriedade que inverte meio e fim, que não está ajustado ao "uso de minha arbitrariedade" livre e compatível com a liberdade, mas a uma "capitalização" que subordina esse uso da liberdade autônoma privada somente como meio.

3) A constatação de Marx, segundo "a qual também o *mesmo* capital na mais diversificada existência natural

e social permanece o *mesmo*, inteiramente indiferente ao seu conteúdo verdadeiro" (p. 214), implica ainda a compreensão de que o valor do capital não depende de uma determinada forma de trabalho concreto. Indiferença frente ao conteúdo material da riqueza significa aqui que *qualquer* valor de uso deve ser produzido por *qualquer* trabalho concreto para que se produza riqueza na forma de capital. O trabalho gerador de riqueza torna-se nesse sentido abstrato, é indiferente "diante de seu conteúdo e até o completo ser para si mesmo, ou seja, até a abstração de qualquer outro ser, e por isso (...) capital *liberto*." (p. 216) Para explicar as consequências teóricas desse processo, Marx reconstrói a história da economia nacional do fetiche mercantilista do dinheiro até a teoria do valor trabalho. Os mercantilistas são considerados, por Smith, segundo Marx, como sendo "servidores fetichistas" da propriedade privada, porque eles fazem valer a riqueza somente em sua forma de ouro e prata, "conhecem a propriedade privada *apenas* como uma essência *objetiva* para o homem." (p. 224) A economia clássica, ao contrário, começa com a sua teoria da propriedade trabalho e sua teoria do valor trabalho da riqueza,[27] para reconhecer "a *essência subjetiva* da riqueza" a partir de uma perspectiva "do interior da

---

[27] Importantes fundadores dessa teoria, como William Petty e John Locke, não são compilados por Marx nos *Manuscritos* (Hoff, 2004:45). Mais tarde ele reconhece o significado deles. (*MEW* 26.1, 1974: 343 e *MEW* 42, 1983: 3)

propriedade privada"(*idem*). Então, "sua *objetividade exterior impensada* é superada na medida em que a propriedade privada incorpora-se no homem e reconhece o próprio homem como sua essência — mas, deste modo, o próprio homem é colocado na determinação da propriedade privada." (p. 224) A propriedade privada aparece para a economia nacional como fundamentada "profundamente na essência do homem",[28] o homem a partir da natureza como proprietário de si no sentido das modernas relações de propriedade privada — ela "coloca a propriedade privada na própria essência do homem." (p. 225) Entretanto, Marx ainda não pode explicar porque a economia nacional assume essa perspectiva histórica.[29]

Para o entendimento do conceito de trabalho é central que Marx compreenda o desenvolvimento da economia nacional dos fisiocratas até a teoria de Smith e Ricardo como um progresso no conhecimento da essência subjetiva da riqueza; isto é, para reduzí-lo ao trabalho humano, reconhecido somente como trabalho *sans phrase*;[30] logo, nem externamente fetichizado como objeto exterior, nem, como na fisiocracia, identificado com uma formação material especial (trabalho rural; produtos agrícolas). Marx diz que o

---

[28] Ver Locke (1998: 227).
[29] Isso ele consegue apenas com o deciframento das causas sociais da representação que fundamenta a propriedade pelo próprio trabalho. (MEGA II/4.1, 1998: 134; MEGA II/2, 1980: 47-ss.; *MEW* 26.3, 1968: 369).
[30] Em francês no original: sem rodeios. (N.T.)

"progresso (...) é reconhecer a *essência universal* da riqueza e, por isso, o *trabalho* em seu caráter absoluto, isto é, abstração, elevado (...) a *princípio*. (...) portanto, a essência da riqueza não seria um determinado trabalho, ligado a um elemento especial, uma manifestação particular, mas o trabalho em geral." (p. 227-228)

Nessa passagem, Marx parece se aproximar do conceito de trabalho abstrato, que na sua posterior crítica da economia será central na teoria do valor. Essa suposição é, porém, um equívoco em que muitos intérpretes incorrem.[31] Marx valoriza a desobjetivação do conceito de riqueza e do conceito de propriedade na economia clássica, mas ao mesmo tempo critica, sem poder explicar, a antropologização das formas históricas específicas da produção. Ele valoriza a redução analítica das formas de riqueza ao trabalho humano por excelência e o coloca, de um lado, em relação com a indiferença real do capital contra *uma espécie determinada* de trabalho concreto; por outro lado, se lembraria do conceito de trabalho abstrato como trabalho alienado, como um resultado da subsunção real do processo de trabalho sob o capital. Com isso, a forma específica da riqueza moderna já está, porém, pressuposta conceitualmente e não pode mais ser explicada a partir desse processo.

---

[31] Ver, por exemplo, Lange (1980: 65 e 69).

## 2. Déficits de fundamentação teórica

Embora Marx retome muitos dos diagnósticos de alienação citados nos *Manuscritos* também na sua obra de crítica da economia a partir de 1857, o quadro categorial com o qual ele analisa a sociedade capitalista se modifica. Nos *Manuscritos,* Marx malogra precisamente diante da exigência de uma exposição sistemática das relações de produção de riqueza e de sua lógica de autonomização partindo do conceito de trabalho alienado. Isso reside sobretudo na ausência do conceito de trabalho abstrato tal como ele desenvolve em *O capital,* e na exigência de fundamentação teórica da categoria complexa do trabalho alienado.

Marx coloca a questão sobre o nexo interior das formas autonomizadas contrapostas da riqueza capitalista, quer partir do "*faktum* (...) *atual*" (p. 191) da propriedade privada moderna, dos meios de produção, para explicar porque ela, embora seja um poder autonomizado: a) não é uma coisa natural, mas o resultado da práxis humana, e b) não só foi gerada por um acontecimento histórico único, tal como a natureza humana, mas no capitalismo é reproduzida sistematicamente por uma relação de trabalho específica que o atravessa. Entretanto, a formulação "reproduzida" já é uma interpretação benevolente do projeto de Marx, que induz ao equívoco por duas suposições entrelaçadas: 1) a concepção do trabalho apenas como trabalho concreto, ou seja, o fato de que ele ainda não tem um conceito de trabalho como forma social; e 2) um reducionismo da teoria da ação, da construção de falsas alternativas: simplesmente tida como propriedade privada pressuposta *ou* sem pressuposto por meio da atividade alienada. Embora Marx constate que a "relação da *propriedade privada* seria trabalho, capital e a relação entre ambos" (p. 221), em razão dessas duas decisões teóricas prévias, ele supõe uma relação de condicionamento falsa entre trabalho alienado e relação de produção capitalista, precisamente a propriedade privada. Caso se aceite isso, então parece que nessa relação se partiria do trabalho alienado considerado isoladamente, e mesmo, em primeiro lugar, da alienação do trabalhador com relação ao produto, bem como de sua própria atividade, como se fosse *originalmente* produzida por ela e não apenas reproduzida. Para provar isso, deve ser citada uma passagem mais longa dos *Manuscritos*:

> "com o trabalho alienado, o homem engendra então não apenas a sua relação com o objeto e com o ato da produção como diante de homens que lhes são estranhos e hostis, como ele engendra também a relação que ele tem com esses outros homens (...). Portanto, por meio, do *trabalho alienado, estranhado*, o trabalhador produz a relação de um homem que se encontra alheio e fora deste trabalho. A relação do trabalhador com o trabalho produz a relação do capitalista para com o trabalho (...). Assim, a *propriedade privada* é o produto, o resultado, a

consequência necessária do *trabalho estranhado*, da relação extrínsica do trabalhador com a natureza e consigo mesmo." (p. 205)

Marx é ainda mais claro na seguinte citação, na qual ele constata,

"que, se a propriedade privada aparece como fundamento, como causa do trabalho estranhado, ela é bem mais a sua consequência, tal como os deuses *originalmente* não são a causa, mas o efeito da desorientação humana. Depois essa relação tranforma-se em ação recíproca." (p. 206)

Aí, ele afirma várias vezes o primado teoricamente fundamentado da relação do trabalhador com o produto de sua atividade e consigo mesmo: "nós já examinamos um aspecto, o trabalho *alienado* em relação ao próprio *trabalhador* (...). Como produto, como resultado necessário dessa relação, nós encontramos *a relação de propriedade do não trabalhador* com o *trabalhador e o trabalho*." (p. 209) Assim, a alienação é explicada somente com base na autoalienação:

"enquanto o homem não se reconheça como homem e, por isso, não tenha organizado o mundo de forma humana, essa *comunidade* aparece sob a forma da *alienação*. Porque seu *sujeito*, o homem, é um ser alienado em si mesmo. Os homens (...) enquanto indivíduos particulares *são* esse ser. Por isso, sendo ele mesmo, eles são *como* são. Por isso, o princípio é idêntico: o *homem* aliena a si mesmo, e a *sociedade* desse homem alienado é a caricatura de sua *comunidade real*." (*MEW* 40a, 1990: 451)

Aqui Marx sugere que todas as relações da economia nacional — inclusive a propriedade privada, a produção de riqueza autonomizada e a oposição de classes contida aí — "remetidas" a uma relação "do trabalhador com o seu produto", podem ser explicadas, respectivamente, a partir de uma "equivocada autorrelação objeto do trabalhador".[32] Além disso, se poderia pensar que Marx não apenas argumenta de acordo com o individualismo metodológico ("indivíduos particulares *são* esse ser [comum]"[33])[34], como também manifesta um entendimento ausente ("não se reconheça como homem") sobre o fundamento original do surgimento da alienação; e com isso defenderia não apenas uma teoria da alienação *individualista* (metodológica), como também uma teoria da alienação *idealista*, na qual ele deveria deixar pairando no ar esse desconhecimento sem pressuposto.[35]

---

[32] Ver Lange (1980:81). Também Meyer (1973), e Rosa (2013:410-s).
[33] Assim Marx é interpretado por Quante, 2009:284. Ao contrário, comparar *MEW* 42 (1983: 189); *MEW* 19 (1978: 362 e 371).
[34] Aqui Ingo Elbe separa o termo original *Gemeinwesen* (comunidade, mas também ser genérico) para indicar a origem de uma interpretação do texto de Marx: *Gemein* (comum, geral) e *Wesen* (ser, essência). (N.T.)
[35] Assim Marx é interpretado por Meyer (1973:100). Ver sobre a crítica a essa interpretação Elbe (2015:357-ss)

Marx vê corretamente que o trabalhador se defronta com o produto de sua atividade como um poder independente e que seu trabalho reproduz não somente bens ("relação com objeto"), mas a determinação da própria relação de trabalho assalariado ("relação na qual encontram-se outros homens com sua produção e com seu produto"). Porém na medida em que ele, de repente, parte do trabalho (assalariado) e toma emprestado o enunciado da economia clássica de que o capital seria "*trabalho acumulado*", ele tenta *explicar* o nexo interno das formas de riqueza com base na relação produtor-produto, enquanto, segundo os *Sozialistischen Studiengruppen (SOST)*,[36] nos produtos do trabalho e na relação entre os trabalhadores somente

"[*se faz*] *valer* a relação entre trabalho e capital, logo as determinadas condições sociais sob as quais ela foi produzida.[37] Marx aborda o movimento circular da produção no resultado do processo de produção. *Com isso, seu acesso à estrutura do conjunto do sistema parte da relação dos produtores com o produto.*"[38]

De fato, é correta "a indicação sobre o caráter do resultado da propriedade moderna",[39] mas a relação entre o pressuposto[40] dessa propriedade privada

---

[36] Grupos de estudos socialistas. (N.T.)
[37] *SOST* (1980: 57). O itálico é meu. (I.Elbe)
[38] *Idem*: 56.
[39] *Idem*: 75.
[40] Pressuposto no sentido de uma *estrutura* gerada por um outro modo de produção.

(como relação de classes entre proprietários dos meios de produção e proprietários de sua mera força de trabalho) e a sua colocação em movimento (como reprodução desses pressupostos através da apropriação mediada pela troca do sobretrabalho não remunerado) não é compreendida, mas ela deve, segundo Marx, "transformar essa relação em ação recíproca" (p. 146) somente depois que o trabalho alienado gerou a propriedade privada. Os SOST resumem:

"Assim, a propriedade privada capitalista de fato atravessa um movimento em que ela é tanto resultado como pressuposto de determinada forma do trabalho social. Esse processo de reprodução do sistema de trabalho assalariado é, porém, mediado pela troca mútua de produtos de trabalho e capacidade de trabalho. Marx nesse contexto não leva em consideração o processo social de reprodução."[41]

---

[41] SOST: 76. Isso mudou em seus escritos de crítica de economia política da maturidade. Ver MEW, 23 (1993: 596): "Como antes [!] de sua entrada no processo, seu próprio trabalho se aliena de si mesmo, é apropriado pelo capitalista e incorporado ao capital; durante o processo, ele se objetiviza constantemente em produto alheio" e reproduz ao mesmo tempo a relação de produção entre capitalista e trabalhador. Ver também na MEGA II/4.1 (1988: 79): "*a compra e venda de capacidade de trabalho* (…) constitui (…) *a base absoluta* do processo de produção capitalista e constitui um momento desse mesmo processo de produção, quando o consideramos como um todo (…). Apenas porque o trabalhador, para viver, vende sua capacidade de trabalho, a riqueza objetivada transforma-se em capital".

Marx inverte resultado e pressuposto, reprodução e produção, mistura determinações simples e complexas, começa então com uma "relação complicada", "na qual estão contidas as determinações *pressupostas* do trabalho social"[42] (a separação violenta dos produtores diretos dos meios de produção e de sua reprodução mediada pela troca), sem poder explicar isso, sobretudo porque lhe falta um conceito da forma social específica do trabalho no capitalismo. Em vez disso, ele conhece apenas determinadas formas de trabalho concreto ("trabalho abstrato" como simples parte da operação do trabalho industrial reduzido); precisamente, a categoria da economia política do "trabalho em geral" como produtor de riqueza, que mostra ainda uma mescla incompreensível do trabalho caracterizado depois como abstrato e apresentado como trabalho concreto.

Além disso, Marx parte dos resultados de um complexo processo de produção e de troca (força de trabalho por salário), sem ter desenvolvido as determinações do trabalho relacionado com a troca: ele tematiza o processo de valorização sem ter explicado o que é valor e como ele surge. Isso se mostra também na tese tomada da economia clássica de que capital seria "*trabalho acumulado*". Ao contrário, Marx mostrará em sua desenvolvida crítica da economia que o capital não é "simples" produto "do" trabalho, que

---

[42] *SOST* (1980:62). Eu coloquei em itálico. (Ingo Elbe)

ele aparece bem mais como "relação natural eterna" (*MEW* 42, 1983: 21). Portanto, o capital é uma relação de produção mediada objetivamente e que se apresenta sob a forma de objetos, caracterizado por uma exploração *mediada pela troca*, e não o produto de um trabalho isolado (mesmo que seja "alienado") considerado em si mesmo. Em 1844, em seu processo de pesquisa, Marx não elaborou analiticamente a base apropriada para a explicação da riqueza, nem descobriu um modo de exposição adequado ao sistema de produção de riqueza. Apesar de todo o programa, ao final historicizante e que concebe o homem como ser social, Marx aqui está bem longe de analisar "os indivíduos produtores em sociedade" — por isso, a produção social determinada de indivíduos é o "ponto de partida" de sua pesquisa (*idem*).

A pergunta: "como o *homem* chega a *estranhar*, a alienar seu trabalho?" (p. 208), Marx por fim não pode responder. De todo modo, não é resposta alguma repetir a tese de que a propriedade privada seria redutível ao trabalho alienado, e que este estaria ligado ao "processo de desenvolvimento da humanidade" (*idem*) porque o trabalho seria realizado pelos homens. No lugar das categorias sociais ainda surgem aqui floreios histórico-filosóficos provenientes do jovem Hegel.

Para resumir os problemas de fundamentação: da tese correta de que a propriedade privada não é uma categoria antropológica, mas sim uma categoria histórica, e que a forma do processo direto de produção reproduz as relações de classes, Marx apresenta a tese falsa de que o trabalho alienado suporia *originalmente* a propriedade privada/relação de classes. Ao contrário, deve-se reter que o trabalho alienado como relação do trabalhador com a atividade já *pressupõe* uma específica relação de produção e de propriedade, e é apenas um momento dela. Trabalho alienado enquanto "trabalho abstrato" no sentido dos *Manuscritos* ainda é um complexo incluindo determinadas formas de trabalho concreto sob o sistema fabril capitalista indeferenciadas umas das outras na análise formal; um conceito indiferenciável de "trabalho em geral" e a indistinta antecipação de um trabalho concreto contraposto ao conceito da teoria do valor do trabalho abstrato. Por isso, partindo desse conceito complexo também não se pode proceder sistematicamente da diferença entre abstrato/simples até o concreto/complexo; as formas de riqueza não podem ser decifradas como formas do trabalho alienado porque ele mesmo é determinado *efeito* e forma de trabalho abstrato, segundo a teoria do valor.

É impossível desenvolver em poucas linhas como o conceito de trabalho de Marx muda em *O capital*, e qual relação ele tem com as categorias dos *Manuscritos*. Por isso, eu simplesmente formularei teses sumárias:

O trabalho alienado dos *Manuscritos* não é de modo algum o trabalho abstrato de *O capital*. Trabalho alienado (no sentido da alienação típica) no escrito de juventude, interpretado a partir de *O capital*, é *trabalho concreto* sob o regime do trabalho abstrato no capitalismo, que é avaliado por Marx normativamente tendo como pano de fundo a possibilidade real de autonomia e autorrealização. O que Marx entende nos *Manuscritos* como trabalho "abstrato" sob a forma de trabalho alienado, é compreendido em *O capital* sobretudo como uma *consequência* da subsunção real, isto é, de um processo *desencadeado* pela produção de valor: o trabalho "abstrato" no sentido do trabalho fabril monótono é uma determinada espécie de exercício de trabalho concreto no sistema fabril (*MEW* 23, 1993: 381 e 445-s.)

Nos *Manuscritos,* Marx se aproxima mais de seu conceito posterior de valor trabalho com os conceitos de "trabalho em geral" e de "trabalho remunerado". Entretanto, também aqui ainda lhe falta a diferença entre o trabalho concreto enquanto conteúdo e o trabalho abstrato como determinação formal da riqueza histórica e socialmente específica — em sua obra de maturidade, Marx polemiza explicitamente com a categoria do "trabalho *sans phrase*", porque ela ainda confundiria trabalho concreto e abstrato.[42] Como é concebido esse conceito teórico formal por Marx ? Segundo Marx, o trabalho, em todos os modos de produção com divisão de trabalho, tem a função

---

[42] Que "aos economistas sem exceção lhes escapava a simples questão de saber se as mercadorias possuem o duplo valor de uso e valor de troca, também o trabalho apresentado nelas deve possuir um duplo caráter enquanto a mera análise do trabalho *sans phrase* como em Smith, Ricardo, etc., deve esbarrar em toda parte no inexplicável". (*MEW* 32, 1965: 11)

de satisfazer necessidades sociais, mas apenas sob as condições da divisão do trabalho *privado*, que implica relações de troca sistemáticas, ele adquire uma função social adicional de promover uma relação social, que do contrário seria promovida pela norma ou pela força. Os trabalhos privados

"satisfazem [aqui] (...) apenas as necessidades variadas de seus próprios produtores; nesse sentido cada trabalho privado especial útil pode ser trocado por qualquer outro trabalho privado útil, isto é, lhe é indiferente." (p. 147)

O trabalho dos produtores adquire um duplo caráter: "de um lado, ele é uma espécie específica de trabalho que produz produtos particulares para outros" — o que constitui o caráter social do trabalho concreto —, por outro lado, "o trabalho serve, independente de seu conteúdo particular, como meio ao produtor para adquirir os produtos de outros".[43] Ele não pode exercer essa função em sua forma concreta, mas com sua característica de ser *trabalho por excelência,* enquanto *trabalho abstrato.* Consequentemente, trata-se da questão da socialização do trabalho (concreto) pelo trabalho (abstrato). A diferença entre trabalho concreto e abstrato existe de fato em todas as comunidades, e inclusive como característica de todos os trabalhos

---

[43] Ver Postone (2003:231).

concretos fixada no pensamento pelo pesquisador, para ser ao fim também trabalho humano. Mas somente nas relações de produção privadas com divisão de trabalho adquire o trabalho abstrato a função de ser a forma social geral dos trabalhos concretos, *e apenas assim pode ser substância de valor* — conforme Marx,

"apenas para essa forma de produção peculiar, a produção de mercadorias, o caráter social específico dos trabalhos privados independentes uns dos outros existe enquanto trabalho humano e assume a forma de caráter de valor dos produtos do trabalho." (*Idem*)

Com isso se atribui ao trabalho abstrato um papel que antes do capitalismo "apenas ocorre em relações sociais diferentes dele."[44]

Em Marx, trabalho abstrato e valor não apresentam espécie alguma ou produtos de trabalho concreto no confronto do homem com a natureza; eles se voltam para a relação social de trabalhos (e produtos) sob a condição e com a consequência de sua sistemática dissociação como trabalhos privados (e produtos privados). As mercadorias tornam-se objeto de valor apenas no interior dessa relação social específica; possuem uma característica relacional, pois segundo Marx nenhum bem é mercadoria apenas em si, "nenhum em si [possui] *tal objetivação do valor*. (...)

---

[44] Ver Wolf (1985:317).

as mercadorias possuem essa objetificação social (...) apenas enquanto relação social"(*MEGA* 2/6, 1987: 46). Valor é aquisição de produtos do trabalho enquanto produtos do trabalho humano na plena troca de um com outro — uma determinada forma histórica de mediação dos trabalhos, que Marx então chama de "trabalho abstrato" e somente no capitalismo torna-se a forma geral do metabolismo social.

Apenas partindo do trabalho abstrato como forma da unidade social dos trabalhos nas condições de sua separação como propriedade privada, Marx pode decifrar a especificidade das formas capitalistas de riqueza e seu caráter sistemático, e, ao mesmo tempo, reconstruí-la enquanto objetivação e "autonomização" (*MEW* 25, 1989: 274) gradual da relação social. Nesse sentido, o trabalho abstrato enquanto forma social específica de trabalhos privados concretos, sem poder ser reconstruído como trabalho alienado no sentido dos *Manuscritos*, assume sua verdadeira função explicativa na teoria social — o que foi caracterizado como alienação.

BIBLIOGRAFIA

*MEW* 1a, 1961:347-377, Marx, Karl [1843/44]. *Zur Judenfrage. In MEW* 1, 4a. Aufl., Berlin, Dietz Verlag.
*MEW* 1b, 1961:378:391, Idem [1843/44]. *Zur Kritik der Hegelschen Rechtsphilosophie. Einleitung. In idem, ibidem.*

MEW 2, 1990:3-223, Marx, Karl/Engels, Friedrich [1845]. *Die heilige Familie oder Kritik der kritischen Kritik. Gegen Bruno Bauer und Konsorten. In MEW 2*, 12a. Aufl., *idem, ibidem.*

MEW 3, 1983:9-530, Marx, Karl/Engels, Friedrich [1845/46]. *Die deutsche Ideologie. Kritik der neuesten deutschen Philosophie in ihren Repräsentanten Feuerbach, B. Bauer und Stirner, und des deutschen Sozialismus in seinen verschiedenen Propheten. In MEW 3*, 8a. Aufl., *idem, ibidem.*

MEW 4, 1990:63-182, Marx, Karl [1847]. *Das Elend der Philosophie. Antwort auf Proudhons, Philosophie des Elends. In MEW 4*, 11a. Aufl., *idem,ibidem.*

MEW 4, 1990:459-493, Marx, Karl/Engels, Friedrich [1848]. *Manifest der Kommunistischen Partei. In MEW 4*, 11a. Aufl., *idem,ibidem.*

MEW 13, 1990:3-160, Marx, Karl [1859]. *Zur Kritik der politischen Ökonomie. Erstes Heft. In MEW 13*, 11a. Aufl., *idem,ibidem.*

MEW 19, 1978:355-383, *Idem* [1879/80]. *Randglossen zu Adolph Wagners "Lehrbuch der politischen Ökonomie". In MEW 19*, 7a. Aufl., *idem, ibidem.*

MEW 23, 1993, *Idem* [1867/72]. *Das Kapital. Kritik der politischen Ökonomie. 1. Band: Der Produktionsprozess des Kapitals. MEW 23*, 18a. Aufl., *idem, ibidem.*

MEW 25, 1989, *Idem* [1894]. *Das Kapital. Kritik der politischen Ökonomie. 3. Band: Der Gesamtprozess der kapitalistischen Produktion. MEW 25*, 30a. Aufl., *idem, ibidem.*

MEW 26.1, 1974, Idem [1861-63]. *Theorien über den Mehrwert*. Erster Teil. MEW 26.1. 4a. Aufl, *idem, ibidem*.
MEW 26.3, 1968, Idem [1861-63]. *Theorien über den Mehrwert*. Dritter Teil. MEW 26.3, *idem, ibidem*.
MEW 32, 1965:11-14, *Idem* [1868]. Brief an Friedrich Engels, 8.1.1868. *In:* MEW 32, *idem, ibidem*.
MEW 40a, 1990:445-463, *Idem* [1844]. Auszüge aus James Mills Buch *Éléments d'économie politique*. *In* MEW 40, 2a. Aufl., *idem, ibidem*.
MEW 40b, 1990:465-588, *Idem* [1844]. *Ökonomisch-philosophische Manuskripte aus dem Jahre 1844*. *In* MEW 40, 2a. Aufl., *idem, ibidem*.
MEW 42, 1983, *Idem* [1857/58]. *Ökonomische Manuskripte 1857/1858*. MEW 42, *idem, ibidem*.
MEGA 2/2, 1980, *Idem* [1858]. *Zur Kritik der politischen Ökonomie*. Urtext. *In* MEGA 2/2, *idem, ibidem*.
MEGA 2/4.1, 1988:5-135, *Idem* [1863-65]. *Das Kapital (Ökonomisches Manuskript 1863-1865)*. Erstes Buch. *In* MEGA 2/4.1. *Ökonomische Manuskripte 1863-1867*. Teil 1, *idem, ibidem*.
MEGA 2/5, 1983, *Idem* [1867]. *Das Kapital. Kritik der politischen Ökonomie*. 1. Band: Buch I: *Der Produktionsprocess des Kapitals*. MEGA 2/5, *idem, ibidem*.
MEGA 2/6, 1987, *Idem* [1871/72]. *Ergänzungen und Veränderungen zum ersten Band des 'Kapitals'*. *In* MEGA 2/6, *idem, ibidem*.
MEGA IV/2, 1981:392-427, *Idem* [1843-45]. Aus D. Ricardo. *Des principes de l'économie politique et de l'impôt*, trad. de Constancio etc. Paris 1835. *In* MEGA IV/2, *idem, ibidem*.

Dämpfling, Björn (2000). *Arbeit und Wertschöpfung bei Marx. Eine kritische Studie über produktive und unproduktive Arbeit.* Hamburg.

Elbe, Ingo (2015). Entfremdete und abstrakte Arbeit. Marx' Ökonomisch-philosophische Manuskripte im Vergleich zu seiner späteren Kritik der politischen Ökonomie. In: Idem. *Paradigmen anonymer Herrschaft. Politische Philosophie von Hobbes bis Arendt.* Würzburg.

Hegel, Georg Wilhelm Friedrich (1989) [1821]. *Grundlinien der Philosophie des Rechts oder Naturrecht und Staatswissenschaft im Grundrisse.* 2a. Aufl., Frankfurt am Main.

Heinrich, Michael (1999) [1991]. *Die Wissenschaft vom Wert. Die Marxsche Kritik der politischen Ökonomie zwischen wissenschaftlicher Revolution und klassischer Tradition.* 2a. Aufl., Münster.

Hess, Moses (1961) [1845]. Über das Geldwesen. In Idem. *Philosophische und sozialistische Schriften 1837-1850. Eine Auswahl.* Berlin.

Hoff, Jan (2004). *Kritik der klassischen politischen Ökonomie. Zur Rezeption der werttheoretischen Ansätze ökonomischer Klassiker durch Karl Marx.* Köln.

Jaeggi, Rahel (2005). *Entfremdung. Zur Aktualität eines sozialphilosophischen Problems.* Frankfurt am Main/New York.

Kant, Immanuel (1998) [1785]. *Grundlegung zur Metaphysik der Sitten. In Idem. Werke, Bd. IV. Schriften zur Ethik und Religionsphilosophie.* Hrsg. von Wilhelm Weischedel. Darmstadt.

Lange, Ernst Michael (1980). *Das Prinzip Arbeit. Drei metakritische Kapitel über Grundbegriffe, Struktur und Darstellung der 'Kritik der politischen Ökonomie' von Karl Marx.* Frankfurt am Main/Berlin/Wien.

Lindner, Urs (2013). *Marx und die Philosophie. Wissenschaftlicher Realismus, ethischer Perfektionismus und kritische Sozialtheorie.* Stuttgart.

Locke, John (1998) [1689]. *Zwei Abhandlungen über die Regierung.* 7a. Aufl., Frankfurt am Main.

Marcuse, Herbert (2004) [1941]. *Vernunft und Revolution. Hegel und die Entstehung der Gesellschaftstheorie. In: Idem, Schriften* Bd. 4. Springe.

Mészáros, István (1973) [1970]. *Der Entfremdungsbegriff bei Marx.* München.

Meyer, Thomas (1973). *Der Zwiespalt in der Marx'schen Emanzipationstheorie. Studie zur Rolle des proletarischen Subjekts.* Kronberg/Ts.

Nussbaum, Martha C. (2010) [1990]. *Der aristotelische Sozialdemokratismus. In Idem, Gerechtigkeit oder Das gute Leben.* 6a. Aufl., Frankfurt am Main.

Oppolzer, Alfred (1997). Entfremdung. *In* W. F. Haug (Hg.). *Historisch-kritisches Wörterbuch des Marxismus.* Bd. 3. Berlin/Hamburg.

Postone, Moishe (2003) [1993]. *Zeit, Arbeit und gesellschaftliche Herrschaft. Eine neue Interpretation der kritischen Theorie von Marx.* Freiburg.

Quante, Michael (2009). Kommentar. *In* Karl Marx, *Ökonomisch-philosophische Manuskripte.* Frankfurt am Main.

Rojahn, Jürgen (1983). Marxismus — Marx — Geschichtswissenschaft. Der Fall der sog. "Ökonomisch-philosophischen Manuskripte aus dem Jahre 1844". In *International Review of Social History*, Volume 28/Issue 01.

Rosa, Hartmut (2012). *Weltbeziehungen im Zeitalter der Beschleunigung. Umrisse einer neuen Gesellschaftskritik*. Frankfurt am Main.

Idem (2013). Klassenkampf und Steigerungsspiel: Eine unheilvolle Allianz. Marx beschleunigungstheoretische Krisendiagnose. In R. Jaeggi/D. Loick (Hg.). *Nach Marx. Philosophie, Kritik, Praxis*. Frankfurt am Main.

Schiller, Friedrich (2006) [1795]. *Über die ästhetische Erziehung des Menschen in einer Reihe von Briefen*. Stuttgart.

Smith, Adam (o.J.) [1776]. *Reichtum der Nationen*. Paderborn.

Sozialistische Studiengruppen (SOST) (1980). *Entfremdung und Arbeit. Ökonomisch-philosophische Manuskripte aus dem Jahre 1844*. Kommentar. Hamburg.

Wolf, Dieter (1980). *Hegels Theorie der bürgerlichen Gesellschaft. Eine materialistische Kritik*. Hamburg.

Idem (1985). *Ware und Geld. Der dialektische Widerspruch im Kapital*. Hamburg.

Idem (2008). Marx Verständnis des Werts und der abstrakt menschlichen Arbeit in den *Grundrissen*. http://www.rote-ruhr-uni.com/cms/IMG/pdf/Wolf_Arbeit_Grundrisse.pdf (acessado em: 8.8.2015).

# EDIÇÕES BÁSICAS E TRADUÇÕES DOS MANUSCRITOS ECONÔMICO-FILOSÓFICOS: UM MAPA HISTÓRICO-CRÍTICO

PAULO DENISAR FRAGA*

ADVERTÊNCIA

O texto que segue tem interesse histórico-bibliográfico contemplando aspectos analítico-editoriais. Em seu propósito visa reconstituir parte substantiva do itinerário e natureza das publicações dos *Manuscritos econômico-filosóficos*,[1] que foram compostos a partir de escritos fragmentários encontrados em cadernos de estudos de Marx, redigidos em Paris provavelmente entre abril e agosto de 1844,[2] por isso muitas vezes também chamados, de um modo mais livre, de *Manuscritos de Paris* ou *Manuscritos de 1844*.[3]

---

* Professor de Filosofia do Instituto de Ciências Humanas e Letras da Universidade Federal de Alfenas (ICHL/UNIFAL-MG).

[1] Doravante abreviados como ÖPM — *Ökonomisch-philosophische Manuskripte*.

[2] Esta é a datação mais aceita, sugerida pela edição da *MEGA2*, *Apparat* (in MARX e ENGELS, 1982, p. 685). Alguns comentadores ou editores supuseram inícios anteriores, chegando a fevereiro, como faz a edição de Landshut e Mayer (in MARX, 1932a, p. 284).

[3] O que não deve ser confundido com os *Cadernos de Paris (Pariser Hefte)*, textos contemporâneos dos ÖPM, porém de edição diversa — em *MEGA2*, IV seção, volume 2 —, nos quais Marx (1981, p. 279-579) fez registros de seus estudos dos economistas políticos.

Mais especificamente, a primeira parte da apresentação trata das principais traduções em russo e de edições básicas em alemão procurando situá-las, descritiva e criticamente, por algumas de suas características e relações internas ou contextuais. Foram esses dois idiomas que prepararam edições do texto de Marx a partir dos manuscritos originais, realizaram a difícil tarefa de sua decifração caligráfica e posteriores correções, bem como estabeleceram o ordenamento lógico das partes e a maioria de seus títulos, uma vez que seu autor não os preparou para nenhuma publicação. Em sua segunda parte, elenca traduções derivadas dessas edições nos idiomas francês, castelhano, inglês, italiano e português, delas referindo elementos editoriais básicos, como datas da primeira edição, tradutores, manuscritos incluídos e edições que lhes serviram de base.

Não obstante, cumpre esclarecer que na segunda parte a apresentação prioriza as diferentes *traduções* e não as variadas *edições* ou *reedições* quando estas não representam novas traduções. Novas edições de traduções já referidas são anotadas apenas quando ampliadas. O levantamento bibliográfico visa compor um amplo mapa de traduções/edições nos idiomas referidos,[4] incluindo algumas que até hoje não foram

---

[4] Entre textos que referem, por interesses diversos, um número representativo de edições dos *ÖPM*, cabe registrar: Rubel (1956, p. 53-54), Brouchlinski (1960), Rojahn (1985), Maidan (1990) e Musto (2007). Enquanto pesquisa estrita de fontes bibliográficas há a extensa relação de Bert Andréas (1983, p. 64-72), que lista edições

postas em evidência, o que contribui para outras pesquisas, bem como para a compreensão de parte substantiva do impacto editorial dessa "obra de Marx"[5] no mundo.

O texto não entra no mérito do conteúdo terminológico interno das traduções ou edições de base, tarefas que demandariam análises filológicas de outra natureza, quando não de especialidade. Entrementes, a identificação mínima de aspectos estruturais das edições fornece pistas legítimas e necessárias para deslindar seus pertencimentos genealógicos. Sob esse prisma os detalhes técnicos deixam de ser preciosismos para se revelarem dados históricos.[6] Infelizmente,

---

que variam de uma a treze em quinze idiomas. O livro, traduzido na série alemã *Schriften aus dem Karl-Marx-Haus* (*Escritos da Casa Karl Marx*), de Trier, cidade natal de Marx, mapeia bibliografias de Marx e Engels que classifica em torno da órbita temática do fim da filosofia clássica alemã. Para as edições em castelhano e português, geralmente ausentes nos estudos europeus — Andréas inclui as primeiras, mas não as segundas, que à época, como se verá adiante, já eram pelo menos cinco —, compete lembrar, respectivamente: de Sánchez Vázquez (1982, p. 34-38) em livro inteiramente dedicado aos *ÖPM* e de Soto (1995, p. 194-200); de José Paulo Netto (2015, p. 109) em sua longa e muito bem documentada "Apresentação" à reedição brasileira da tradução portuguesa dos *ÖPM* por Maria Antónia Pacheco.

[5] Neste caso específico, "obra de Marx" no sentido daquilo que resultou estabelecido pelos editores, sendo Marx autor dos textos, mas não de sua edição ou delimitação enquanto uma obra. A respeito desse problema, ver a análise filológica de Rojahn (1983).

[6] Um desafio natural e não exclusivo, porém peculiar aos autores que se dedicam a pesquisar edições, é o das datações, para este texto aferidas, até melhor juízo, com resultados nem sempre coincidentes com outros já registrados.

por ora, a extensão tornou necessário dispor as traduções derivadas — isto é, aquelas que não nasceram do confronto direto com os manuscritos de Marx — na forma mínima de "listas informadas" e não de edições individualmente comentadas.

### Estrutura e significado dos ÖPM

Para uma noção geral dos conteúdos temáticos, bem como das partes que estruturam tais escritos, compete registrar que os originais conservados se constituem de três cadernos ou manuscritos *in-folio*, posteriormente estabelecidos com títulos dados por Marx ou por seus editores — neste último caso indicados por colchetes retos, "[ ]", sinal com o qual Riazánov os diferenciou em 1927 e que os institutos marxistas russos preservaram sempre nas edições como um patrimônio seu. Marx também não deu nenhum título geral ao conjunto de seus textos em tais cadernos.

O *primeiro* caderno ou manuscrito inclui as seções: "Arbeitslohn" ("Salário"), "Gewinn des Kapitals" ("Ganho do capital"), "Grundrente" ("Renda da terra"), "[Entfremdete Arbeit und Privateigentum]" ("[Trabalho estranhado e propriedade privada]" — também traduzido como "Trabalho alienado...").
O *segundo*, incompleto, traz apenas a seção "[Das Verhältnis des Privateigentums]" ("[A relação da propriedade privada]"). O *terceiro* integra as seções:

"[Privateigentum und Arbeit]" ("[Propriedade privada e trabalho]"), "[Privateigentum und Kommunismus]" ("[Propriedade privada e comunismo]"), "[Kritik der Hegelschen Dialektik und Philosophie überhaupt]" ("[Crítica da dialética e da filosofia hegeliana em geral]"), "[Privateigentum und Bedürfnisse]" ("[Propriedade privada e necessidades]"), "[Teilung der Arbeit]" ("[Divisão do trabalho]"), "[Geld]" ("[Dinheiro]") e "Vorrede" ("Prefácio"), que nas edições foi geralmente deslocado para o início. Há ainda uma seção com paginação própria na maioria das vezes não incluída ou tratada como "quarto" manuscrito, mas que também figura na sequência do terceiro porque Marx a insertou nele: "Konspekt zu Georg Wilhelm Friedrich Hegels *Phänomenologie des Geistes*, Kapitel 'Das absolute Wissen'" ("Conspecto da *Fenomenologia do espírito* de Georg Wilhelm Friedrich Hegel, capítulo 'O saber absoluto'").[7]

---

[7] A presente estrutura geral se baseia na Segunda reprodução (Zweite Wiedergabe) dos *ÖPM* na *MEGA2* (MARX, 1982), que também traz o texto na forma e ordem como Marx o redigiu (Erste Wiedergabe — Primeira reprodução). Como edição mais avançada, ela serve de referência também para o leitor se localizar melhor nas variações havidas entre as diversas edições. A disposição textual da *MEGA2* é, por exemplo, parcialmente diversa da *MEGA1*, que, afora detalhes menores, traz a seção sobre Hegel no final do terceiro manuscrito e não distingue o fragmento "Teilung der Arbeit", subsumindo-o na seção "Bedürfnis, Produktion und Arbeitsteilung" ("Necessidade, produção e divisão do trabalho"). Sobre a estrutura desses escritos nos originais de Marx e sua organização na *MEGA2*, ver o volume correspondente de *Aparato crítico* (*Apparat*) (in MARX e ENGELS, 1982, p. 685-922). Para uma análise crítica da edição, ver Rojahn (1985). As imagens dos originais podem ser vistas

Do ponto de vista do significado ou importância dos *ÖPM*, cujo tratamento demandaria um outro texto, basta dizer que eles se tornaram, sobretudo a partir de meados do século XX, a obra de juventude de Marx mais discutida no mundo. Não apenas como curiosidade acadêmica frente a um novo escrito publicado. Mas no sentido substantivo, de dimensão filosófico-teórica e política, constituindo um extenso e contundente debate que colocou em pauta o próprio sentido lógico e intelectual da obra marxiana como um todo, o que levou ao questionamento da própria prática socialista, com desdobramentos que tiveram repercussão, inclusive, sobre as próprias edições desses manuscritos.[8]

---

no referido *Apparat* e no site do Internationaal Instituut voor Sociale Geschiedenis (IISG — em inglês IISH, International Institute of Social History), sediado em Amsterdã, Holanda, onde se encontram arquivados (MARX, [1844]).

[8] Há vasta bibliografia de base nesse infindo debate e autores que o sumariam criticamente. Dentre estes últimos, ver Bermudo (1975, p. 267-380), Andolfi (in MARX, 1976, p. 7-40) e Vázquez (1982, p. 227-282). Para balanços mais centrados na análise das edições e suas recepções, ver Rojahn (1983) — estudo que reexamina os originais de Marx no IISG —, Maidan (1990), Musto (2007) e Quante (in MARX, 2009, p. 331-341). Uma coletânea que abre novas perspectivas de interpretação é a de Renault (2009), fazendo a seu modo, meio século depois, as vezes do famoso dossiê "Le jeune Marx", veiculado em 1960 no n. 19 da revista *Recherches Internationales à la Lumière du Marxisme* (*Investigações Internacionais à Luz do Marxismo*), que foi precedido, como destacou Andolfi (in MARX, 1976, p. 16), por textos publicados em 1955 (ns. 62, 64, 67 e 69) na revista *La Nouvelle Critique* (*A Nova Crítica*). Seu diretor comum era Jean Kanapa, na *Recherches* acompanhado pelo chefe de redação Francis Cohen, que em 1966 lhe sucederia na *Nouvelle*.

Seja porque vistos como lugar da primeira crítica de Marx à economia política, então referida como economia nacional (*Nationalökonomie*), da presença de elementos de uma nova concepção do ser social, dentre eles a teoria marxiana da alienação no dueto *Entäusserung/Entfremdung*, que é um dos pontos mais conhecidos e diversamente retomados na literatura marxista, seja por novas discussões sobre sua natureza original e o modo como foram editados, os *ÖPM* mantêm sua força teórica frente aos debates inconclusos que se desencadearam a partir de seu aparecimento. Esse interesse se renova no momento em que a principal edição das obras de Marx e Engels, a *MEGA2*, atualmente em curso, dá lugar a um preparo mais filológico e crítico dos textos, cujos índices comparativos de correções e variantes favorecem o estudo dos manuscritos do *literarischer Nachlass* (*legado literário*), que inclusive têm a chance de ser publicados em sua disposição original.

TRADUÇÕES EM RUSSO E EDIÇÕES BÁSICAS EM ALEMÃO[9]

Em novembro de 1923, após retornar de viagem de pesquisa aos manuscritos inéditos de Marx e Engels, então sob a guarda de Eduard Bernstein

---

[9] O qualificativo "básicas" não se deve tanto ao fato da língua original dos *ÖPM*. E, sim, ao critério usado para sumariar tais edições, o qual arrola aquelas que serviram de base para as traduções derivadas. Já as edições Kröner, de 2004, e de Quante, de 2009, figuram por

e August Bebel,[10] a quem Engels os havia confiado, David Riazánov (1968, p. 261) escreveu em relato à Academia Socialista de Moscou: "[...] Em outro [caderno] descobri o fragmento de um estudo de Marx sobre a filosofia grega e, em seguida, *um manuscrito sobre a economia política cuja estrutura é característica de Marx*". (grifos P. D. Fraga)

Com essas palavras, num sentido bastante vago, que figura apenas *en passant* num comunicado onde seu autor atenta para outros escritos e detalhes, o grande editor russo de Marx[11] fazia um registro

---

conter novidade editorial substantiva. Para listas de outras edições em alemão, ver Andréas (1983, p. 67-68), Zehnpfennig (2005, p. LXXIX-LXXX) e Quante (in MARX, 2009, p. 400-401). Já a preposição "em", usada também para designar as demais línguas, evita a confusão inadvertida entre idioma do texto e nacionalidade da edição. Igualmente, citam-se os títulos em seus idiomas com tradução e não unicamente no vernáculo, o que previne o descuido de não distinguir claramente a edição da qual se está falando. Mesmo sobrecarregando um pouco, em favor dos novos leitores demais expressões são também traduzidas e as siglas postas por extenso.

[10] Dirigentes do Partido Socialdemocrata Alemão (SPD — Sozialdemokratische Partei Deutschlands).

[11] David Riazánov, além de desbravar valiosos materiais inéditos — como os dos *ÖPM* e da *Ideologia alemã* —, foi o mentor e primeiro editor de um grandioso projeto binacional, em dois idiomas, de publicação das obras completas de Marx e Engels: a primeira *Sotchiniénia* e a *MEGA1* — coleções adiante especificadas. Em janeiro de 1931 foi destituído, preso e posteriormente processado e executado, acusado de alta traição pelo regime de Stálin. Para uma apresentação biográfico-cultural de Riazánov, ver Hecker (2009). Sobre o trabalho no Instituto K. Marx e F. Engels (IME) de Moscou e os periódicos publicados, ver Burkhardt (1985a, 1985b). Sobre a organização da *MEGA1*, ver Rubel (1956, p. 28-31), Zapata (1985, p. 35-40) e Cerqueira (2010). Os efeitos do hostil cenário que envolveu sua tragédia talvez expliquem a longa lacuna de estudos que persiste sobre seu trabalho na primeira *Sotchiniénia*, para o qual em 1930 seu assessor Franz Schiller (1979a) dedicou uma resenha literária.

histórico indireto do achado do texto — então submerso nos demais papéis da chamada *Nachlass*[12] literária de Marx e Engels — que ele mesmo ainda estava por compreender e que viria valorosamente a editar, embora de modo parcial e com um título que se revelaria inadequado.

Assim, tendo fotografado os originais na Alemanha, Riazánov os analisa e publica, em 1927, em russo, no III volume do periódico *Arkhív K. Marksa i F. Énguel'sa*, uma parte do terceiro manuscrito,[13] a qual intitulou "Trabalho preparatório à 'Sagrada família'"[14] (MARKS, 1927) considerando tratar-se de anotações de base para o livro que Marx e Engels haviam escrito no mesmo ano dos referidos manuscritos — 1844 — e publicado em 1845. Por sinal, a segunda parte dos *Arkhív*, chamada "Da herança literária de K. Marx e F. Engels",[15] abre com uma longa introdução de Riazánov

---

[12] Em português: herança, espólio, legado. Para uma visão da trajetória anterior desses manuscritos desde a biblioteca pessoal de Marx, ver Rubel (1956, p. 21-28) e Harstick (1973).

[13] São quatro seções intituladas e distinguidas por colchetes retos pelo editor: "[Tchástnaia sóbstvennost' i trud]" ("[Propriedade privada e trabalho]"), "[Tchástnaia sóvstvennost' i kommunízm]" ("[Propriedade privada e comunismo]"), "[Kak nam byt' s guéguelebskoi dnalektikoi?]" ("[Como lidamos com a dialética hegeliana?]") e "[Potrébnosti, proizvódstvo i razdelénie trudna]" ("[Necessidades, produção e divisão do trabalho]"). Agradecimentos a Ludmila Menezes Zwick pela imprescindível e qualificada assessoria nas transliterações e traduções do russo para o português neste texto.

[14] Em russo (sempre transliterado do alfabeto cirílico): "Podgotobitelye raboty dlia 'Sviatógo semeistva'".

[15] Em russo: "Iz literaturnogo naslédstva K. Marksa i F. Énguel'sa".

(1927) sobre o caminho de Marx da *Gazeta Renana* até a *Sagrada família*.

Ele o republica com o mesmo título (MARKS, 1930) no volume 3 da seção I da primeira edição russa da *Sotchiniénia* (*Obras*) de Marx e Engels, coleção que ele havia planejado inicialmente para 27 volumes, com perspectiva de uma edição acadêmica de 40 à medida que a coleção alemã chegasse a esse número (SCHILLER, 1979a, p. 316-317).[16] Apesar de ele dirigir ambas as coleções até 1930, o texto não figura nos seis volumes da *MEGA1* desse período — 1927-1930 —, nem na versão alemã dos dois números do *Marx-Engels-Archiv* — saídos em 1926 e 1927 —, também dirigidos por Riazánov.[17] De modo que, como é sabido, os futuros *ÖPM* aparecem primeiro em russo e não na língua original alemã, que, apesar de o SPD deter o espólio literário de Marx desde a morte de Engels, será apenas o terceiro idioma a publicar esses textos, pois à tradução russa se segue a francesa de Albert Mesnil (MARX, 1929a; 1929b).

---

[16] Efetivamente a primeira *Sotchiniéni K. Marksa i F. Énguel'sa* (*Obras de K. Marx e F. Engels*) consolidou-se em 29 volumes entre 1928 e 1948 — ou 28, uma vez que o vigésimo, previsto em três partes para veicular as *Teorias da mais valia*, não foi publicado. Já a *MEGA1* — *Marx-Engels-Gesamtausgabe* (*Obras Completas de Marx e Engels*), também nomeada como *Historisch-kritische Gesamtausgabe* (*Edição Histórico-Crítica das Obras Completas*) —, com 42 volumes projetados, sendo dois suplementares, alcançou apenas 11 lançados entre 1927 e 1935, com mais três associados, o último em 1941, conforme detalha Cerqueira (2010, p. 23-25).

[17] Mas talvez por uma boa razão, uma vez que, como se verá adiante, o volume 3 da I seção da *MEGA1* sairá somente em 1932, porém com uma edição completa e inteiramente organizada dos *ÖPM*.

Um primeiro texto desses manuscritos surge em alemão em 1931, na revista *Unter dem Banner des Marxismus*, que publica a seção "[Crítica da dialética e da filosofia hegeliana em geral]" (MARX, 1931), do terceiro caderno. A referida revista, cumpre aduzir, é inspirada no importante periódico mensal russo *Pod Známenem Marksízma*.[18] Em dezembro daquele ano ambas patrocinam um especial pelo centenário da morte de Hegel, ocasião em que a revista alemã reproduz dois textos da russa. Mas nenhum deles é o manuscrito de Marx sobre a dialética hegeliana, pois o periódico russo havia publicado, sob organização do IMEL,[19] em vez desse, um outro texto com extratos da *Ideologia alemã* (MARKS i ÉNGUEL'S, 1931). Entrementes, o fragmento alemão já havia saído em russo, na penúltima seção publicada por Riazánov no *Arkhív* de 1927, em que pese o estranho título já citado, extraído de uma frase de Marx — diferença que revela evolução no preparo desses materiais.

Na revista *Unter dem Banner des Marxismus* o texto de Marx é precedido por uma "Advertência"

---

[18] Seus títulos em alemão e russo significam, em português, *Sob a Bandeira do Marxismo*.

[19] Em russo: Institút Marksa-Énguel'sa-Lenina (Instituto Marx--Engels-Lénin). Após a saída de Riazánov, numa fusão com o Instituto Lénin, o IMEL sucede o IME, que a rigor, afora os vínculos partidários, se chamava Instituto K. Marx e F. Engels (Institút K. Marksa i F. Énguel'sa — no Ocidente geralmente referido pela simplificação alemã Marx-Engels-Institut). Sobre seus nomes e algumas implicações, ver notas de Zapata (1985, p. 37) e também passagens de Burkhardt (1985a).

("Vorbemerkung") assinada pelo Marx-Engels-Institut,[20] que ao seu final anuncia a iminente publicação dos demais manuscritos de 1844 no volume 3 da *MEGA1*. Entrementes, em janeiro do mesmo ano, um artigo de Jacob P. Mayer (1931) na *Rote Revue* (*Revista Vermelha*), organizada pelo Partido Social-democrata da Suíça,[21] havia anunciado a publicação de um importante escrito inédito de Marx. Trata-se das duas edições em língua alemã que marcarão o ano de 1932 e lançarão os manuscritos parisienses à notoriedade internacional. Elas fundam os dois troncos genealógicos principais das edições dos *ÖPM*.

Uma delas recebeu como título *Economia nacional e filosofia: sobre as relações da economia nacional com o Estado, o direito, a moral e a vida burguesa (1844)*[22] (MARX, 1932a) e figurou no volume I de *O materialismo histórico: os primeiros escritos*,[23] sob a organização de Siegfried Landshut e do próprio Jacob P. Mayer, com a colaboração de Friedrich Salomon. Inicialmente ela gozou de razoável influência, inspirando, direta ou indiretamente, as primeiras traduções no formato livro não apenas em francês (MARX, 1937), mas também em castelhano (MARX, [1938])

---

[20] Referência ao instituto moscovita que também aparece nos créditos dos volumes da *MEGA1*, mesmo no volume 3 de 1932, que publica os *ÖPM* após a mudança de nome do Instituto na URSS.

[21] Em alemão: Sozialdemokratische Partei der Schweiz.

[22] Em alemão: *Nationalökonomie und Philosophie: über den Zusammenhang der Nationalökonomie mit Staat, Recht, Moral, und bürgerlichem Leben (1844)*.

[23] Em alemão: *Der historische Materialismus: die Frühschriften*.

e português (MARX, 1963b), além da edição alemã de 1950, abaixo comentada. Contudo, a edição, que excluía completamente o primeiro manuscrito — no qual figuram três seções intituladas por Marx —, foi em geral considerada pela crítica como portadora de muitas lacunas, problemas no ordenamento interno e erros terminológicos, fazendo os tradutores desses idiomas migrarem para a *MEGA1* — ou edições dela derivadas — como texto base.[24]

Na *MEGA1*, no volume 3 da I seção, os *Manuscritos econômico-filosóficos do ano de 1844*[25] (MARX, 1932b), tal como foram literalmente intitulados pelo novo editor russo, Vladímir Adorátski,[26] aparecem finalmente de modo integral na língua alemã, que propõe pela primeira vez um sumário detalhado para organizar a estrutura do texto. Em página de entrada entre o título e a nota técnica editorial[27] figura o subtítulo

---

[24] Quanto às diferenças de concepção entre os organizadores dessas duas edições, que iam além do título e da extensão do que publicaram, desdobrando-se numa longa luta de interpretação dos *ÖPM* entre o chamado "marxismo soviético" e o "ocidental", ver Musto (2007).

[25] Em alemão: *Ökonomisch-philosophische Manuskripte aus dem Jahre 1844*.

[26] Embora, por óbvio, esta edição não prescindisse de trabalhos de Riazánov e sua equipe. Quanto a isso, em 1930 Franz Schiller (1979b, p. 428), um de seus principais colaboradores, declarou em artigo sobre o IME de Moscou que a totalidade do legado literário de Marx e Engels já se encontrava decifrada e datilografada.

[27] Dentre outras observações, a nota faz o registro da correspondência e do contrato de Marx com o editor C. W. Leske, a respeito da produção de uma obra sobre a *Crítica da política e da economia nacional* (*Kritik der Politik und Nationalökonomie*), projeto não cumprido e abandonado, que pode estar relacionado à escritura de

"Zur Kritik der Nationalökonomie, mit einem Schlusskapitel über die Hegelsche Philosophie",[28] que vale para os três primeiros manuscritos, referindo-se sua segunda parte à última seção do terceiro manuscrito e não ao "quarto", que versa também sobre Hegel, mas se encontra só mais adiante, como anexo em paginação descontínua do corpo principal dos *ÖPM*.[29] Com isso, apesar da virtude de propor um título que favorece uma imagem dinâmica e conexa do texto, o subtítulo não deixa de sugerir que o corpo principal do texto versa sobre economia nacional ou política, enquanto algo no seu final trata de filosofia.[30]

---

manuscritos como os *ÖPM*, os *Pariser Hefte* e outros textos da época, como o artigo que Marx (2010) dirigiu em agosto de 1844 contra Arnold Ruge no periódico *Vorwärts!* (*Avante!*), centrado na crítica da política, tema ausente nos *ÖPM*. Para uma análise mais pormenorizada das implicações desses e de outros detalhes editoriais dos *ÖPM*, ver os já referidos estudos de Rojahn (1983, 1985).

[28] Em português: "Sobre a crítica da economia nacional, com um capítulo final sobre a filosofia hegeliana".

[29] Os três primeiros localizam-se entre as páginas 29-172. O "quarto", assim denominado e assumido pela nota editorial da *MEGA1* para os *ÖPM* (in MARX, 1932b, p. 30), situa-se entre as páginas 592-596, sob o título "Marxens Auszug aus dem letzten Kapitel von Hegels *Phänomenologie des Geistes*" ("Excerto de Marx do capítulo final da *Fenomenologia do espírito* de Hegel") (MARX, 1932b).

[30] A nota da editoria (in MARX, 1932b, p. 30) admite que as recensões a Hegel foram desenvolvidas em meio às análises econômicas contidas no volume, mas justifica o posicionamento da seção ao final do terceiro manuscrito porque Marx (1932b, p. 34) teria dado essa orientação no "Prefácio" quando mencionou considerar indispensável um "capítulo final" ou "conclusivo" ("Schlusskapitel") para analisar, no "presente escrito" ("vorliegenden Schrift"), a dialética e a filosofia de Hegel em geral. Essa justificativa é referida em muitas edições, mesmo nas traduções russas que curiosamente

Em 1950 Erich Thier realiza nova publicação em alemão (MARX, 1950a), abrindo-a com um significativo estudo sobre o tema da antropologia no jovem Marx, que acaba sendo a contribuição mais reconhecida dessa edição. Baseando-se parcialmente na estrutura da *MEGA1*, Thier é também influenciado pela edição de Landshut e Mayer, pois mesmo usando a expressão articulada "Pariser ökonomischphilosophischen Manuskripten" no título de seu "Prólogo" ("Vorwort"), para o texto de Marx adota o mesmo título daqueles, seguido por uma linha de apoio que reproduz[31] também o subtítulo, tornando-o ainda mais longo pelo acréscimo das chamadas "[Die entfremdete Arbeit]" e "[Das Verhältnis des Privateigentums]", textos do primeiro e segundo manuscrito que integram a edição com nomenclaturas importadas da *MEGA1*. Em contrapartida, tal como fizeram Landshut e Mayer, a edição de Thier segue excluindo os três textos do primeiro manuscrito que foram intitulados por Marx. Além disso, arrola erroneamente o "Prefácio" como parte do primeiro manuscrito.

---

nunca adotaram o subtítulo, que se deriva da mesma razão. Porém, o tom seccionado deste terá impacto amplificado em edições alemãs de 1953 e 1955, que chegam a publicar os *ÖPM* em duas partes separadas. Em 1982, sob um novo argumento, a *MEGA2* mudará a ordem da seção sobre Hegel no terceiro manuscrito. Esses dois pontos serão retomados adiante, quando do tratamento dessas edições.

[31] Embora não conste na entrada geral do livro, o subtítulo figura na abertura do texto de Marx.

Em 1953 Landshut republica, como editor solo e em volume único, uma edição revisada dos manuscritos (MARX, 1953a). Retomando um ponto da nota editorial da primeira edição (in MARX, 1932a, p. 285), a "Advertência" de Landshut (in MARX, 1953a, p. 225) menciona que as dificuldades de decifração do texto de Marx foram uma constante para os demais editores e anuncia que a nova edição procura aproveitar soluções da *MEGA1* e de Thier. Contudo, mantém o título geral[32] e a estrutura textual da edição de 1932, que, internamente, além do "Prefácio", inclui somente entretítulos que Marx deu a subseções sobre

---

[32] Vale registrar a crítica de Brouchlinski (1960, p. 76-77), que argumentou que o inadvertido subtítulo de Landshut e Mayer estava em franca contradição com o que Marx escreveu no "Prefácio" dos manuscritos, quando delimitou que neles só trataria das relações entre Estado, direito, moral e vida civil à medida que a economia nacional o fizesse manifestamente. Landshut faleceu em 1968 sem nunca mudar o título. Mas em sua sétima edição (MARX, 2004a) a Kröner Verlag (Editora Kröner), influenciada pelos novos ventos filológicos, resolve alterá-lo adotando a forma mais sintética e dinamicamente conjugada da *MEGA1*, passando a figurar como *Ökonomisch-philosophische Manuskripte (1844)*. A edição também inclui, entre colchetes, as indicações das entradas dos cadernos no texto. Em contrapartida, na mesma linha, seu novo aparato crítico (in MARX, 2004a, p. 642) não deixa de alfinetar os critérios estabelecidos na *MEGA1*, pois, se a edição de Landshut e Mayer teria aparentado incompletude, a de Adorátski teria desejado o indevidamente inverso: apresentar os manuscritos editados como uma obra una e independente de outros escritos da época — argumento em que, por sinal, a nova edição Kröner recorre aos estudos de Rojahn. Isso, contudo, não desmente, no conjunto das peças, a superioridade qualitativa e técnica da *MEGA1* sobre a edição Kröner de 1932, muito menos justifica a alegação bastante parcial de que esta teria permanecido à sombra daquela apenas por questões ideológicas.

a *Fenomenologia do espírito* de Hegel,[33] uma vez que Landshut reitera o argumento de restringir-se à paginação original do manuscrito para perfilar a estrutura da obra. Em 1953 e 1955 se seguem duas edições parciais em alemão, que também incluem revisões terminológicas. A primeira (MARX, 1953b), uma edição da *Sagrada família* com alguns outros escritos filosóficos de 1843 e 1844, que dos *ÖPM* veicula apenas o "Prefácio" e a "[Crítica da dialética e da filosofia hegeliana em geral]". Na estrutura do livro, a seção é aberta pelo mesmo título que depois se repete no segundo extrato citado. Contudo, uma nota editorial (in MARX, 1953b, p. 68) indica sua origem na edição dos *ÖPM* da *MEGA1* e anuncia que o restante dos textos sairá numa edição de 1953, que efetivamente só aparece em 1955.[34] Esta, por sua vez, é uma antologia intitulada

---

[33] "A. Das Selbstbewusstsein" ("A. A autoconsciência"), "B. Der Geist" ("B. O espírito"), "C. Die Religion" ("C. A religião"), "D. Das absolute Wissen" ("D. O saber absoluto") e "Das absolute Wissen. Letztes Kapitel der *Phänomenologie*" ("O saber absoluto. Último capítulo da *Fenomenologia*"). Este último conclui, em sequência indistinta, com o texto relativo ao "quarto" manuscrito. Os quatro primeiros pontos integram uma mesma sequência e localizam-se em apenas duas páginas. Contudo, numa espécie de índice analítico, ambas as edições sugerem, no cabeçalho das páginas ímpares, o assunto de que Marx estaria ali tratando, sendo diversas essas indicações.

[34] Na mesma nota, tal divisão parece buscar legitimidade no subtítulo temático que a *MEGA1* introduziu entre o título geral *ÖPM* e o "Prefácio", sugerindo, conforme já referido, tratar-se de textos "Sobre a crítica da economia nacional, com um capítulo final sobre a filosofia hegeliana". Isso se confirma na edição de 1955, quando a expressão *ÖPM* só aparece como subtítulo, enquanto o

*Escritos econômicos menores*[35] (MARX, 1955), que publica os três manuscritos, porém excetuando a parte sobre Hegel veiculada na edição de 1953, bem como a relativa a esse autor no "quarto" manuscrito, que a *MEGA1* vinculara em anexo.[36]

Apesar da parceria editorial russo-alemã, a versão integral de Adorátski, veiculada na *MEGA1* de 1932,

---

título figura como *Sobre a crítica da economia nacional*. Na nova "Introducción" à edição definitiva de sua tradução em castelhano, Francisco Llorente (in MARX, 1968b, p. 20-21) critica o mau trato dos *ÖPM* pelo "comunismo ortodoxo". Ele afirma que, com a divisão classificatória operada nos conteúdos de tais edições, a Editora Dietz (Dietz Verlag) "rompeu por sua conta a conexão que Marx estabeleceu entre Filosofia e Economia". De fato, o que era apenas um tom ou aparência disjuntiva no subtítulo dos *ÖPM* na *MEGA1*, as edições da coleção *Bücherei* radicalizam na prática. E com o agravante de que tais edições representavam na Alemanha uma revisão terminológica do texto da *MEGA1*. Se o problema aqui era real e provinha de uma certa desconfiança com a Filosofia, posteriormente retornará de modo inverso, quando se dispensa a parte "econômica" em favor da "filosófica", como se verá em 1961 na influente edição parcial de Fromm (MARX, 1961) para a tradução de Bottomore, livro publicado em vários idiomas, inclusive em alemão. Embora não se tratando da promoção de edições separadas, a edição "seleta" já ocorria nas ausências das notas comentadas de Marx sobre os economistas e do texto sobre o trabalho estranhado na edição de Landshut e Mayer. A respeito das edições de 1953 e 1955, ver também Rojahn (1983, p. 44-45).

[35] Em alemão: *Kleine ökonomische Schriften* — o volume é apresentado pelo IML-ZK-SED. Os dois títulos integram a coleção *Bücherei des Marxismus-Leninismus* (*Biblioteca do Marxismo-Leninismo*), da Editora Dietz, embora o primeiro, *Die Heilige Familie*..., tenha saído também — na mesma coleção — pela Editora Das Neue Wort, de Stuttgart, edição aqui utilizada.

[36] A propósito, a divisão dos *ÖPM* operada na coleção *Bücherei* poderia ter aproveitado o foco "filosófico" de sua primeira publicação — Hegel — para incluir o convergente "quarto" manuscrito. Mas não foi o que ocorreu.

não figura na primeira edição da *Sotchiniénia* russa. Ironicamente, os pioneiros em publicar tais manuscritos tardarão ainda 24 anos para ter, em 1956, a sua edição completa na própria língua.[37] O farão com notória qualidade, porém no interior de uma decisão editorial que exclui os *ÖPM* de seu lugar cronológico não apenas na segunda edição da *Sotchiniénia*, como igualmente na coleção alemã subsequente à *MEGA1*, a *MEW*, também conhecida como *Werke*. Compete lembrar que, inversamente ao que ocorreu entre a primeira *Sotchiniénia* (iniciada em 1928) e a *MEGA1* (iniciada em 1927), a *MEW* começou sua edição em 1956, depois da segunda *Sotchiniénia*, em 1955, edição da qual importava os princípios organizativos e passava a espelhar, chegando a haver até dois anos de intervalo entre volumes de uma e outra coleção.[38]

---

[37] Essa questão é ilustrada na crítica do filósofo russo Leoníd Stolovitch (1999, p. 136), que se queixa da longa ausência de uma edição completa dos *ÖPM* em russo após a publicação parcial na primeira *Sotchiniénia*. Stolovitch, que teve acesso aos *ÖPM* pela *MEGA1*, considera que eles constituíam a obra filosófica de Marx que mais profundamente destoava da ortodoxia marxista-leninista instituída pelo "'comunismo' estalinista", cujos reflexos se mantinham mesmo após a abertura à crítica promovida pelo XX Congresso do PCUS. Anteriormente, ele completa, os *ÖPM* haviam sido declarados como um texto não totalmente marxista, incorrendo nesta falta os que neles se baseassem, o que naqueles dias era um "crime inaceitável". Não obstante, é notório o aspecto positivo de que a primeira edição integral em russo dos *ÖPM* ocorre justamente no ano do XX Congresso.

[38] A respeito dessa relação, registrada no primeiro parágrafo do "Prólogo" do volume 1 da *MEW* (IML-ZK-SED in MARX e ENGELS, 1956, p. IX), ver Hubmann (2012, p. 37-38). A segunda *Sotchiniéni K. Marksa i F. Énguel'sa* se estende de 1955 a 1981 perfilando um total

É assim que no "Prefácio à segunda edição"³⁹ da *Sotchiniénia*, que abre o volume 1 de 1955, o IMELS--TsK-KPSS⁴⁰ (in MARKS i ÉNGUEL'S, 1955, p. VI) informa, dentre textos menores de Engels sobre Schelling e Hegel, a não inclusão da tese doutoral de Marx sobre Demócrito e Epicuro e dos *ÖPM*, que sem maior justificativa são anunciados como objetos de uma edição em separado. Por seu turno, em 1956, o volume 1 da *MEW* alemã, que trata dos escritos de Marx e Engels entre 1839 e 1844, os exclui sem qualquer especificação nominal, apenas aludindo genericamente que "os escritos desse primeiro período não incluídos no volume 1 se encontram em dois volumes suplementares a essa edição" (IML-ZK-SED in MARX e ENGELS, 1956, p. IX).⁴¹

---

de 50 volumes em duas séries: a primeira de 1955 a 1966, com 39 volumes; a segunda de 1968 a 1981 com o restante. Já a *MEW* — *Marx-Engels-Werke* (*Obras de Marx e Engels*) — ocorre de 1956 a 1968, com 43 volumes incluindo os complementares, que se estendem até 1990. É a coleção mais completa no idioma original até hoje. IML-ZK-SED é acrônimo de Institut für Marxismus-Leninismus beim Zentralkomitee der Sozialistischen Einheitspartei Deutschlands (Instituto de Marxismo-Leninismo do Comitê Central do Partido Socialista Unificado da Alemanha).

³⁹ Em russo: "Predislovie ko vtoromu izdániiu".

⁴⁰ Em russo: Institút Marksa-Énguel'sa-Lenina-Stálina pri Tsentral'nyi Komitet Kommunistitcheskoi Partii Sovétskogo Soíuza (Instituto Marx-Engels-Lénin-Stálin do Comitê Central do Partido Comunista da União Soviética).

⁴¹ Diversamente do que registram Andréas (1983, p. 68) e Musto (2007, p. 254-255), o lugar dos *ÖPM* na *MEW* era o volume 1 e não o 2, que, por sinal, trata dos textos de Marx e Engels "escritos no período de setembro de 1844 a fevereiro de 1846" (IML-ZK-KPdSU in MARX e ENGELS, 1962, p. V). À parte esse detalhe, na questão

A primeira edição completa em russo dos *ÖPM* surge, então, em 1956, na terceira seção da coletânea

---

de mérito importa sublinhar que na literatura sobre os *ÖPM* a não inclusão cronológica constitui um dos pontos mais criticados quanto ao seu tratamento pelo marxismo ortodoxo. É honesto registrar que Brouchlinski (1960, p. 78) sugeriu que o caso se deveria ao oneroso trabalho de revisão dos originais de Marx para saldar a necessidade de uma edição superior aos defeitos da *MEGA1*, já que frente a ela a de Landshut e Mayer, bem como a de Thier, representavam um retrocesso. De fato, como se verá adiante, a edição em russo de 1956 alcança esse patamar. Contudo, concorreram outras razões, como o problema *de conteúdo* dos *ÖPM*, que destoavam da tradição marxista então estabelecida pelo estalinismo, o que era provavelmente "agravado" pelo limite *técnico* de serem textos inacabados e fragmentários, num momento em que se buscavam fontes para corroborar elementos de uma doutrina política de Estado. A esse respeito parece exemplar o caso da edição tradicional da *Ideologia alemã* — texto muitas vezes contraposto aos *ÖPM* por seus críticos —, que foi apresentada/editada como uma obra acabada que conteria o sólido fundamento "de um novo método, o 'materialismo histórico e dialético'", sendo que posteriormente a edição crítica de 2003, pelos *Marx-Engels-Jahrbuch* (*Anuários Marx-Engels*) da IMES (Internationale Marx-Engels-Stiftung — Fundação Internacional Marx-Engels), revelou uma situação muito diferente dos originais, clivados por anotações esparsas e assistemáticas, evidenciando as razões ideológico-políticas daquela edição (ver ENDERLE, 2007, p. 17). Embora desde meados dos anos 1950, a partir do XX Congresso do PCUS, houvesse um momento de abertura política e intelectual aos "valores humanistas do marxismo" (VÁZQUEZ, 1982, p. 38), Thomas Marxhausen (2014, p. 107) afirma, apoiando-se em Richard Sperl — um dos editores dos volumes que trazem os *ÖPM* na *MEW* e na *MEGA2* —, que mesmo a edição de 1982 ainda pressupôs negociações restritivas ao aparato crítico dos *ÖPM*. São eventos que cedem base à leitura menos diplomática de Musto (2007, p. 254), segundo a qual na Rússia e no Leste Europeu tais manuscritos sofreram uma verdadeira perseguição. No começo desta nota a sigla IML-ZK-KPdSU designa, em alemão, Institut für Marxismus-Leninismus beim Zentralkomitee der Kommunistischen Partei der Sowjetunion (Instituto de Marxismo-Leninismo do Comitê Central do Partido Comunista da União Soviética), o mesmo que a abreviatura em russo IML-TsK-KPSS, adiante especificada.

intitulada *Das primeiras obras*[42] (MARKS, 1956), que incorpora textos de Marx e Engels do período 1835-1844 não incluídos no volume 1 da segunda edição da *Sotchiniénia*, relativamente ao qual a antologia é apresentada pelo IMELS-TsK-KPSS (in MARKS, 1956, p. III) como adjacente.[43] Ao pé da página do título, como é tradição nas edições russas — quando não ao final dos textos —, os editores fazem o registro da primeira edição em russo de 1927 (incompleta) e da primeira completa em alemão, de 1932, referindo que os *ÖPM* são impressos "segundo a tradução do manuscrito em alemão". Contudo, o que há de nobre nessa edição é a minuciosa releitura dos originais e a revisão da transcrição e tradução do texto, cujos resultados excedem o discreto registro desse trabalho no final do "Prefácio" do IMELS-TsK-KPSS (in MARKS, 1956, p. VIII).[44]

---

[42] Em russo: *Iz rannikh proizvednie*.

[43] Dada essa polêmica, vale observar que na última página *Das primeiras obras* (in MARKS, 1956, p. 690), que traz os dados técnicos de composição e impressão, consta a tiragem de 60 mil exemplares, que é por sinal referida no artigo de Brouchlinski (1960, p. 78). Elevado mesmo para um país do tamanho da URSS, o número se torna modesto se comparado à tiragem registrada na ficha técnica do querelado volume 1 da *Sotchiniénia* (in MARKS i ÉNGUEL'S, 1955, p. 699), que registra a esmagadora cifra de 200 mil exemplares.

[44] Basta lembrar que três dos principais tradutores em diferentes idiomas — Milligan, inglês; Bottigelli, francês; Bobbio (1970, p. XVII), italiano, na revisão de 1968 à sua tradução de 1949 — sublinharam com deferência terem se valido dessas correções, que efetivamente circularam entre os editores à época. Justo era, portanto, o juízo de Brouchlinski (1960, p. 79): "no presente momento, a edição russa de 1956 é a mais perfeita e pode servir de base de trabalho

Por sua preocupação crítica e consequente qualidade, merece referência a edição em alemão de 1962, dirigida por Hans-Joachim Lieber e Peter Furth, que integra o primeiro volume, intitulado *Frühe Schriften* (*Primeiros escritos*), de uma coleção de seis tomos das obras de Marx e Engels, publicada pela Editora Cotta (Cotta-Verlag). No que diz estrito respeito aos *ÖPM*, vale reter que os organizadores (in MARX, 1962a, p. 996) observam, no "Posfácio" ("Nachwort"), que o texto do volume é obtido por estudo comparativo entre as edições da *MEGA1*, de Landshut e da Dietz Verlag. Não apenas a edição dos *ÖPM*[45] resulta implicitamente

---

para todas as edições posteriores dos *Manuscritos de 1844*". Entrementes, merece nota que a soberania na decifração dos manuscritos contrastava com a ausência do registro de sua paginação original nos cadernos e mesmo da indicação desses próprios cadernos no ordenamento do texto. De outra parte, a elogiada edição do IMELS-TsK-KPSS de 1956 incluía títulos dispendiosos nas seções relativas ao segundo e terceiro manuscritos, aumentados frente aos da *MEGA1*, excetuando a seção sobre Hegel. É esta estrutura que informa totalmente a edição/tradução de Milligan (MARX, 1959a) e parcialmente a de Bottigelli (MARX, 1962b), que, seguindo edições alemãs, incluiu as indicações dos cadernos e sua paginação original. Isso faz ver que a influência da edição russa de 1956 no Ocidente não se limitou a pontuais, ainda que ricas, revisões de termos. Influenciou a própria estrutura de algumas das mais reconhecidas traduções, que em alguns casos serviram de base para traduções de segunda mão em outros idiomas, como castelhano e português.

[45] Na verdade, Lieber e Furth intitulam o texto marxiano como *Zur Kritik der Nationalökonomie*, deixando a expressão *ÖPM* como subtítulo, inversão que revela uma influência da coletânea Dietz de 1955, *Kleine ökonomische Schriften*. Não obstante, na nota que abre junto ao título os editores (in MARX, 1962a, p. 506) observam seguir o arranjo do texto da *MEGA1*, (re)incluindo a paginação dos originais em romanos — não constante na Dietz — e marcando entre colchetes os títulos que não são de Marx. Respeitando a *MEGA1*,

como síntese desse longo e laborioso esforço de apuração do texto marxiano, como ainda, com ares de uma edição crítica, registra, nos rodapés, as variantes terminológicas dessas edições citadas — incluindo também a de Thier —, que submete a contrastes com os originais manuscritos — nas notas como "Ms." —, o que torna o trabalho de Lieber e Furth um produtivo roteiro para quem deseja estudar a evolução dos ajustes terminológicos até aquele momento.

Em 1968, a edição dos *ÖPM* no primeiro volume Suplementar (Ergänzungsband) avulso da *MEW*[46] (MARX, 1968a), que posteriormente é reimpresso como volume numerado 40 da formosa coleção apelidada de "blaue Bände" ("volumes azuis"), é organizada pelo IML-ZK-SED da República Democrática da Alemanha e, para além das implícitas parcerias editoriais russas, está em anunciada conexão com os resultados dos *ÖPM* da coleção *Bücherei...* em 1953 e 1955, cujas revisões confirmam relevo nas edições alemãs. O "Prólogo" editorial do IML-ZK-SED discorre de praxe sobre contextualizações histórico-intelectuais

---

a edição tem ainda o raro mérito de incluir em anexo (MARX, 1962a, p. 958-964) o texto que os editores muito apropriadamente referem como o "chamado quarto manuscrito dos *ÖPM*" (in MARX, 1962a, p. 998).

[46] Ou, dito de outro modo: Primeira parte (Erster Teil) do volume Suplementar (Ergänzungsband) da *MEW*. Dedicado a Marx — Engels vem no segundo, posteriormente fixado como volume 41 da *MEW* —, complementa os textos e cartas de Marx e Engels publicados nos volumes 1 e 27 da *MEW*.

do período, arrola caracterizações sumárias dos *ÖPM* e se preocupa em desautorizar alguns de seus usos e interpretações. Afora o acréscimo das revisões que condensa, reproduz em grande parte a estrutura da *MEGA1*, da qual expressamente registra importar o título principal e os internos (in MARX, 1968a, p. 673). Não reproduz, contudo, o subtítulo geral da *MEGA1* para os *ÖPM*, que reforçava a relação com a crítica da economia nacional. E embora lhe faça alusão, também não inclui o "quarto" manuscrito, sobre a filosofia de Hegel.

O que a *MEW* saldou em 1968, a segunda *Sotchiniénia* cumpre em 1974, no volume 42 de sua segunda série editorial (MARKS, 1974a). Esse tomo visa complementar os volumes 1 a 4 da coleção, recuperando textos da coletânea de 1956, dentre outros. Sua abertura contém uma longa recensão sobre os principais temas dos *ÖPM*, que ocupa quase metade do "Prefácio" (IML-TsK-KPSS[47] in MARKS, 1974a, p. V-XIV) e é pelo menos 2/3 maior do que o espaço reservado à breve sinopse temática dos *ÖPM* na edição de 1956. A organização dos *ÖPM* — que agora ocupa a primeira das três seções da obra, dedicada aos escritos de Marx de janeiro a agosto de 1844 — contém melhorias técnicas claras, como a

---

[47] Em russo: Institút Marksizma-Leninizma pri Tsentral'nyi Komitet Kommunistitcheskoi Partii Sovétskogo Soíuza (Instituto de Marxismo-Leninismo do Comitê Central do Partido Comunista da União Soviética).

simplificação dos títulos e a indicação dos cadernos e de sua respectiva paginação original. Todos esses apuros técnicos, como visto, estavam ausentes na antologia *Das primeiras obras*. Embora obviamente aproveitando as revisões dessa primeira publicação integral no próprio idioma, a edição da *Sotchiniénia* de 1974 reflete elementos da *MEW* de 1968.[48]

Por fim, cabe retomar a edição cuja estrutura já foi basicamente referida no começo deste estudo como uma espécie de resultado que figura como um ponto de partida, relembrando aqui uma imagem cara às dialéticas de Hegel e de Marx. Embora não seja cronologicamente a última edição dos *ÖPM* em alemão, ela é a mais distinta e notoriamente a principal desde que foi publicada, em 1982, na *MEGA2*.[49] Trata-se,

---

[48] Já as ausências do subtítulo dos *ÖPM* usado pela *MEGA1*, bem como do "quarto" manuscrito, não podem ser contabilizadas como influências da *MEW*, uma vez que já não constavam na edição em russo de 1956. Quanto ao subtítulo é provável que a influência seja no sentido contrário, uma vez que em 1955 a edição Dietz insistia em usá-lo inclusive como título principal.

[49] A *MEGA2* — *Marx-Engels-Gesamtausgabe* (*Obras Completas de Marx e Engels*), concebida para ser a primeira edição efetivamente crítica e total dos escritos de Marx e Engels nos seus mais variados níveis e naturezas, tem suscitado internacionalmente diversos estudos, sejam publicados em artigos e coletâneas avulsas, sejam em periódicos especializados que dão ressonância à coleção. Para duas exposições representativas da história, repercussões e características que distinguem esse notável empreendimento editorial, ver Hubmann (2012) e Fineschi (2014). Para duas problematizações críticas sobre os limites dos atuais princípios editoriais da *MEGA2*, ver Marxhausen (2014, p. 103-121) e Martins (2014). Uma explanação mais geral das novas e potenciais representações ou imagens da teoria de Marx a partir da queda do Muro de Berlim

finalmente, da edição crítica dos *ÖPM*, que traz, no seu volume básico de *Text* (*Texto*), os manuscritos em duas reproduções, sendo: a Primeira (Erste Wiedergabe), na exata estrutura e ordenamento em que foram encontrados nos cadernos de Marx; a Segunda (Zweite Wiedergabe), conforme foram organizados em seções e títulos pelos editores (MARX, 1982, p. 187-322; 323-444[50]). Ambos os textos são estabelecidos por linhas numeradas que facilitam a correspondência, mas que não coincidem diretamente entre si por terem diagramações diferentes.[51] Notas em geral, registro

---

e mediadas pela nova edição da *MEGA2* consta na conferência de Hecker (2011). Basicamente, compete informar que a segunda edição da *MEGA*, geralmente distinguida pelo acréscimo do numeral arábico 2, inicia-se em 1975 e subdivide-se em quatro grandes seções temáticas. Revisto no começo dos anos 1990, o projeto prevê 114 volumes duplos — Texto e Aparato crítico —, dos quais já vieram a lume pouco mais da metade. Encontrando-se em andamento, a coleção pode ser acompanhada nos sítios do IISG (ou IISH, de Amsterdã: <https://socialhistory.org>) e da BBAW (Berlin-Brandenburgische Akademie der Wissenschaften — Academia de Ciências de Berlim-Brandemburgo: <http://mega.bbaw.de>), instituições vinculadas à IMES, fundação cuja tarefa central é dar prosseguimento à publicação das obras completas de Marx e Engels até a sua integralização.

[50] Nesta última paginação está incluído o "quarto" manuscrito, que a *MEGA2* edita, na Segunda reprodução, como anexo ao terceiro (MARX, 1982, p. 439-444).

[51] Apenas para ilustrar com o caso do primeiro manuscrito, Marx o redige na maior parte em três colunas, nas quais discorre paralelamente sobre as três seções já referidas que ele intitula. Por isso, numa reprodução comum de página inteira, diagramada em coluna vertical única, onde tais seções são dispostas não lado a lado, mas uma após o final da outra, o leitor, ao olhar as paginações do original indicadas em romanos entre colchetes, se deparará com a repetição delas na fluência geral do texto. Terá a impressão de um

minucioso de revisões, um extenso estudo envolvendo a história do texto, a análise da composição temática e estrutural de seus cadernos, bem como imagens dos originais, constam de um volume paralelo, o já referido *Apparat* (in MARX e ENGELS, 1982, p. 685-922), que se constitui numa nova fonte de estudos. Os conteúdos são articulados nos dois tomos por sumários inteligentes que fazem a mútua correspondência de paginações entre os textos básicos e seus comentários ou notas num e noutro volume.

A *MEGA2* mantém e consagra o título *Ökonomisch--philosophische Manuskripte* (*Manuscritos econômico--filosóficos*), que reforça em tal qualidade ao suprimir o ano. Sem querer resumir a natureza ou extensão do *Nachlass* marxiano de 1844 ao nominalismo de um título que recorta parte desses escritos, esse é de longe o melhor entre os vários que lhes foram atribuídos. Não importa tanto a pergunta de Maidan (1990, p.

---

problema que, na verdade, se deve a tal peculiaridade dos originais e é, portanto, apenas aparente. A respeito, ver ilustrações no *Aparato crítico* da *MEGA2*, I seção, volume 2 (in MARX e ENGELS, 1982, p. 707-739). É digno referir que a Primeira reprodução dos *ÖPM* da *MEGA2* foi, com pequenas diferenças técnicas, reeditada em livro comentado por Michael Quante (MARX, 2009). Nele são publicados, na disposição original, os três cadernos ("Heft I", "II" e "III"), mais um anexo que Quante intitula "Das Konzept der Anerkennung" ("O conceito de reconhecimento"), que é um recorte do comentário de Marx sobre o livro *Élements d'économie politique* (*Elementos de economia política*), de James Mill, publicado em *Historisch-ökonomische Studien* (*Estudos histórico-econômicos*), já referidos aqui como *Pariser Hefte*, seu subtítulo na *MEGA2*, IV seção, volume 2.

778) sobre se o econômico ou o filosófico vem ou deve vir primeiro. Importa o que historicamente revelou isso como um problema. Toda vez que em certa medida se desconsiderou o valor da *articulação dialeticamente mediada* manifesta na expressão "econômico-filosóficos",[52] os manuscritos parisienses foram jogados numa lógica disjuntiva, hierárquica e instrumental, em que a ordem nominal de fato preponderou sobre aquela que realmente importa, porque a subverte: a ordem crítico-dinâmica do conceito.

## Traduções derivadas

Apresentam-se sinopses gerais introdutórias às traduções nos idiomas, seguidas de quadros panorâmicos com informações de cada tradução que a pesquisa registrou.

---

[52] A começar por seus criadores, no subtítulo dissociador da *MEGA1*, que deu margem à edição separada entre filosofia e economia da Dietz e mesmo à inversão entre título e primeira parte daquele subtítulo, o que alcançou até a zelosa edição de Lieber e Furth. A propósito, sobre a crítica de Hegel, a *MEGA2* muda o lugar dessa seção intercalando-a mais para dentro do terceiro manuscrito, retirando-a do final. No *Apparat* os editores apresentam a sua justificação crítica contra o argumento da editoria da *MEGA1*: "A observação de Marx no 'Prefácio' a respeito de um capítulo final sobre a crítica da dialética e da filosofia hegeliana em geral não será interpretada como uma instrução para a retirada da crítica a Hegel do restante do texto. O planejado capítulo final é parte de um trabalho que, com o presente manuscrito, ainda não tinha sido realizado" (in MARX e ENGELS, 1982, p. 741).

Nos quadros, na *primeira coluna* a data representa a tradução naquela língua, cuja referência bibliográfica deve ser encontrada nessa sequência lógica: "Referências/Edições dos *ÖPM*/Em... [mesmo idioma]". Quando houver barra — "/" — entre duas datas, significa que foi consultada a edição após a barra. Contudo, manteve-se o ano da primeira edição a fim de preservar o percurso histórico das edições. O mesmo vale para a seção "Referências/Edições dos *ÖPM*".

A data da *última coluna* indica a edição de base ou — após a "/" — também consultada para realizar a tradução que consta naquela linha. Sua referência bibliográfica deve ser localizada nessa direção lógica: "Referências/Edições dos *ÖPM*/Em... [idioma indicado na abreviatura entre parênteses]". Quando a data estiver entre aspas significa que a tradução recorreu a fonte cuja edição é posterior a que consta nas "Referências" por aquele ano. Quando a data constar entre chaves — "{ }" — significa sugestão própria com base em notas de citações do tradutor ou em comparações de estruturas das edições. Já a variante "/MARKS", transliteração do cirílico, aplica-se às edições russas, coerente com as referências no idioma.

Na *terceira coluna* a abreviatura "p" significa publicação do manuscrito de modo parcial. Em qualquer lugar na tabela, o sinal "[ ]" designa data não indicada na edição.

É evidente que novas edições de traduções podem conter revisões internas. Contudo, usou-se o critério de só mencionar novamente uma tradução quando ela sofreu ampliação. Isso designa publicação de texto novo. As traduções incluídas em coleções de obras de Marx e Engels são mencionadas nas sinopses.

### Em francês

A língua francesa tem o mérito de ter realizado a segunda edição/tradução parcial no mundo, imediatamente após a primeira de Riazánov em russo. E também a primeira baseada na alemã de Landshut e Mayer. A França sempre manteve uma relação muito

| Tradução: MARX, data... | Autoria da tradução | Manuscritos incluídos | Edição de base: MARX/MARKS, data... (língua) |
|---|---|---|---|
| 1929a | Albert Mesnil | IIIp | 1927 (RU) |
| 1929b | Albert Mesnil | IIIp | 1927 (RU) |
| 1933a | Norbert Guterman e Henri Lefebvre | IIIp | 1931 (AL) |
| 1933b | Norbert Guterman e Henri Lefebvre | IIIp | 1931 (AL) |
| 1937 | Jean Molitor | II, III, IV | 1932a (AL) |
| 1947a | Maximilien Rubel | Ip | 1932b (AL) |
| 1948 | Maximilien Rubel e Frédérique Berthelot | Ip | 1932b (AL) |
| 1959b | S. Ochelle | Ip | 1932b (AL) |
| 1959c | S. Ochelle | Ip | 1932b (AL) |
| 1962b | Emile Bottigelli | I, II, III | 1953b, 1955 (AL) / 1932b (AL), 1956 (RU) |
| 1962c | Claude Orsoni | IIIp | 1932b (AL) |
| 1968/1972 | Jean Malaquais e Claude Orsoni | I, II, III | 1932b (AL) / [1844] (AL), 1959a (IN), 1962b (FR) |
| 1972 | Kostas Papaioannou | I, II, III | 1968a (AL) |
| 1996 | Jacques-Pierre Gougeon | I, II, III | 1982 (AL) |
| 2007 | Franck Fischbach | I, II, III | 1982 (AL) / "1968a" (AL) |

Fonte: elaborado pelo autor com base nas fontes pesquisadas.

receptiva com os *ÖPM*, incluindo alguns movimentos intelectuais, como os de Albert Mesnil (pseudônimo de Norbert Guterman) e Henri Lefebvre, e depois Rubel, que envidaram esforços para sua tradução e divulgação editorial. Em 1960, o dossiê sobre o jovem Marx na revista *Recherches Internationales...* foi um marco em seu favor. A tradução de maior repercussão ainda é a de Bottigelli. Mas o idioma possui duas novas traduções baseadas na *MEGA2*, sendo a segunda, de Fischbach, bastante especializada.

### Em castelhano

O idioma castelhano realizou precocemente uma tradução no fim dos anos 1930, com base na edição de Landshut e Mayer. No México os *ÖPM* conheceram destaque por estudos que tiveram à frente Sánchez Vázquez, que lhes dedicou uma relevante obra exclusiva. O idioma possui notável número de traduções, incluindo — ao menos em El Salvador e Argentina — algumas reproduções de divulgação que não são listadas por não indicarem tradutores. A tradução completa de Roces figura nas *Obras Fundamentales de Carlos Marx y Federico Engels*. Mas a de Llorente, que se origina de uma edição parcial na Venezuela, tem o maior número de reedições. Uma nova tradução em equipe surge na Argentina, a partir da *MEW*. Não foram registradas traduções com base na *MEGA2*.

| Tradução: MARX, data... | Autoria da tradução | Manuscritos incluídos | Edição de base: MARX/MARKS, data... (língua) |
|---|---|---|---|
| [1938] | Alicia Rühle-Gerstel e Jose Harari | II, III, IV | 1932a (AL), 1937 (FR) |
| 1958a | Wenceslao Roces | IIIp | 1932b (AL) / {1953b (AL)} |
| 1960 | Rubén Sotoconil | I, II, III | 1959a (IN) |
| 1962d | Wenceslao Roces | I, II, III | 1932b (AL) / 1956 (RU) |
| 1962e | Julieta Campos | Ip, II, III | 1961 (IN) |
| 1965 | Francisco Rubio Llorente | Ip, II, III | 1932b, 1955 (AL) |
| 1968b | Francisco Rubio Llorente | I, II, III | 1932b, 1955 (AL) / 1950a, 1953b, 1966 (AL), 1962b (FR) |
| 1968c | Hugo Acevedo | I, II, III | 1962b (FR) |
| 1978 | José María Ripalda | I, II, III | 1968a (AL) / 1932b (AL) |
| 1980 | Daniel Zadunaisky | I, II, III | 1932b, "1968a" (AL) / 1956 (RU) |
| 1989 | Lev Vládov | I, II, III | 1932b, {1968a (AL)}, {1974a (RU)} |
| 2004b | Miguel Vedda, Fernanda Aren e Silvina Rotemberg | I, II, III | "1968a" (AL) |

Fonte: elaborado pelo autor com base nas fontes pesquisadas.

## Em inglês

A língua inglesa tem a peculiaridade de ter recebido os *ÖPM* como uma referência teórico-militante do movimento trotskysta da JFT (Johnson Forest Tendency), que se encarregou de suas duas primeiras traduções parciais, por Ria Stone (pseudônimo de Grace Lee Boggs) e Raya Dunayevskaya. Realizou, com base na edição em russo de 1956, uma das traduções mais influentes, com diferentes edições e reedições, inclusive na *MECW* (*Karl Marx Frederick Engels Collected Works*) e para outros idiomas. Talvez a grande presença dessa tradução, cujo autor é Martin Milligan, explique o não registro de traduções completas a partir da *MEGA2*. Contudo, a breve tradução parcial de O'Malley é feita com base nela, sobre a Primeira reprodução.

| Tradução: MARX, data... | Autoria da tradução | Manuscritos incluídos | Edição de base: MARX/MARKS, data... (língua) |
|---|---|---|---|
| [1947b] | Ria Stone | Ip, IIIp | 1932b (AL) |
| 1958b | Raya Dunayevskaya | IIIp | 1927 (RU), 1932b (AL) |
| 1959a | Martin Milligan | I, II, III | 1932b (AL), 1956 (RU) |
| 1961 | Tom B. Bottomore | Ip, II, III | 1932b (AL) |
| 1963a | Tom B. Bottomore | I, II, III | 1932b (AL) |
| 1967 | Loyd D. Easton e Kurt H. Guddat | Ip, IIIp | 1932b (AL) / [1844], 1953a, 1955, 1962a (AL) |
| 1971a | David McLellan | Ip, IIIp | 1932b, 1962a (AL) |
| 1975 | Gregor Benton | I, II, III | {1968a (AL)} |
| 1994 | Joseph O'Malley | Ip, IIIp | 1982 (AL) |

Fonte: elaborado pelo autor com base nas fontes pesquisadas.

## Em italiano

O idioma italiano registra um número modesto, porém muito qualificado de traduções. Delio Cantimori realizou a primeira parcial para um curso introdutório sobre Marx e Engels. Ela permanece no modo datilografado em bibliotecas italianas. Após há a de Della Volpe, autor da tradução que consta nas *Opere Complete di Marx ed Engels*, e a de Norberto Bobbio, que na forma completa foi a primeira, sendo a tradução mais reeditada no idioma. Por fim, há a integral de Ferruccio Andolfi, que se distingue pelo fato de ser a única inteiramente comentada. Não existe até agora uma tradução em italiano com base na MEGA2.

| Tradução: MARX, data... | Autoria da tradução | Manuscritos incluídos | Edição de base: MARX/MARKS, data... (língua) |
|---|---|---|---|
| [1947c] | Delio Cantimori | IIIp | 1932b (AL) |
| 1947d | Galvano Della Volpe | IIIp | 1932b (AL) |
| 1949 | Norberto Bobbio | I, II, III | 1932b (AL) |
| 1950b | Galvano Della Volpe | I, II, III | 1932b (AL) |
| 1976 | Ferruccio Andolfi | I, II, III | 1968a (AL) |

Fonte: elaborado pelo autor com base nas fontes pesquisadas.

## Em português

Aparecidas no Brasil numa tradução parcial indireta da de Bottomore ao inglês, editada por Fromm, houve em seguida uma outra sem créditos de origem, que a comparação revelou ser feita com base na de Molitor e completada pela de Bottigelli, pois aquela, derivada da edição de Landshut e Mayer, não incluía o primeiro manuscrito. A primeira de Portugal faz referência em nota a uma brasileira, que a análise mostrou ser a indireta do livro de Fromm. Depois Portugal realizou, com Maria Antónia Pacheco, a primeira integral baseada na *MEGA2*. O Brasil fez a segunda com Jesus Ranieri, sendo a de Luciano Martorano a terceira. Isso confere à língua portuguesa o maior número de traduções da *MEGA2* entre os idiomas aqui estudados.

| Tradução: MARX, data... | Autoria da tradução | Manuscritos incluídos | Edição de base: MARX/MARKS, data... (língua) |
|---|---|---|---|
| 1962f | Octavio Alves Velho | Ip, II, III | 1961 (IN) |
| 1963b | Sylvia Patrícia | III, II, IV, I | {1937 (FR)}, {1962b (FR)} |
| 1971b | César Oliveira | Ip, II, III | {1968b (CA)} / {1962f (PO)} |
| 1974b | José Carlos Bruni | IIIp | 1968a (AL) |
| 1975/1993 | Artur Morão | I, II, III | 1963a (IN) / 1962a (AL) |
| 1983 | Viktor von Ehrenreich | Ip, IIIp | "1968a" (AL) |
| 1993 | Maria Antónia Pacheco | I, II, III, IV | 1982 (AL) |
| 2001 | Alex Marins | I, II, III | {1963a (IN)} / {1975/1993 (PO)} |
| 2004c | Jesus Ranieri | I, II, III | 1982 (AL) |
| 2017 | Luciano Cavini Martorano | I, II, III | 1982 (AL) |

Fonte: elaborado pelo autor com base nas fontes pesquisadas.

## Referências

Em favor do confronto com as tabelas acima, as bibliografias dos *ÖPM* são dispostas em separado e em ordem cronológica por idioma.

### Edições dos *ÖPM*

#### Em alemão
MARX, K. ([1844]). *Karl Marx — Friedrich Engels Papers, inv. nr. A7[B95], A8[A6], A9[A6]. [Nationalökonomie und Philosophie]*. Amsterdam: International Institute of Social History. Disponí-

vel em: <https://search.socialhistory.org/Record/ARCH00860>. Acesso em: abr. 2016.

MARX, K. (1931). Kritik der Hegelschen Dialektik und Philosophie überhaupt (1844). *Unter dem Banner des Marxismus*, Vorb. Marx-Engels-Institut, Berlin, V Jg., H. 3, S. 256-275.

MARX, K. (1932a). Nationalökonomie und Philosophie: über den Zusammenhang der Nationalökonomie mit Staat, Recht, Moral und bürgerlichem Leben (1844). In: MARX, K. *Der historische Materialismus:* die Frühschriften. Hrsg. Siegfried Landshut und Jacob P. Mayer, unter Mitw. von Friedrich Salomon. Leipzig: A. Kröner. Bd. I. S. 283-375. (Kröners Taschenausgabe, Bd. 91).

MARX, K. (1932b). Okonomisch-philosophische Manuskripte aus dem Jahre 1844: zur Kritik der Nationalökonomie mit einem Schlusskapitel über die Hegelsche Philosophie. In: MARX, K.; ENGELS, F. *Die Heilige Familie und Schriften von Marx von Anfang 1844 bis Anfang 1845.* Hrsg. Vladimir Adoratskij. Berlin: Marx-Engels-Verlag. S. 29-172; 592-596. (Marx-Engels-Gesamtausgabe — Historisch-kritische Gesamtausgabe — MEGA1, I Abt., Bd. 3).

MARX, K. (1950a). *Nationalökonomie und Philosophie.* Hrsg. Erich Thier. Köln; Berlin: G. Kiepenheuer.

MARX, K. (1953a). Nationalökonomie und Philosophie: über den Zusammenhang der Nationalökonomie mit Staat, Recht, Moral und bürgerlichem Leben (1844). In: MARX, K. *Die Frühschriften.* Hrsg. Siegfried Landshut. Stuttgart: A. Kröner. S. 225-316. (Kröners Taschenausgabe, Bd. 209).

MARX, K. (1953b). Kritik der Hegelschen Dialektik und Philosophie überhaupt. In: MARX, K.; ENGELS, F. *Die Heilige Familie und andere philosophische Frühschriften*. Stuttgart: Das Neue Wort. S. 67-98. (Bücherei des Marxismus-Leninismus).

MARX, K. (1955). Zur Kritik der Nationalökonomie: Ökonomisch-philosophische Manuskripte. In: MARX, K.; ENGELS, F. *Kleine ökonomische Schriften: ein Sammelband*. Besorgt vom Institut für Marxismus-Leninismus beim ZK der SED. Berlin: Dietz. S. 42-166. (Bücherei des Marxismus-Leninismus, Bd. 42).

MARX, K. (1962a). Zur Kritik der Nationalökonomie: Ökonomisch-philosophische Manuskripte. In: MARX, K. *Frühe Schriften*. Hrsg. Hans-Joachim Lieber und Peter Furth. Stuttgart: Cotta. S. 506-665; 958-964. (Werke, Shriften, Briefe, Bd. 1).

MARX, K. (1966). Ökonomisch-philosophische Manuskripte – aus dem Jahre 1844: zur Kritik der Nationalökonomie mit einem Schlusskapitel über die Hegelsche Philosophie. In: MARX, K. *Texte zu Methode und Praxis II*: Pariser Manuskripte 1844. Hrsg. Günter Hillmann. Reinbek: Rowohlt. S. 7-133.

MARX, K. (1968a). Ökonomisch-philosophische Manuskripte. In: MARX, K.; ENGELS, F. *Schriften, Manuskripte, Brief bis 1844*. Hrsg. Institut für Marxismus-Leninismus beim ZK der SED. Berlin: Dietz. S. 465-588. (Marx-Engels-Werke — MEW, Ergänzungsband, I T.).

MARX, K. (1982). Ökonomisch-philosophische Manuskripte (Erste Wiedergabe); Ökonomisch-

-philosophische Manuskripte (Zweite Wiedergabe). In: MARX, K.; ENGELS, F. *Werke, Artikel, Entwürfe, März 1843 bis August 1844:* Text. Hrsg. Institut für Marxismus-Leninismus beim ZK der KPdSU und Institut für Marxismus-Leninismus beim ZK der SED. Berlin: Dietz. S. 187-322; 323-444. (Marx-Engels-Gesamtausgabe — MEGA2, I Abt., Bd. 2).

MARX, K. (2004a). *Ökonomisch-philosophische Manuskripte* (1844). In: MARX, K. *Die Frühschriften.* Hrsg. Siegfried Landshut. 7. Aufl. Neu eingerichtet von Oliver Heins und Richard Sperl. Stuttgart: A. Kröner. S. 292-378. (Kröners Taschenausgabe, Bd. 209).

MARX, K. (2009). *Ökonomisch-philosophische Manuskripte.* Hrsg. Michael Quante. Frankfurt am Main: Suhrkamp.

Em russo

MARKS, K. (1927). Podgotobitelye raboty dlia "Sviatógo semeistva". *Arkhív K. Marksa i F. Énguel'sa,* Org. David Riazánov, Moskvá; Lenigrad, t. III, p. 247-286.

MARKS, K. (1930). Podgotobitelye raboty dlia "Sviatógo semeistva". In: MARKS, K. *Islédovanie, statia 1844-1845.* Org. David Riazánov. Moskvá; Lenigrad: Gossizdát Izdátel'stvo. p. 613-670. (K. Marks i F. Énguel's, Sotchiniénia, 1. ed., I seç., t. 3).

MARKS, K. (1956). Ekonomitchesko-filossofiskie rukopissi 1844 goda. In: MARKS, K.; ÉNGUEL'S, F. *Iz rannikh proizvednie.* Org. Institút Marksa-Énguel'sa-Lenina-Stálina pri TsK KPSS. Moskvá: Gossudarstvennoie Izdatel'stvo Polititcheskoi Literatury. p. 517-642.

MARKS, K. (1974a). *Ekonomitchesko-filossofiskie rukopissi 1844 goda*. Org. Institút Marksizma-Leninizma pri TsK KPSS. Moskvá: Izdátel'stvo Polititcheskoi Literatúry. p. 41-174. (K. Marks i F. Énguel's, Sotchiniénia, 2. ed., t. 42).

Em francês

MARX, K. (1929a). Travail et propriété privée. Trad. Albert Mesnil. *La Revue Marxiste*, Paris, n. 1, p. 7-28.

MARX, K. (1929b). Notes sur les besoins, la production et la division du travail. Trad. Albert Mesnil. *La Revue Marxiste*, Paris, n. 5, p. 513-538.

MARX, K. (1933a). Critique de la dialectique hégélienne (I). Trad. Norbert Guterman et Henri Lefebvre. *Avant-Poste:* Revue de Littérature et de Critique, Paris, n. 1, p. 32-39.

MARX, K. (1933b). Critique de la dialectique hégélienne (II). Trad. Norbert Guterman et Henri Lefebvre. *Avant-Poste:* Revue de Littérature et de Critique, Paris, n. 2, p. 110-116.

MARX, K. (1937). Economie politique et philosophie: rapport de l'économie politique avec l'État, le droit, la morale et la vie bourgeoise (1844). In: MARX, K. *Oeuvres philosophiques*. Trad. Jean Molitor. Paris: A. Costes. p. 5-135. (Oeuvres Complètes de Karl Marx, t. VI).

MARX, K. (1947a). Un inédit de Karl Marx: Le travail aliéné. Trad. Maximilien Rubel. *La Revue Socialiste* — Nouvelle Série, Paris, n. 8, p. 154-168.

MARX, K. (1948). Le travail salarié. In: ARON, R. (Dir.). *De Marx au marxisme (1848-1948)*. Trad. Maximilien Rubel et Frédérique Berthelot. Paris: De Flore. p. 304-317.

MARX, K. (1959b). Extraits des "Manuscrits économico-philosophiques" (1844) de Karl Marx (I): Profit du capital. Trad. S. Ochelle. *Cahiers de L'ISEA*, Paris, n. 76, Serie S, Études de Marxologie, n. 1, p. 9-18.

MARX, K. (1959c). La rente foncière. Trad. S. Ochelle. *Cahiers de L'ISEA*, Paris, n. 91, Serie S, Études de Marxologie, n. 2, p. 7-23.

MARX, K. (1962b). *Manuscrits de 1844:* économie politique & philosophie. Trad. Emile Bottigelli. Paris: Sociales.

MARX, K. (1962c). Critique de la dialectique et de la philosophie de Hegel (D'après les Manuscrits parisiens de 1844). Trad. Claude Orsoni. *Cahiers de L'ISEA*, Paris, n. 121, Serie S, Études de Marxologie, n. 5, p. 5-34.

MARX, K. (1968/1972). *Économie et philosophie (Manuscrits parisiens, 1844)*: II — Ébauche d'une critique de l'économie politique. Éd. Maximilien Rubel. Trad. Jean Malaquais et Claude Orsoni. 2. ed. Paris: Gallimard. p. 5-6, 44-141. (Karl Marx Oeuvres: Economie, t. II).

MARX, K. (1972). Critique de l'économie politique: Manuscrits de 1844. Trad. Kostas Papaioannou. In: MARX, K.; ENGELS, F. *La première critique de l'économie politique*. Paris: UGE. p. 65-301.

MARX, K. (1996). *Manuscrits de 1844*. Trad. Jacques-Pierre Gougeon. Paris: Flammarion.

MARX, K. (2007). *Manuscrits économico-philosophiques de 1844.* Trad. Franck Fischbach. Paris: J. Vrin.

Em castelhano

MARX, C. ([1938]). *Economía política y filosofía:* relaciones de la economía política con el Estado, el derecho, la moral y la vida burguesa. Trad. Alicia Rühle-Gerstel y Jose Harari. México D. F.: América.

MARX, C. (1958a). Crítica de la dialéctica y la filosofía hegelianas en general. In: MARX, C.; ENGELS, F. *La Sagrada familia y otros escritos filosóficos de la primera época.* Trad. Wenceslao Roces. México D. F.: Grijalbo. p. 45-69.

MARX, C. (1960). *Manuscritos económicos y filosóficos de 1844.* Trad. Rubén Sotoconil. Santiago de Chile: Austral.

MARX, C. (1962d). Manuscritos económico-filosóficos de 1844. In: MARX, C.; ENGELS, F. *Escritos económicos varios.* Trad. Wenceslao Roces. México D. F.: Grijalbo. p. 25-125.

MARX, K. (1962e). Manuscritos económico-filosóficos. In: FROMM, E. *Marx y su concepto del hombre.* Trad. Julieta Campos. México D. F.: FCE. p. 95-201.

MARX, K. (1965). Manuscritos económico-filosóficos de 1844. In: MARX, K. *Escritos de juventud.* Trad. Francisco Rubio Llorente. Caracas: UCV, p. 160-267.

MARX, K. (1968b). *Manuscritos de economía y filosofía.* Trad. Francisco Rubio Llorente. Madrid: Alianza.

MARX, C. (1968c). *Manuscritos de 1844:* economía política y filosofía. Trad. Hugo Acevedo. Buenos Aires: Arandú.

MARX, K. (1978). Manuscritos de París. In: MARX, K. *Manuscritos de París y escritos de los "Anuarios Francoalemanes" (1844).* Dir. Manuel Sacristán Luzón. Trad. José María Ripalda. Barcelona; Buenos Aires; México D. F.: Crítica. p. 301-432. (Karl Marx y Friedrich Engels, Obras, v. 5).

MARX, C. (1980). *Manuscritos económico-filosóficos de 1844.* Trad. Daniel Zadunaisky. Bogotá: Pluma.

MARX, C. (1989). *Manuscritos económicos y filosóficos de 1844.* Trad. Lev Vládov. Moscou: Progreso. (Obras Marx, Engels, Lenin).

MARX, K. (2004b). *Manuscritos económico-filosóficos de 1844:* esbozos para una crítica de la economía política. Trad. Miguel Vedda, Fernanda Aren y Silvina Rotemberg. Buenos Aires: Colihue.

EM INGLÊS

MARX, K. ([1947b]). *Three essays*: selected from the Economic-philosophical manuscripts (First English translation). Trans. Ria Stone. [New York: M. Harvey]. Typescript.

MARX, K. (1958b). Private property and communism; Critique of the Hegelian dialectic. In: DUNAYEVSKAYA, R. *Marxism and freedom:* ... from 1776 until today. Trans. Raya Dunayevskaya. New York: Bookman. p. 290-325.

MARX, K. (1959a). *Economic and philosophic manuscripts of 1844*. Trans. Martin Milligan. Moscow: Foreign Languages.

MARX, K. (1961). Economic and philosophical manuscripts. In: FROMM, E. *Marx's concept of man*. Trans. Tom B. Bottomore. New York: F. Ungar. p. 86-196.

MARX, K. (1963a). Economic and philosophical manuscripts. In: MARX, K. *Early writings*. Trans. Tom B. Bottomore. London: C. A. Watts. p. 61-219.

MARX, K. (1967). Economic and philosophical manuscripts (1844). In: MARX, K. *Writings of the young Marx on philosophy and society.* Trans. Loyd D. Easton and Kurt H. Guddat. Garden City: Doubleday. p. 283-337.

MARX, K. (1971a). Economic and philosophical manuscripts. In: MARX, K. *Early texts*. Trans. David McLellan. Oxford: Basil Blackwell. p. 130-183.

MARX, K. (1975). Economic and philosophical manuscripts. In: MARX, K. *Early writings*. Trans. Gregor Benton. Harmondsworth; London: Penguin Books; New Left Review. p. 279-400.

MARX, K. (1994). From de Paris notebooks. In: MARX, K. *Early political writings*. Trans. Joseph O'Malley. Cambridge: Cambridge University Press. p. 71-93.

EM ITALIANO

MARX, K. ([1947c]). Dai "Manoscritti economico-filosofici" del 1844: per la critica della economia politica. In: CANTIMORI, D. *Interpretazioni e studi intorno al pensiero di Marx e di Engels:* 1919-1939. Appunti del Corso di Teoria e Storia della Storiografia. A cura di F. Ferri. Trad. Delio Cantimori. Pisa: Goliardica. p. I-LVIII.

MARX, K. (1947d). Dai Manoscritti economico--filosofici (1844) di Karl Marx: III — Critica della dialettica e della filosofia hegeliana in generale. In: DELLA VOLPE, G. *Marx e lo Stato moderno rappresentativo.* Trad. Galvano Della Volpe. Bologna: C. Zuffi. p. 113-131.

MARX, K. (1949). *Manoscritti economico-filosofici del 1844.* Trad. Norberto Bobbio. Torino: G. Einaudi.

MARX, K. (1950b). Manoscritti economico-filosofici del 1844. In: MARX, K. *Opere filosofiche giovanili.* Trad. Galvano Della Volpe. Roma: Rinascita. p. 170-316.

MARX, K. (1976). *Manoscritti economico-filosofici del 1844.* Trad. Ferruccio Andolfi. Roma: Newton Compton.

EM PORTUGUÊS

MARX, K. (1962f). Manuscritos econômicos e filosóficos. In: FROMM, E. *Conceito marxista do homem.* Trad. Octavio Alves Velho. Rio de Janeiro: Zahar. p. 83-170.

MARX, K. (1963b). *Economia política e filosofia.* Trad. Sylvia Patrícia. Rio de Janeiro: Melso.

MARX, K. (1971b). *Os manuscritos económico-filosóficos.* Trad. César Oliveira. Porto: Brasília.

MARX, K. (1974b). Manuscritos econômico-filosóficos. In: MARX, K. *Manuscritos econômico-filosóficos e outros textos escolhidos*. Trad. José Carlos Bruni. São Paulo: Abril Cultural. p. 7-54. (Os Pensadores, v. XXXV).

MARX, K. (1975/1993). *Escritos de juventude/ Manuscritos económico-filosóficos*. Trad. Artur Morão. 1. ed./3. ed. Lisboa: Ed. 70.

MARX, K. (1983). Trabalho alienado e superação positiva da autoalienação humana (Manuscritos econômico-filosóficos de 1844). In: MARX, K.; ENGELS, F. *História*. Org. Florestan Fernandes. Trad. Viktor von Ehrenreich. São Paulo: Ática. p. 146-181. (Grandes Cientistas Sociais, v. 36).

MARX, K. (1993). *Manuscritos económico-filosóficos de 1844*. Trad. Maria Antónia Pacheco. Lisboa: Avante! (Biblioteca do Marxismo-Leninismo, n. 26).

MARX, K. (2001). *Manuscritos econômico-filosóficos*. Trad. Alex Marins. São Paulo: Martin Claret.

MARX, K. (2004c). *Manuscritos econômico-filosóficos*. Trad. Jesus Ranieri. São Paulo: Boitempo.

MARX, K. (2017). *Manuscritos econômico-filosóficos*. Trad. Luciano Cavini Martorano. São Paulo: Martin Claret.

## Outras fontes

ANDRÉAS, B. (1983). *Karl Marx, Friedrich Engels*: das Ende der klassischen deutschen Philosophie. Bibliographie. Übers. Elisabeth Krieger. Trier: Karl-Marx-Haus.

BERMUDO, J. M. (1975). *El concepto de praxis en el joven Marx*. Barcelona: Península.

BOBBIO, N. (1970). Nota alla traduzione. In: MARX, K. *Manoscritti economico-filosofici del 1844*. Trad. Norberto Bobbio. Nuova edizione. Torino: G. Einaudi. p. XVII-XIX.

BROUCHLINSKI, V. (1960). Note sur l'histoire de la redaction et de la publication des "Manuscrits économico-philosophiques" de Karl Marx. Trad. André Sorbier. *Recherches Internationales à la Lumière du Marxisme*, Paris, n. 19, p. 73-79.

BURKHARDT, B. (1985a). D. B. Rjazanov and the Marx-Engels Institute: notes toward further research. *Studies in Soviet Thought*, Dordrecht, v. 30, p. 39-54.

BURKHARDT, B. (1985b). Bibliographic annex to "D. B. Rjazanov and the Marx-Engels Institute: notes toward further research". *Studies in Soviet Thought*, Dordrecht, v. 30, p. 75-88.

CERQUEIRA, H. E. G. (2010). David Riazanov e a edição das obras de Marx e Engels. In: PAULA, J. A. (Org.). *O ensaio geral:* Marx e a crítica da economia política (1857-1858). Belo Horizonte: Autêntica. p. 13-32.

ENDERLE, R. (2007). Sobre a tradução. In: MARX, K.; ENGELS, F. *A ideologia alemã:* crítica da mais recente filosofia alemã em seus representantes Feuerbach, B. Bauer e Stirner, e do socialismo alemão em seus diferentes profetas (1845-1846). Trad. Rubens Enderle, Nélio Schneider e Luciano Cavini Martorano. São Paulo: Boitempo. p. 17-19.

FINESCHI, R. (2014). Karl Marx após a edição histórico-crítica (MEGA2): um novo objeto de investigação. In: DEL ROIO, M. (Org.). *Marx e a dialética da sociedade civil*. Trad. Inês Cristina dos Santos e Rodrigo Morente. Marília; São Paulo: Oficina Universitária; Cultura Acadêmica. p. 15-45.

HARSTICK, H.-P. (1973). Zum Schicksal der Marxschen Privatbibliothek. *International Review of Social History*, Amsterdam, v. XVIII, p. 202-222.

HECKER, R. (2009). Dawid Borisowitsch Rjasanow (1870-1938). In: BENSER, G.; SCHNEIDER, M. (Hrsg.). *Bewahren, Verbreiten, Aufklären*: Archivare, Bibliothekare und Sammler der Quellen der deutschsprachigen Arbeiterbewegung. Bonn-Bad Godesberg: Friedrich-Ebert-Stiftung. S. 258-267.

HECKER, R. (2011). *Marx como pensador*: novos resultados do trabalho de pesquisa sobre sua obra e biografia. Trad. Luciano Cavini Martorano. São Paulo: Anita Garibaldi; Fundação Maurício Grabois.

HUBMANN, G. (2012). Da política à filologia: a Marx-Engels-Gesamtausgabe. Trad. Jorge Grespan. *Crítica Marxista*, São Paulo, n. 34, p. 33-49.

MAIDAN, M. (1990). The Rezeptionsgeschichte of the Paris Manuscripts. *History of European Ideas*, v. 12, n. 6, p. 767-781.

MARKS, K.; ÉNGUEL'S, F. (1931). Otryvki iz "Nemetskoi ideológuii". *Pod Známenem Marksízma*, Izdánie Gazéty "Právda", Moskvá, n. 11-12, p. 149-169.

MARKS, K.; ÉNGUEL'S, F. (1955). *Sotchiniénia*. Org. Institút Marksa-Énguel'sa-Lenina-Stálina pri

TsK KPSS. Moskvá: Gossudarstvennoie Izdatel'stvo Polititcheskoi Literatury. (K. Marks i F. Énguel's, Sotchiniénia, 2. ed., t. 1).

MARTINS, M. V. (2014). Sobre a nova edição da obra de Marx e Engels: só a filologia salva? In: DEL ROIO, M. (Org.). *Marx e a dialética da sociedade civil.* Marília; São Paulo: Oficina Universitária; Cultura Acadêmica. p. 47-57.

MARX, K. (1981). Historisch-ökonomische Studien (Pariser Hefte). In: MARX, K.; ENGELS, F. *Exzerpte und Notizen, 1843 bis Januar 1845:* Text. Hrsg. Institut für Marxismus-Leninismus beim ZK der KPdSU und Institut für Marxismus-Leninismus beim ZK der SED. Berlin: Dietz. S. 279-579. (Marx-Engels-Gesamtausgabe — MEGA2, IV Abt., Bd. 2).

MARX, K. (2010). Glosas críticas ao artigo "'O rei da Prússia e a reforma social'. De um prussiano". In: MARX, K.; ENGELS, F. *Lutas de classes na Alemanha.* Trad. Nélio Schneider. São Paulo: Boitempo. p. 25-52.

MARX, K.; ENGELS, F. (1956). *Werke.* Hrsg. Institut für Marxismus-Leninismus beim ZK der SED. Berlin: Dietz. (Marx-Engels-Werke — MEW, Bd. 1).

MARX, K.; ENGELS, F. (1962). *Werke.* Hrsg. Institut für Marxismus-Leninismus beim ZK der SED. Berlin: Dietz. (Marx-Engels-Werke — MEW, Bd. 2).

MARX, K.; ENGELS, F. (1982). *Werke, Artikel, Entwürfe, März 1843 bis August 1844:* Apparat. Hrsg. Institut für Marxismus-Leninismus beim ZK der KPdSU und Institut für Marxismus-Leninismus beim ZK der SED. Berlin: Dietz. (Marx-Engels-Gesamtausgabe — MEGA2, I Abt., Bd. 2).

MARXHAUSEN, T. (2014). História crítica das Obras Completas de Marx e Engels (MEGA). Trad. Nélio Schneider. *Crítica Marxista*, São Paulo, n. 39, p. 95-124.

MAYER, J. P. (1931). Über eine unveröffentlichte Schrift von Karl Marx. *Rote Revue*, Zürick, 10 Jg., H. 5, S. 154-157.

MUSTO, M. (2007). Vicissitudini della pubblicazione e interpretazioni critiche dei Manoscritti economico-filosofici del 1844 di Karl Marx. *Studi Filosofici*, Napoli, n. XXX, p. 249-270.

PAULO NETTO, J. (2015). Apresentação: Marx em Paris. In: MARX, K. *Cadernos de Paris & Manuscritos econômico-filosóficos de 1844*. Trad. José Paulo Netto e Maria Antónia Pacheco. São Paulo: Expressão Popular. p. 9-178.

RENAULT, E. (Dir.). (2009). *Leer los Manuscritos de 1844 de Marx*. Trad. Heber Cardoso. Buenos Aires: Nueva Visión.

RIAZANOV, D. (1968). Communication sur l'héritage littéraire de Marx et Engels. *L'Homme et la Société*, Paris, n. 7, p. 255-268.

RIAZÁNOV, D. (1927). Ot "Reinskoi Gazéty" do "Sviatógo semeistva" (Vstupitelnaia statía). *Arkhív K. Marksa i F. Énguel'sa, Org.* David Riazánov, Moskvá; Lenigrad, t. III, p. 103-142.

ROJAHN, J. (1983). Il caso dei cosiddetti "Manoscritti economico-filosofici dell'anno 1844". Trad. Stefania Rossi. *Passato e Presente*, Firenze, anno II, n. 3, p. 37-79.

ROJAHN, J. (1985). Die Marxschen Manuskripte aus dem Jahre 1844 in der neuen Marx-Engels-Gesamtausgabe (MEGA). *Archiv für Sozialgeschichte*, Bonn, Bd. 25, S. 647-663.

RUBEL, M. (1956). *Bibliographie des oeuvres de Karl Marx*: avec en appendice un répertoire des oeuvres de Friedrich Engels. Paris: M. Rivière.

SCHILLER, F. (1979a). Marx i Engels: Socinenija, pod red. David Riazanova. Tom I-III, V, XXI-XXIII. Institut K. Marxa i F. Engelsa, Moskva-Leningrad, Gosizdat, 1928-1930. *Archiv für die Geschichte des Sozialismus und der Arbeiterbewegung*, Unveränd. Neudr. d. Ausg. Leipzig, XV, S. 316-318, 1930.

SCHILLER, F. (1979b). Das Marx-Engels-Institut in Moskau. *Archiv für die Geschichte des Sozialismus und der Arbeiterbewegung*, Unveränd. Neudr. d. Ausg. Leipzig, XV, S. 416-435, 1930.

SOTO, D. M. (1995). Sobre la teoría del valor y la política de la revolución en el joven Marx. In: LOZANO, G. V. (Ed.). *En torno a la obra de Adolfo Sánchez Vázquez* (Filosofía, ética, estética y política). México D. F.: UNAM. p. 165-200.

STOLOVITCH, L. (1999). *Filossófia, estética, smiékh*. C. Peterburg: Tartu.

VÁZQUEZ, A. S. (1982). *Filosofía y economía en el joven Marx* (Los Manuscritos de 1844). México D. F.: Grijalbo.

ZAPATA, R. (1985). La publication des oeuvres de Marx après sa mort: 1883-1935. In: LABICA, G. (Dir.). *1883-1983*: le oeuvre de Marx un siècle après. Paris: PUF. p. 31-40.

ZEHNPFENNIG, B. (2005). Bibliographie. In: MARX, K. *Ökonomisch-philosophische Manuskripte*.

Hrsg. Barbara Zehnpfennig. Hamburg: F. Meiner. p.
LXXIX-LXXXIX.

ACERVOS

Afora material próprio, especialmente sobre as obras de Marx a pesquisa recorreu a consultas presenciais, eletrônicas ou a cópias sob demanda nos seguintes acervos:

Biblioteca Octávio Ianni, Universidade Estadual de Campinas, Campinas, Brasil.

Arquivo Edgard Leuenroth, Universidade Estadual de Campinas, Campinas, Brasil.

Biblioteca Florestan Fernandes, Universidade de São Paulo, São Paulo, Brasil.

Biblioteca Padre Vaz, Faculdade Jesuíta de Filosofia e Teologia, Belo Horizonte, Brasil.

Biblioteca da Faculdade de Filosofia e Ciências Humanas, Universidade Federal de Minas Gerais, Belo Horizonte, Brasil.

Biblioteca da Faculdade de Ciências Econômicas, Universidade Federal de Minas Gerais, Belo Horizonte, Brasil.

Biblioteca Central, Universidade de Brasília, Brasília, Brasil.

Portal de Periódicos da Coordenação de Aperfeiçoamento de Pessoal de Nível Superior, Ministério da Educação, Brasília, Brasil.

Biblioteca do Campus Avançado de Varginha, Universidade Federal de Alfenas, Varginha, Brasil.

Bibliothek der Friedrich-Ebert-Stiftung, Bonn, Deutschland. Registram-se agradecimentos especiais à Biblioteca da Fundação Friedrich Ebert pelo apoio ao acesso a material decisivo para esta pesquisa.

Universitäts und Stadtbibliothek Köln, Universität zu Köln, Köln, Deutschland.

Deutschen National Bibliothek, Leipzig, Deutschland.

Publitchnaia Biblioteka (Elektronnyie Knijnye Polki Vadíma Erchóva i K°), Moskvá, Rossíia.

Internationaal Instituut voor Sociale Geschiedenis, Koninklijke Nederlandse Akademie van Wetenschappen, Amsterdam, Nederland.

Knihovna Akademie Věd ČR, Filosofický Ústav, Akademie Věd ČR, Praha, České Republiky.

Biblioteca Central, Universidad Central de Venezuela, Caracas, Venezuela.

Biblioteca del Instituto de Comunicación, Universidad de la República, Montevideo, Uruguay.

National Library of Australia, Canberra, Australia.

Taminent Library & Robert F. Wagner Labor Archives, Elmer Holmes Bobst Library, New York University, New York, United States of America.

Bibliothèque Nationale de France, Paris, France.

Biblioteca Umanistica di Lettere, Università degli Studi di Firenze, Firenze, Italia.

Biblioteca Norberto Bobbio, Università degli Studi di Torino, Torino, Italia.

Biblioteca di Area Umanistica, Università degli Studi Roma Tre, Roma, Italia.

# Manuscritos
# econômico-filosóficos*

---

*As notas marcadas como (N. E.) são referentes à edição utilizada nesta tradução.

## [Prefácio (do Caderno III)]

### [XXXIX] Prefácio

Nos *Anais franco-alemães*, eu anunciei a crítica do direito e da ciência do Estado sob a forma de uma crítica da filosofia *hegeliana* do direito.[1] Na preparação para a impressão, a confusão entre a crítica voltada apenas contra a especulação e a crítica das diferentes matérias separadas revelou-se como inteiramente inadequada, o que tolhia o desenvolvimento e dificultava o entendimento. Além do mais, a riqueza e a diversidade dos objetos a serem tratados só permitiriam a condensação em um único escrito de modo totalmente aforístico, e, por sua vez, tal exposição aforística teria gerado a *aparência* de uma sistematização arbitrária. Por isso, eu tentarei apresentar a crítica do direito, da moral, da política, etc. em diferentes brochuras autônomas, na sequência uma da outra; e, finalmente, em um trabalho específico, tentarei

---

[1] Referência de Marx ao artigo "Para a crítica da Filosofia do Direito de Hegel. Introdução", publicado nos *Anais franco-alemães* em 1844, *MEGA 2*, I/2, 1982: p. 170-183. (N. T.)

expor novamente a coerência do todo, a relação entre as diferentes partes, enfim, a crítica da elaboração especulativa daquele material. Por essa razão, no presente escrito, a conexão da economia nacional com o Estado, o direito, a moral, a vida burguesa, etc., é somente tratada na medida em que a própria economia nacional *ex professo*[2] tratou desses objetos.

Eu não preciso assegurar ao leitor familiarizado com a economia nacional que meus resultados foram obtidos por meio de uma análise inteiramente empírica, apoiada no seu estudo crítico meticuloso. Naturalmente, além dos socialistas franceses e ingleses, eu também utilizei os trabalhos de socialistas alemães. Porém, os trabalhos alemães substanciais e *originais* reduzem-se — excetuando os escritos de Weitling[3] — aos ensaios escritos por Hess em *Einundzwanzig Bogen*,[4] e por Engels nos *Anais franco-alemães* — "*Umrisse zur Kritik der Nationalökonomie*"[5] —, nos quais eu também indiquei os primeiros elementos do presente trabalho de um modo bastante geral.

Além disso, a crítica da economia nacional, como toda crítica positiva, deve sua verdadeira fundamentação às descobertas de Feuerbach. É a partir

---

[2] Em latim no original: "declaradamente". (N.T.)

[3] Ver Wilhelm Weitling, *Die Menschheit, wie sie ist und wie sie sein sollte*, 1838–1839; *Garantien der Harmonie und Freiheit*, 1842; *Das Evangelium eines armen Sünders*, 1843–1846. (N.E.)

[4] Referência à coletânea *Einundzwanzig Bogen aus der Schweiz*, editada em 1843 por Georg Herwegh, em que Moses Hess publicou anonimamente três artigos: "Socialismus und Communismus", "Philosophie der Tat" e "Die eine und ganze Freiheit!". (N.T.)

[5] Ver *MEGA* 2, I/3, 1985: pp. 467-494. (N. E.)

de *Feuerbach* que data a *positiva* crítica humanista e naturalista. Quanto menos ruidosa, mais segura, profunda, ampla e permanente é a influência dos escritos feuerbachianos, os únicos, desde a *Fenomenologia* e a *Lógica* de Hegel, que contêm uma verdadeira revolução teórica.

Eu considerei inteiramente necessário o capítulo final desse texto, a polêmica com a *dialética* e a filosofia *hegelianas* em geral, na medida em que os *teólogos críticos* de nosso tempo não realizaram tal trabalho, e nem ao menos a sua necessidade chegou ser reconhecida — uma necessária *ausência de profundidade* —, pois mesmo o teólogo *crítico* continua sendo *teólogo*; isto é, ou ele deve partir de determinados pressupostos da filosofia como uma autoridade, ou quando, no processo de crítica e por meio das descobertas de outros lhe surgem dúvidas sobre os pressupostos filosóficos, ele abandona-os de maneira pusilânime e injustificada; *fazendo abstração* deles, expressa apenas sua servidão a eles e a sua raiva sobre ela de modo mais negativo, inconsciente e sofístico. Vista rigorosamente, a *crítica teológica*, por mais que no começo do movimento fosse um momento verdadeiro de progresso, não é, em última instância, outra coisa senão o ponto culminante e a consequência da antiga *transcendência filosófica*, em particular a *hegeliana* desfigurada em *caricatura teológica*. Essa interessante justiça da história pela qual a teologia, desde sempre o ponto podre da filosofia, está determinada a apresentar em si a decomposição negativa da filosofia — quer dizer, seu processo de putrefação —, essa nêmesis histórica, eu demonstrarei detalhadamente em outra oportunidade.

## Caderno I

### [ I ] Salário

O *salário* é determinado pela luta hostil entre o capitalista e o trabalhador. A necessidade da vitória para os capitalistas. O capitalista pode viver mais longamente sem o trabalhador do que este sem aquele. Aliança habitual e eficaz entre os capitalistas, que é proibida aos trabalhadores e tem consequências ruins para eles. Além disso, os proprietários de terra e os capitalistas podem acrescentar vantagens industriais aos seus rendimentos; já o trabalhador não acrescenta nem renda da terra, nem juros do capital ao seu rendimento industrial. É por isso que a concorrência é tão grande entre os trabalhadores. Isto é, para o trabalhador isolado a separação entre capital, propriedade da terra e trabalho é uma divisão necessária, essencial e prejudicial. O capital e a propriedade da terra não precisam permanecer parados nessa abstração, mas o trabalho do trabalhador, sim.

*Assim, a divisão entre capital, renda fundiária e trabalho é mortal para o trabalhador.*

A taxa mais baixa e a única necessária para o salário é a subsistência do trabalhador durante o trabalho, para que ele possa alimentar uma família e para que a raça dos trabalhadores não morra. Segundo Smith, o salário habitual é compatível com a *simple humanité*,[6] ou seja, com uma existência animal.

*A procura por homens necessariamente regula a produção de homens como a de qualquer outra mercadoria.* Se a oferta é muito maior que a procura, então uma parte dos trabalhadores cai na mendicância ou morre por inanição. Desse modo, a existência do trabalhador é reduzida à condição de existência de qualquer outra mercadoria. O trabalhador tornou-se uma mercadoria, e tem sorte quando consegue chegar até o homem que se interessa por ele. E a procura, da qual depende a vida do trabalhador, depende do capricho dos ricos e dos capitalistas.

Se a quantidade da oferta supera a procura, então uma das partes constitutivas do preço — lucro, renda da terra, salário — é paga abaixo do *preço*; uma parte desses rendimentos é subtraída dessa aplicação e assim o preço de mercado gira em torno do preço natural, como ponto central. Mas, 1) se para o trabalhador, nas condições de uma grande divisão do trabalho, é muito mais difícil dar um outro rumo para o seu trabalho, 2) em uma relação subalterna com os capitalistas, lhe corresponde antes de mais nada o prejuízo.

*Então, o trabalhador perde o máximo e incondicionalmente com a variação do preço de mercado em relação ao preço natural.* E precisamente a capacidade

---

[6] Em francês no original: "simples humanidade". (N.T.)

dos capitalistas de dar outro rumo para o seu capital ocasiona para o *ouvrier*,[7] limitado a um determinado ramo do trabalho, ou a perda do pão, ou a obrigação de submeter-se a todas as exigências do capitalista.

[II] As oscilações casuais e súbitas do preço do mercado atingem menos a renda da terra do que a parte do preço desmembrada em lucro e salário, porém menos o lucro do que o salário. Na maioria dos casos há, para um salário que aumenta, um que permanece *estacionário* e um que *cai*.

*O trabalhador não necessariamente tem de ganhar com o lucro dos capitalistas, no entanto ele necessariamente perde com a sua perda.* Assim, o trabalhador não ganha quando o capitalista mantém o preço de mercado acima do preço natural, por meio do segredo industrial ou comercial, do monopólio ou da localização mais favorável de seu terreno.

Além disso: *os preços do trabalho são mais constantes do que os preços dos meios de vida*. Frequentemente, eles estão em relação inversa. Em um ano de carestia, o salário diminui por causa da redução da procura, e aumenta por causa da elevação do preço dos meios de vida. Portanto, equilibra-se. Em todo caso, uma quantidade de trabalhadores fica sem pão. Em anos de preços baixos, o salário sobe pelo aumento da procura, e diminui por causa dos preços dos meios de vida. Portanto, equilibra-se.

Uma outra desvantagem do trabalhador:

---

[7] Em francês no original: "operário". (N.T.)

*Os preços das diferentes espécies de trabalho são bem mais diversos* do que os *ganhos dos diferentes ramos onde o capital é investido.* No trabalho manifesta-se toda a diversidade natural, espiritual e social da atividade individual, e ela é paga de modo diferente, enquanto o capital morto caminha sempre no mesmo passo, alheio diante da atividade individual *real.*

De maneira geral, é preciso observar que ali, onde tanto o trabalhador como o capitalista sofrem, o trabalhador sofre por sua existência, e o capitalista sofre pelo ganho de seu Manon[8] morto.

O trabalhador deve lutar não apenas por seus meios de vida materiais, ele deve lutar pela conquista do trabalho, ou seja, pela possibilidade de poder realizar a sua atividade.

Vejamos as três situações principais em que a sociedade pode encontrar-se e consideremos a condição do trabalhador nelas.

1) Se a riqueza da sociedade está em queda, então o trabalhador sofre ainda mais, pois, embora a classe trabalhadora não possa ganhar tanto quanto o proprietário com a prosperidade da sociedade, *aucune ne souffre aussi cruellement de son déclin que la classe des ouvriers.*[9]

---

[8] Palavra derivada originalmente do aramaico *mamona*, significando riqueza, posse. Usada na Bíblia para assinalar riqueza material ou cobiça, nem sempre personificada por uma divindade. (N.T.)

[9] Em francês no original: "nenhuma classe sofre tão cruelmente com o seu declínio como a dos operários". *In:* Adam Smith, *Recherches sur la nature et les causes de la richesse des nations*, tradução de Germain Garnier, Paris, t. II, p. 162, 1802. (N.T.)

[III] 2) Vejamos agora uma sociedade na qual a riqueza aumenta. Essa situação é a única favorável ao trabalhador. Aqui há a concorrência entre os capitalistas. A procura por trabalhadores supera a sua oferta. Mas:

*Primeiro*: o aumento do salário provoca *excesso de trabalho* entre os operários. Quanto mais eles desejam ganhar, mais eles devem sacrificar o seu tempo e privar-se de toda liberdade, colocando-se a serviço de um trabalho escravo mesquinho. E, com isso, eles reduzem o seu tempo de vida. Essa redução de seu tempo de vida é uma condição favorável para o conjunto da classe trabalhadora, na medida em que ela torna sempre necessária uma nova oferta. Essa classe deve sempre sacrificar uma parte de si mesma para não desaparecer.

*Além disso*: e quando a sociedade encontra-se em uma situação de enriquecimento progressivo? Com o crescimento de capitais e de rendimentos de um país. Mas isso só é possível α) quando se acumula muito trabalho, pois capital é trabalho acumulado; portanto, na medida em que mais produtos são retirados da mão do trabalhador, em que seu próprio trabalho aparece perante ele como propriedade alheia e o meio de sua existência e de sua atividade concentra-se ainda mais na mão dos capitalistas. β) A acumulação de capital aumenta a divisão do trabalho, a divisão do trabalho aumenta o número de trabalhadores; inversamente, o número de trabalhadores aumenta a divisão do trabalho, bem como a divisão do trabalho aumenta a acumulação do capital. Com essa divisão do trabalho, por um lado, e a acumulação de capitais, por outro, o trabalhador cada vez mais se torna puramente dependente do trabalho, e de um trabalho determinado, muito unilateral, mecânico. Desse modo, tal como ele é reduzido física e espiritualmente à condição da máquina, tornando-se uma atividade abstrata e uma barriga, ele também se torna cada vez mais dependente de todas as oscilações de preço no mercado, da aplicação de capitais e do capricho dos ricos. Assim como, com o aumento da classe de homens que apenas [IV] trabalha, aumenta a concorrência entre os trabalhadores, isto é, o seu preço cai. No sistema fabril, a posição do trabalhador atinge seu ponto culminante.

γ) Numa sociedade que se encontra em situação de prosperidade crescente, apenas os mais ricos podem viver do juro do dinheiro. Todos os demais devem montar um negócio ou lançar-se no comércio. Com isso, aumenta a concorrência entre os capitalistas, aumenta a concentração de capitais, os grandes capitalistas arruínam os pequenos e uma parcela dos antigos capitalistas cai na classe dos trabalhadores, que com essa oferta novamente sofre, em parte, uma redução do salário e rebaixa-se a uma maior dependência dos poucos grandes capitalistas. Na medida em que diminui o número de capitalistas, a concorrência em relação aos trabalhadores quase não existe mais, e como o número de trabalhadores aumentou, a concorrência entre eles tornou-se ainda maior, menos natural e mais violenta. Por isso, uma parcela dos trabalhadores cai necessariamente na mendicância ou na inanição, bem como uma parcela dos capitalistas médios cai na classe dos trabalhadores.

Desse modo, mesmo quando as condições da sociedade são mais favoráveis aos trabalhadores, a consequência necessária para eles é o trabalho em excesso e a morte prematura, o rebaixamento à condição de máquina, a servidão ao capital que frente a ele acumula-se perigosamente — nova concorrência, inanição e mendicância de uma parte deles.

[V] O aumento do salário desperta no trabalhador a compulsão pelo enriquecimento capitalista, que só pode ser satisfeita com o sacrifício de seu espírito e de seu corpo. O aumento do salário pressupõe a acumulação do capital e a engendra, tornando então o produto do trabalho cada vez mais estranho frente ao trabalhador. Paralelamente, a divisão do trabalho torna-o ainda mais unilateral e dependente, gerando a concorrência não apenas dos trabalhadores como também das máquinas. Como o trabalhador é degradado à condição de máquina, ela pode colocar-se diante dele como concorrente. Finalmente, como a acumulação do capital aumenta a quantidade de indústrias, ou seja, de trabalhadores, essa mesma quantidade de indústrias, por meio dessa acumulação gera *maior quantidade de produtos malfeitos*, que se tornam sobreprodução, e com isso termina ou deixando uma grande parte de trabalhadores fora do trabalho, ou reduzindo o seu salário ao mínimo possível.

Essas são as consequências de uma situação social que é a mais favorável ao trabalhador, ou seja, a situação de riqueza *crescente, progressiva*.

Por fim, essa situação crescente deve então atingir seu ponto culminante. Qual é nesse caso a situação do trabalhador?

3) "Em um país que teria atingido o último estágio possível de sua riqueza, ambos, salário e juros do capital, seriam muito baixos. A concorrência entre os trabalhadores para manter o emprego seria tão grande que o salário se reduziria ao necessário para a manutenção do mesmo número de trabalhadores, e, como o país já estaria suficientemente habitado, esse número não poderia aumentar."[10] O excedente teria de morrer.

Isto é, em situação de declínio da sociedade, miséria progressiva do trabalhador; em situação de prosperidade crescente, miséria difícil; em situação de plena prosperidade, miséria estacionária.

[VI] Porém, como para Smith uma sociedade não é feliz se a maioria sofre, e, contudo, a situação mais rica da sociedade leva a esse sofrimento da maioria, e já que a economia nacional (em geral, a sociedade do interesse privado) leva a essa condição mais rica,

---

[10] Smith, Adam. *Idem*, t. I, p. 193. (N.E.)

então o objetivo da economia nacional é a *infelicidade* da sociedade.

Sobre a relação entre trabalhador e capitalista é preciso notar, ainda, que o aumento do salário é mais do que compensado, para o capitalista, com a diminuição do tempo de trabalho, e que o aumento do salário e o aumento do juro do capital influem sobre o preço da mercadoria como juro simples e composto.

Agora, coloquemo-nos inteiramente no ponto de vista do economista clássico e comparemos as reinvindicações teóricas e práticas dos trabalhadores segundo ele.

Ele nos diz que originalmente, e segundo o conceito, *todo o produto* do trabalho pertence ao trabalhador. Mas, ao mesmo tempo, ele nos diz que, na realidade, a menor e estritamente indispensável parte do produto pertence ao trabalhador. Apenas o necessário para ele existir como trabalhador, e não como pessoa, não para que ele reproduza a humanidade, mas sim a classe escrava dos trabalhadores.

O economista clássico nos diz que tudo é comprado com trabalho e que o capital nada mais é que trabalho acumulado, mas ele também nos diz, ao mesmo tempo, que o trabalhador está bem longe de poder comprar tudo; que ele deve vender-se a si mesmo e sua humanidade.

Enquanto a renda fundiária do preguiçoso proprietário da terra compreende um terço do produto da terra, e o lucro do capitalista laborioso chega a atingir o dobro do juro do dinheiro, o excedente que o trabalhador ganha é suficiente para fazer com que, de seus quatro filhos, dois tenham de passar fome e morrer.

[VII] Enquanto, para o economista clássico, só com o trabalho é que o homem pode aumentar o valor do produto natural; enquanto o trabalho é sua propriedade ativa; para a mesma economia clássica, o proprietário da terra e o capitalista — que enquanto proprietário da terra e capitalista nada mais são do que deuses privilegiados e ociosos — são, por todas as partes, superiores ao trabalhador e lhe ditam as regras.

Enquanto, para o economista clássico, o trabalho é o único preço imutável das coisas, nada é mais acidental do que o preço do trabalho, nada está tão exposto às maiores oscilações.

Enquanto a divisão do trabalho aumenta a força produtiva do trabalho, a riqueza e o requinte da sociedade, o trabalhador empobrece-se até chegar à condição de máquina. Enquanto o trabalho gera a acumulação de capitais, e com isso o crescente bem-estar da sociedade, ela torna o trabalhador sempre mais dependente dos capitalistas, coloca-o em uma grande concorrência, lança-o na caça pela sobreprodução, seguida justamente por uma depressão.

Enquanto, segundo o economista clássico, o interesse do trabalhador não se contrapõe ao interesse da sociedade, a sociedade contrapõe-se sempre e necessariamente ao interesse do trabalhador.

Para o economista clássico, o interesse do trabalhador nunca se contrapõe ao da sociedade: 1) porque o aumento do salário é mais do que compensado pela redução da quantidade do tempo de trabalho, junto com as consequências explicadas acima; e 2) porque em relação à sociedade, todo o produto bruto é produto líquido e o produto líquido adquire significado apenas para o homem privado.

Mas como o próprio trabalho, e não apenas nas condições atuais, tem como seu objeto geral o simples aumento da riqueza, eu afirmo que ele mesmo é danoso e funesto, o que é consequência dos próprios raciocínios do economista clássico, sem que ele saiba.

Na teoria, a renda fundiária e o ganho de capital são *deduções* que atingem o salário. Porém, na realidade, o salário é uma dedução que a terra e o capital ocasionam ao trabalhador, uma concessão do produto do trabalho ao trabalhador, ao trabalho.

Na condição de declínio da sociedade, o trabalhador sofre ainda mais. Ele deve a específica dificuldade de sua pressão à sua posição de trabalhador, mas a pressão em geral vem da condição da sociedade.

Porém, na condição de avanço da sociedade, a decadência e o empobrecimento do trabalhador são o produto de seu trabalho e da riqueza produzida por ele. Portanto, a miséria decorre da própria *essência* do trabalho atual.

A condição de maior prosperidade da sociedade — um ideal que somente pode ser atingido de maneira aproximada, ao menos como objetivo da economia clássica, e da sociedade burguesa — é para o trabalhador a *miséria estacionária*.

Compreende-se naturalmente que a economia nacional considera o *proletário*, isto é, aquele que vive sem capital e sem renda fundiária, de um trabalho unilateral, abstrato, apenas como *trabalhador*. Por isso, ela pode formular o princípio de que ele, tal como qualquer cavalo, deve ganhar o necessário para poder trabalhar. Ela não o considera em seu tempo livre, como pessoa, mas transfere essa consideração para a justiça criminal, os médicos, a religião, as tabelas de estatística, a política e a mendicância.

Agora, elevemo-nos acima do nível da economia nacional e, a partir da exposição feita até agora, tentemos responder a duas perguntas praticamente com as palavras do economista clássico:

1) No desenvolvimento da humanidade, qual é o sentido dessa redução de grande parte dela ao trabalho abstrato?

2) Que erro cometem os reformadores *en détail*,[11] que ou querem *aumentar* o salário e, com isso, melhorar a situação da classe trabalhadora, ou consideram a *igualdade* salarial (como Proudhon) o objetivo da revolução social?

O *trabalho* na economia nacional só aparece sob a forma de *atividade remunerada*.

[VIII] "É lícito afirmar que tais ocupações, que pressupõem aptidões específicas ou uma formação mais longa, tornaram-se em conjunto mais lucrativas;

---

[11] Em francês no original: "a varejo". (N.T.)

enquanto o salário relativo para a atividade mecânica uniforme, para a qual tanto um como outro pode ser preparado rápida e facilmente, caiu diante da crescente concorrência, e necessariamente tinha de cair. E exatamente *essa* espécie de trabalho, nas condições atuais de sua organização, é de longe o mais numeroso. Assim, se um trabalhador da primeira categoria ganha agora sete vezes mais, um outro da segunda categoria ganha o mesmo que há cinquenta anos, então ambos recebem *em média* certamente quatro vezes mais. Mas se um país ocupa na primeira categoria de trabalho apenas mil pessoas, e na segunda categoria um milhão, então 999.000 pessoas não estão melhor do que há cinquenta anos, e elas estão ainda *pior* caso os preços dos artigos de primeira necessidade tenham subido. E com esses *cálculos médios* superficiais se quer enganar a si mesmo sobre a classe mais numerosa da população. Além disso, a grandeza do *salário* é apenas um momento na avaliação do *rendimento do trabalhador*, porque para a mensuração do último é preciso levar em conta essencialmente a sua *duração* garantida, da qual simplesmente não se fala na anarquia da chamada livre concorrência com as suas sempre constantes oscilações e pausas. Por fim, é preciso levar em conta o *tempo* de trabalho normal de antes e o de agora. Para o trabalhador inglês na manufatura de algodão, ele elevou-se [IX] até 12 ou 16 horas diárias desde cerca de 25 anos atrás, ou seja, precisamente desde a introdução das máquinas que economizam trabalho pela avidez do empresário, e a elevação em um país e em um ramo da indústria deveria fazer-se valer, mais ou menos, em outros lugares, com o direito, reconhecido em toda parte, da exploração incondicional dos pobres pelos ricos." Schulz, *Bewegung der Production*, p. 65.[12]

"Mesmo se fosse verdadeiro, o que não é, que o rendimento médio de *todas* as classes da sociedade tivesse aumentado, contudo, as diferenças e distâncias *proporcionais* dos rendimentos teriam aumentado e, portanto, o contraste entre riqueza e pobreza teria se acentuado. Pois exatamente *porque* aumenta a produção total, e na mesma medida em que isso ocorre, aumentam também as necessidades, os desejos e as reivindicações, e, então, a miséria *relativa* pode aumentar, enquanto a miséria *absoluta* diminui. O samoiedo não é pobre com o seu óleo de baleia e seus peixes rançosos porque, em sua sociedade fechada, todos têm as mesmas necessidades. Mas em um *Estado que progride*, que, por exemplo, no curso de uma década aumentou a sua produção total em um terço em relação à sociedade, o trabalhador, que antes e depois desses dez anos ganha o mesmo, não permaneceu no mesmo bem-estar, mas tornou-se um terço mais carente." *Idem, ibidem*, p. 65-66.

Mas a economia nacional conhece o trabalhador apenas enquanto um animal do trabalho, como uma besta reduzida às menores necessidades vitais.

---

[12] Schulz, Wilhelm. *Die Bewegung der Production. Eine geschichtlich-statistische Abhandlung zur Grundlegung einer neuen Wissenschaft des Staats und der Gesellschaft*, Zurique, 1843. (N.E.)

"Para que um povo desenvolva-se livre espiritualmente, ele não pode permanecer na escravidão de suas necessidades físicas, como servo de seu corpo. Sobretudo, ele deve ter *tempo* para *poder* desenvolver-se espiritualmente e desfrutar disso. Os progressos no organismo do trabalho economizam tempo. Com as novas forças motrizes e a maquinaria aperfeiçoada, um único trabalhador nas fábricas de algodão realiza, não excepcionalmente, a obra de 100, 250 ou 350 trabalhadores de antes. Com as mesmas consequências para todos os ramos da produção, porque as forças naturais externas estão obrigadas a uma participação sempre maior [X] no trabalho humano. E se antes, para a satisfação de um *quantum*[13] de necessidades materiais, era necessário um dispêndio de tempo e de força humana, que depois se reduziu pela metade; assim, simultaneamente, sem perda alguma de bem-estar material, o espaço para a criação espiritual e o prazer ampliou-se na mesma medida. (...) Mas também sobre a partilha dos despojos, que nós conquistamos do velho Cronos no seu domínio mais particular, ele ainda decide o jogo de dados do acaso cego e injusto. Na França, calculou-se que, com as condições atuais da produção, uma jornada média de trabalho diária de 5 horas para cada ser apto ao trabalho bastaria para a satisfação de todos os interesses materiais da sociedade. (...) A despeito da economia de tempo com o aperfeiçoamento da maquinaria, a duração do

---

[13] Em latim no original: "quantidade". (N.T.)

trabalho escravo nas fábricas, para uma numerosa população, só aumentou." *Idem, ibidem*, p. 67-68.

"A passagem do trabalho manual complexo pressupõe sua decomposição em operações simples. Ora, inicialmente, apenas *uma parte* das operações uniformes e repetitivas fica com a máquina, e a outra parte fica com o homem. Conforme a natureza da coisa e as experiências correspondentes, essa permanente atividade uniforme é tão prejudicial para o corpo quanto para o espírito; desse modo, com essa *ligação* da maquinaria com a simples divisão do trabalho entre numerosas mãos humanas, também devem manifestar-se todas as desvantagens dessas últimas. As desvantagens revelam-se, entre outras coisas, no aumento da mortalidade dos [XI] trabalhadores fabris (...). Esta grande diferença, até onde os homens trabalham *com* as máquinas, ou até onde eles trabalham *como* máquinas, não foi levada (...) em consideração." *Idem, ibidem*, p. 69.

"Mas, no futuro da vida dos povos, as forças naturais inanimadas que operam nas máquinas serão nossos escravos e servos." *Idem, ibidem*, p. 74.

"Nas fiações inglesas trabalham apenas 158.818 trabalhadores e 196.818 mulheres. Nas fiações do condado de Lancaster, para cada 100 trabalhadores há 103 trabalhadoras, e na Escócia chegam a 209. Nas fábricas de linho de Leeds, contavam-se para cada 100 trabalhadores, 147 trabalhadoras; em Druden e na costa leste da Escócia, o número chegava a 280. Nas fábricas de seda, muitas trabalhadoras; nas de algodão, que exigiam maior força de trabalho, mais homens. Também nas fábricas de algodão norte-americanas, em 1883, ao lado de 18.593 homens, trabalhavam nada menos que 38.927 mulheres. Com as mudanças no organismo do trabalho, o sexo feminino então passou a realizar um círculo mais amplo de atividade remunerada (...) as mulheres [ocupando] uma posição econômica mais autônoma (...) ambos os sexos aproximam-se nas suas relações sociais." *Idem, ibidem* p. 71-72. "Nas fiações inglesas movidas a vapor e água trabalhavam no ano de 1835: 20.558 crianças de 8 a 12 anos; 35.867 de 12 a 13 anos; e, por fim, 108.208 de 13 a 18 anos. (...) Naturalmente, os demais progressos da mecânica faziam com que todas as ocupações repetitivas dos homens fossem retiradas cada vez mais de suas mãos, contribuindo para eliminar [XII] continuamente os inconvenientes. Mas esses rápidos avanços são obstaculizados precisamente pelo fato de que os capitalistas podem apropriar-se das forças das classes baixas, chegando até as crianças, da maneira mais fácil e econômica, para servir-se delas e usá-las *no lugar* dos meios mecânicos." p. 70-71. Schulz, *Bewegung der Production*.

"O apelo de Lorde Brougham aos trabalhadores: 'Tornai-vos capitalistas!'. (...) o mal é que milhões só podem ter um parco meio de subsistência através de um trabalho penoso, fisicamente extenuante, mutilador moral e espiritualmente; que até mesmo a infelicidade de ter encontrado *tal* trabalho tenha de ser considerada uma felicidade." *Idem, ibidem,* p. 60.

"Portanto, para viver, os não proprietários são obrigados a colocar-se direta ou indiretamente *a serviço* dos proprietários, quer dizer, sob sua dependência." Pecqueur, *Théorie nouvelle d'économie soc.*, etc., p. 409.[14]

"*Criados — ordenados; trabalhadores — salários; empregados — vencimentos ou emolumentos.*" *Idem, ibidem*, p. 409-410.

"alugar seu trabalho", "emprestar seu trabalho a juros", "trabalhar no lugar de outro". *Idem, ibidem.*

"alugar a matéria do trabalho", "emprestar a matéria do trabalho a juros", "fazer o trabalho de outro em seu lugar". *Idem, ibidem.*

[XIII] "esta constituição econômica condena os homens a ocupações tão abjetas, a uma degradação tão desoladora e amarga que, comparada com a selvageria, ela aparece como uma condição régia". *Idem, ibidem*, p. 417-418.

"a prostituição da carne não proprietária sob todas as formas", p. 421. Catador de trapo.

*Charles Loudon,* no texto *Solution du problème de la population,* etc., Paris, 1842, apresenta o número de prostitutas na Inglaterra: de 60.000 a 70.000; o número de *femmes d'une vertu douteuse*[15] seria igualmente numeroso. p. 228.

---

[14] Pecqueur, Constantin. *Théorie nouvelle d'économie sociale et politique, ou études sur l'organisation des sociétés*, Paris, 1842. (N.E.)

[15] Em francês no original: "mulheres de virtude duvidosa". (N.T.)

"A média de vida dessas criaturas desafortunadas na rua, depois que entraram na carreira do vício, é de cerca de seis a sete anos. De modo que para manter o número de 60 a 70.000 prostitutas, deve haver, nos três reinados, ao menos de 8 a 9.000 mulheres a cada ano que começam a praticar esse serviço infame, ou cerca de 24 novas vítimas a cada dia; se a mesma proporção existir sobre toda a face do globo, deve haver constantemente um milhão e meio dessas infelizes." *Idem, ibidem,* p. 229.

"a população de miseráveis cresce com a sua miséria e é no limite extremo da indigência que os seres humanos apressam-se a disputar em maior número o direito de sofrer. (...) Em 1821, a população da Irlanda era de 6.801.827. Em 1831, ela chegou a 7.764.010; um aumento de 14% em dez anos. Em Leinster, província onde as condições são melhores, a população cresceu apenas 8%, enquanto que em Connaught, a província mais miserável, o aumento foi de 21%." (*Extraits des enquêtes publiées en Angleterre sur l'Irlande.* Vienne, 1840.) Buret, *De la misère,* etc., t. I, p. 36-37.[16] A economia nacional considera o trabalho abstrato como uma coisa; *le travail est une marchandise:*[17] se

---

[16] Buret, Eugène. *De la misère des classes laborieuses en Angleterre et en France; de la nature de la misère, de son existence, de ses effets, de ses causes, et de l'insuffisance des remèdes qu'on lui a opposés jusqu'ici; avec l'indication des moyens propres a en affranchir les sociétés,* t. I, Paris, 1840. (N.E.)

[17] Em francês no original: "o trabalho é uma mercadoria". (N.T.)

o preço está alto, ela é então uma mercadoria muito procurada; se está baixo, ela tem uma oferta muito grande; *comme marchandise le travail doit de plus en plus baisser de prix*:[18] em parte, a concorrência entre o capitalista e o trabalhador obriga a isso, em parte a concorrência entre os trabalhadores; "(...) a população trabalhadora, vendedora de trabalho, é forçosamente reduzida à condição de parte mais débil do produto (...) A teoria do trabalho mercantil será outra coisa que uma teoria da servidão disfarçada?" *Idem, ibidem,* p. 43 "Por que então não ter visto no trabalho apenas um valor de troca?" *Ibidem,* p. 44. As grandes oficinas preferem comprar o trabalho de mulheres e de crianças, porque ele custa menos que o dos homens. Loc. cit. "o trabalhador não se encontra na posição de um *vendedor livre* frente àquele que o emprega. (...) o capitalista está sempre livre para empregar trabalho, e o trabalhador é sempre forçado a vendê-lo. O valor do trabalho é completamente destruído se não for vendido a cada instante. O trabalho, ao contrário das verdadeiras [mercadorias], não é suscetível nem de acumular, nem de economizar. [XIV] O trabalho é a vida, e, se a vida não for trocada todo dia por alimentos, ela sofre e morre em seguida. Para que a vida do homem seja uma mercadoria, é preciso portanto admitir a escravidão." p. 49-50.

---

[18] Em francês no original: "como mercadoria, o trabalho deve sempre baixar de preço". (N.T.)

Mas, se o trabalho é uma mercadoria, então ele é uma mercadoria com as mais infelizes propriedades. No entanto, mesmo segundo os princípios da economia clássica, ele não é assim porque não é *le libre résultat d'un libre marché*.[19] O atual regime econômico "reduz, ao mesmo tempo, o preço e a remuneração do trabalho; ele aperfeiçoa o trabalhador e degrada o homem." p. 52-53. "A indústria tornou-se uma guerra e o comércio um jogo." p. 62

As máquinas que trabalham com o algodão (*in England*)[20] representam sozinhas 84.000.000 de artesões.

Até agora, a indústria encontrava-se sob a condição da guerra de conquista: "ela esgotou a vida dos homens que compunham o seu exército com tanta indiferença como os grandes conquistadores. Seu objetivo era a posse de riqueza e não o bem-estar dos homens." Buret, *idem*, p. 20. "Esses interesses (*sc.*[21] econômicos), abandonados a eles mesmos (...) devem necessariamente entrar em conflito; eles não têm outro árbitro que não a guerra, e as decisões da guerra oferecem a derrota e a morte a alguns, para dar a vitória a outros. (...) no conflito de forças opostas é que a ciência busca a ordem e o equilíbrio: segundo

---

[19] Em francês no original: "o resultado livre de um mercado livre". (N.T.)
[20] Em inglês no original: "na Inglaterra". (N.T.)
[21] Abreviação do latim *scilicet*: "a saber", em parênteses de Marx. (N.T.)

ela, a *guerra perpétua* é o único meio de obter-se a paz; essa guerra é chamada de concorrência." *Idem*, p. 23.

Mas, para que a guerra industrial seja dirigida com êxito, é preciso exércitos numerosos, que reúnam-se em um mesmo ponto e possam ser dizimados em abundância. E nem por dedicação, nem por obrigação, os soldados desse exército suportam os esforços que lhe são impostos, mas para fugir da dura necessidade da fome. Eles não têm nem afeição, nem reconhecimento pelos seus chefes; estes não estão ligados aos seus subordinados por nenhum sentimento de benevolência. Eles não os conhecem como seres humanos, mas apenas como instrumentos de produção, que produzem o máximo possível com o menor custo possível. Essas multidões de trabalhadores, cada vez mais oprimidas, não podem sequer deixar de se preocupar em encontrar ocupação. A indústria que as convocou somente deixa-as viver enquanto necessitar delas; e, tão logo possa livrar-se delas, as abandona sem a menor consideração. E os trabalhadores são obrigados, sua pessoa e sua força, a oferecerem-se pelo preço que se quer pagar. Quanto mais o trabalho que lhes é oferecido torna-se longo, penoso, repugnante, menos ele recebe. Há alguns que com 16 horas de trabalho diário, sob um esforço constante, mal conseguem comprar o direito de não morrer. Ver *idem*, p. 68-69.

"[XV] Nós temos a convicção (...) partilhada pelos comissários encarregados da enquete sobre as condições dos tecelões manuais, de que as grandes cidades industriais, em pouco tempo, perderiam a sua população de trabalhadores, caso deixassem de receber a cada instante uma afluência contínua de homens sãos das aldeias vizinhas, de sangue novo." p. 362.

[I] Ganho de capital

*1. O capital*

1) Em que se baseia o *capital*, isto é, a propriedade privada dos produtos do trabalho alheio?

"Se o próprio capital não se reduz ao roubo ou à fraude, ele porém necessita do concurso da legislação para sacralizar a herança." Say, t. I, p. 136, nota.[22]

Como alguém se torna proprietário dos *fonds*[23] produtivos? Como se torna proprietário dos produtos criados por meio desses *fonds*?

Pelo *direito positivo*. Say, t. II, p. 4.[24]

O que se adquire com o capital, com a herança de uma grande fortuna?

"Por exemplo, alguém que herda uma grande fortuna, na verdade, não conquista com isso poder político direto. O tipo de poder que essa posse lhe

---

[22] Say, Jean-Baptiste. *Traité d'économie politique, ou simple exposition de la manière dont se forment, se distribuent et se consomment les richesses*, t. II, 3 ed., Paris, 1817, p. 136. (N.E.)

[23] Em francês no original: "fundos". (N.T.)

[24] *Idem, ibidem.*

transfere imediata e diretamente é o *poder de compra*, o direito de comando sobre todos os trabalhos dos outros e sobre todos os produtos desse trabalho que existam no mercado nesse momento." Smith, t. II, p. 61.[25]

O capital é então o *poder de governar* o trabalho e seus produtos. O capitalista possui esse poder não por suas características pessoais ou humanas, mas na medida em que é *proprietário* do capital. O poder *de compra* de seu capital, a que nada pode resistir, é o seu poder.

Nós veremos mais tarde, primeiro, como o capitalista exerce seu poder de governar o trabalho por meio do capital; mas, depois, o poder de governar do capital sobre o próprio capitalista.

O que é o capital?

"Uma certa quantidade de *trabalho acumulado* e colocado em reserva." Smith, t. II, p. 312.

Capital é *trabalho acumulado*.

2) *Fundos,* estoques, são cada acúmulo de produtos da terra e de trabalho manufaturado. O estoque significa *capital* apenas quando ele oferece um rendimento ou um ganho ao seu proprietário. Smith, t. II, p. 191.

### 2. O ganho do capital

"O *lucro* ou *ganho do capital* é totalmente diferente do *salário*. Essa diferença mostra-se de dupla

---

[25] Smith, Adam. *Recherches sur la nature et les causes de la richesse des nations. Idem.* (N.E.)

maneira. Primeiro, os ganhos de capital regulam-se inteiramente segundo o valor do capital aplicado, ainda que o trabalho de controle e de direção possa ser o mesmo em capitais diversos. A isso se acrescenta o fato de que nas grandes fábricas todo esse trabalho é confiado a um funcionário-chefe, cujo salário não tem relação alguma com o [II] capital cuja gestão ele vigia. Ainda que o trabalho do proprietário aqui se reduza a quase nada, ele exige porém o lucro em relação ao seu capital." Smith, t. I, p. 97-99.

Por que o capitalista exige essa proporção entre lucro e capital?

Ele não teria nenhum *interesse* em empregar o trabalho se não esperasse mais, da venda de sua obra, do que o necessário para substituir os fundos adiantados no salário; e ele não teria *interesse* algum em aplicar uma soma grande de fundos em vez de uma soma pequena se o seu lucro não tivesse relação com o volume dos fundos aplicados. Ver *idem*, t. I, p. 97.

Desse modo, o capitalista retira, primeiro, um ganho dos salários e, segundo, um ganho da matéria--prima adiantada.

Qual é então a relação do lucro com o capital?

Se já é difícil determinar a taxa média do salário habitual em certo lugar e em [um dado] tempo, é mais difícil ainda determinar o lucro do capital. Mudanças no preço das mercadorias comercializadas pelo capital; sorte ou azar de seus rivais e clientes; milhares de outros acasos, aos quais as mercadorias estão submetidas, seja durante o transporte, seja nas lojas, ocasionam uma variação diária, quase a cada hora, do lucro. Smith, t. I, p. 179-180. Assim como é impossível determinar com precisão os lucros do capital, pode-se, porém, ter uma ideia deles pelo *juro do dinheiro*. Pode-se ganhar muito com o dinheiro, assim se obtém muito com a capacidade de servir-se dele e pouco quando é pequena a sua mediação. Ver *idem*, p. 180-181. A proporção que deve haver entre a taxa de juros normal e a taxa de ganho líquido muda necessariamente com a subida ou a queda do lucro. Na Grã-Bretanha, calcula-se pelo dobro o juro daquilo que os comerciantes chamam de *un profit honnête, modéré, raisonnable*;[26] expressões sonoras que nada querem dizer senão *um lucro normal e usual*. Ver *idem, ibidem*, p. 198.

Qual é a taxa de lucro *mais baixa*? Qual é a *mais alta*? A *mais baixa taxa* de lucro usual dos capitais sempre deve ser *algo mais* do que o necessário para compensar as perdas eventuais às quais está sujeita toda aplicação do capital. Esse *surplus*[27] é precisamente o lucro ou *le bénéfice net*.[28] O mesmo acontece com a mais baixa taxa de juro. Ver *idem, ibidem*, p. 196.

[III] A *taxa mais alta* a que podem chegar os ganhos habituais é aquela que, na maioria das mercadorias, *extrai* a *totalidade da renda da terra* e reduz os

---

[26] Em francês no original: "um lucro honesto, moderado, razoável". (N.T.)

[27] Em francês no original: "excedente". (N.T.)

[28] Em francês no original: "o lucro líquido". (N.T.)

salários das mercadorias enviadas ao *preço mais baixo* para a simples subsistência do trabalhador durante o trabalho. O trabalhador, de qualquer maneira, tem sempre de alimentar-se enquanto estiver empregado em um trabalho diário; a renda da terra pode ser suprimida inteiramente. Exemplo: em Bengala, o pessoal da companhia indiana de comércio. Ver *idem, ibidem,* p. 197-198.

Além de todas as vantagens de uma concorrência menor, nesse caso, o capitalista ainda pode manter de maneira honesta o preço de mercado acima do preço natural.

*Primeiro*: por meio do *segredo comercial*, se o mercado está muito distante daqueles que o frequentam — exatamente por meio do segredo da mudança de preço, de seu aumento acima da condição natural. Esse segredo tem precisamente como resultado a não entrada de outros capitalistas, com seu capital, nesse mesmo ramo.

*Depois*: por meio do *segredo de fabricação*, com o qual o capitalista oferece sua mercadoria pelo mesmo preço, ou até por um preço mais baixo que o seu concorrente, e com mais lucro. — (A trapaça com o segredo não é imoral? Comércio na bolsa.) — *E mais*: onde a produção está ligada a um determinado local (como, por exemplo, o vinho seleto), e a *procura efetiva* nunca pode ser satisfeita. *Finalmente*: por meio dos *monopólios* de indivíduos e companhias. O preço de monopólio é o mais alto possível. Ver *idem, ibidem*, t. I, p. 120-124.

Outras causas acidentais que podem elevar o lucro do capital:

Conquista de novos territórios ou de novos ramos comerciais frequentemente aumentam o lucro do capital mesmo em um país rico, porque retiram dos velhos ramos comerciais uma parte do capital, diminuem a concorrência, abastecendo o mercado com menos mercadorias, com preços mais altos; dessa forma, os comerciantes podem pagar com elas juros mais altos pelo dinheiro emprestado. Ver *idem, ibidem*, t. I, p. 190.

Quanto mais uma mercadoria é elaborada, tornando-se objeto da manufatura, tanto mais a parte do preço que se decompõe em salário e lucro sobe em relação à parte que se decompõe na renda da terra. No progresso que o trabalho manual realiza sobre essa mercadoria, não apenas aumenta a cifra dos lucros como também cada lucro seguinte é maior que o anterior, porque o capital do qual [IV] ele provém é necessariamente sempre maior. O capital que coloca os tecelões para trabalhar é necessariamente sempre maior do que aquele que faz trabalhar os fiandeiros, porque ele não apenas substitui o último capital com seus ganhos, como também paga o salário do tecelão — e é necessário que os lucros estejam sempre em uma certa proporção com o capital. Ver *idem, ibidem*, t. I, p. 102-103.

Portanto, o progresso que o trabalho humano realiza sobre o produto natural, transformando-o em produto natural manufaturado, não aumenta o salário, mas, em parte, a cifra do capital adquirido, em parte, a proporção do capital seguinte em relação ao anterior.

[Falaremos] mais tarde sobre o lucro que o capitalista tem com a divisão do trabalho.

Ele lucra duas vezes: primeiro, com a divisão do trabalho, depois, com o progresso em geral feito pelo trabalho humano sobre o produto natural. Quanto maior é a parte humana em uma mercadoria, tanto maior o lucro do capital morto.

Em uma mesma sociedade, a taxa média de lucro do capital está bem mais próxima do mesmo nível do que o salário das diferentes espécies de trabalho. Ver t. I, p. 228. Com as diferentes aplicações do capital, a taxa normal do lucro varia segundo a maior ou a menor certeza de retorno do capital. A taxa de lucro aumenta com o *risque*,[29] ainda que não na inteira proporção. Ver t. I, p. 226-227.

Naturalmente, os lucros do capital sobem também com a facilidade ou a menor despesa dos meios de circulação (por exemplo, papel moeda).

### 3. *O domínio do capital sobre o trabalho e os motivos dos capitalistas*

O único motivo que determina o possuidor de capital a investir na agricultura ou na manufatura,

---

[29] Em francês no original: "risco". (N.T.)

ou em um ramo particular do comércio *en gros* ou *en détail*,[30] é o ponto de vista de seu próprio lucro. Jamais lhe ocorre calcular o quanto empregaria de *trabalho produtivo* em cada uma dessas diferentes espécies de aplicação [V], ou o valor a ser acrescentado no produto anual dos terrenos e do trabalho de seu país. Smith, t. II, p. 400-401.

Para o capitalista, a aplicação mais útil do capital é aquela que, com a mesma segurança, lhe proporcione o maior lucro. Essa aplicação nem sempre é a mais útil para a sociedade; a mais útil é aquela que é empregada para retirar a sua utilidade das forças produtivas naturais. Say, t. II, p. 130-131.

As principais operações do trabalho são reguladas e dirigidas segundo os planos e as especulações daqueles que empregam os capitais; e o objetivo que estes se propõem com todos esses planos e especulações é o *lucro*. Assim: a taxa de lucro não aumenta, como a renda da terra e o salário, com o bem-estar da sociedade, e não cai, como aqueles, com a sua queda. Ao contrário, essa taxa é naturalmente baixa nos países ricos e alta nos países pobres; e ela nunca é tão alta como nos países que mais rapidamente caminham para a ruína. Desse modo, o interesse dessa classe não tem a mesma ligação, como o das outras duas, com o interesse geral da sociedade. (...) O interesse particular daquele que se ocupa de um comércio específico ou de um ramo da manufatura é, em certo sentido, sempre

---

[30] Em francês no original: "por atacado", "no varejo". (N.T.)

diferente do interesse do público, e, frequentemente, inclusive oposto a ele. O interesse do comerciante é sempre aumentar o mercado e limitar a concorrência dos vendedores. (...) Essa é uma classe de pessoas cujo interesse jamais será exatamente o mesmo que o da sociedade, [de gente] que em geral tem o interesse de enganar o público e de sobrecarregá-lo. Smith, t. II, p. 163-165.

### 4. A acumulação do capital e a concorrência entre os capitalistas

O *aumento de capitais*, que eleva o salário, tende a reduzir o lucro dos capitalistas por meio da *concorrência* entre eles. *Idem*, t. I, p. 179.

"Se, por exemplo, o capital que é necessário para a mercearia de uma cidade encontra-se dividido entre dois comerciantes diferentes, então a concorrência é feita para que cada um venda mais barato do que se o capital estivesse nas mãos de um só; e, se ele está dividido entre vinte [VI], a concorrência logo será maior e haverá menor possibilidade de que eles se entendam entre si para aumentar o preço de suas mercadorias." Smith, t. II, p. 372-373.

Agora que já sabemos que os preços de monopólio são os mais altos possíveis, uma vez que o interesse dos capitalistas, mesmo do ponto de vista comum da economia clássica, é inimigo do da sociedade; que o aumento do ganho de capital, bem como o juro composto, afeta o preço da mercadoria (ver Smith, t. I, p. 201), então a concorrência é o único socorro contra os capitalistas, que, segundo os dados da economia clássica, influi tanto beneficamente sobre o aumento do salário como sobre o barateamento das mercadorias a favor do público consumidor.

Mas a concorrência só é possível quando os capitais aumentam e, na verdade, em muitas mãos. O surgimento de muitos capitais só é possível por meio da acumulação múltipla, pois em geral o capital só surge com a acumulação, e a acumulação múltipla transforma-se necessariamente em acumulação unilateral. A concorrência entre os capitais aumenta a acumulação entre os capitais. A acumulação, que sob o domínio da propriedade privada é *concentração* do capital em poucas mãos, em geral é uma consequência necessária quando os capitais são deixados em seu curso natural, e é com a concorrência que essa determinação natural encontra verdadeiramente caminho livre.

Nós ouvimos que o lucro do capital tem relação com sua grandeza. Assim, abstraindo, de momento, da concorrência intencional, acumula-se um grande capital, proporcionalmente à sua grandeza, muito mais rapidamente do que um pequeno capital.

[VIII] Por consequência, fazendo abstração da concorrência, a acumulação do grande capital é bem mais rápida que a do pequeno capital. Mas continuemos a seguir o seu curso.

Com o aumento dos capitais diminuem, em razão da concorrência, os seus lucros. Ou seja, o pequeno capitalista sofre primeiro.

O aumento de capitais em grande número pressupõe o avanço da riqueza do país.

"Em um país que atingiu um estágio de riqueza muito elevado, a taxa de ganho normal é tão pequena que a taxa de juro que ele permite pagar é muito baixa para que outras pessoas, além das mais ricas, possam viver do juro do dinheiro. Todas as pessoas com riqueza média devem, portanto, aplicar seu próprio capital, abrir negócios, ou interessar-se por algum setor comercial." Smith, t. I, p. 196-197.

Essa é a situação preferida pela economia nacional.

"A proporção existente entre a soma de capitais e dos rendimentos determina em geral a proporção que haverá entre a indústria e a ociosidade; onde os capitais vencem, domina a indústria; onde vencem os rendimentos, domina a ociosidade." *Idem*, t. II, p. 325.

O que ocorre então com a aplicação do capital nesse aumento da concorrência?

"Com o aumento de capitais, a quantidade de *fonds à prêter à intérêt*[31] deve sucessivamente aumentar; com o aumento desses fundos, diminui o juro do dinheiro, 1) porque o preço de mercado de todas as coisas cai quanto mais aumenta a sua quantidade, 2) porque *com o aumento do capital em um país fica difícil* aplicar capital novo de maneira vantajosa. Manifesta-se uma

---

[31] Em francês no original: "fundos emprestados a juros". (N.T.)

concorrência entre os diferentes capitais na qual o proprietário de um capital faz todos os esforços possíveis para apoderar-se da posição do negócio ocupado por outro capital. Mas, na maioria das vezes, ele não pode esperar o deslocamento desse outro capital senão pela oferta de negociar em melhores condições. Ele deve não apenas vender as coisas mais barato como também, frequentemente, para encontrar a oportunidade de vendê-las, comprá-las mais caro. Quanto mais recursos são definidos para a manutenção do trabalho produtivo, tanto maior será a procura por trabalho: os trabalhadores encontram facilmente ocupação, [IX] mas os capitalistas têm dificuldade em encontrar trabalhadores. A concorrência dos capitalistas faz com que o salário suba e os lucros caiam." *Idem, ibidem*, p. 358-359.

O pequeno capitalista pode então escolher: 1) ou consumir seu capital, já que ele não pode mais viver de juros, ou seja, deixar de ser capitalista; ou 2) ele mesmo montar um negócio para vender sua mercadoria mais barata e comprá-la mais cara do que o capitalista mais rico, além de pagar um salário mais alto; isto é, arruinar-se, pois o preço de mercado já está bem baixo devido à pressuposta concorrência elevada. Se, ao contrário, o grande capitalista deseja derrubar o pequeno, ele então dispõe de todas as vantagens que o capitalista enquanto tal tem frente ao trabalhador. Os ganhos menores são compensados pela maior quantidade de seu capital, e ele pode suportar inclusive perdas momentâneas até que o capitalista menor se arruíne e ele veja-se livre dessa concorrência. Assim, ele acumula os ganhos do pequeno capitalista.

Além disso: o grande capitalista compra sempre mais barato que o pequeno, porque ele compra no atacado. Desse modo, ele pode vender mais barato sem perdas.

Mas, se a queda do juro do dinheiro transforma os capitalistas médios de rentistas em comerciantes, logo, o aumento dos capitais comerciais provoca a reação contrária e o ganho menor resultante disso provoca a queda do juro do dinheiro.

"Para que diminua o benefício que se pode tirar do uso de um capital, necessariamente diminui o preço que se pode pagar para o uso desse capital". Smith, t. II, p. 359.

"Quanto mais aumentam a riqueza, a indústria e a população, tanto mais diminui o juro do dinheiro, ou seja, o ganho dos capitalistas; mas nem por isso os próprios [capitais] deixam de aumentar, e até mais rapidamente do que antes, apesar da diminuição dos ganhos. Um grande capital, embora com ganhos menores, em geral aumenta mais rapidamente do que um pequeno capital com ganhos maiores. Diz o ditado: o dinheiro faz dinheiro." *Idem*, t. I, p. 189.

Logo, quando esse grande capital defronta-se com um capital pequeno com ganhos pequenos, como ocorre sob a condição pressuposta de forte concorrência, ele o esmaga completamente.

Sob essa concorrência, a consequência necessária é, portanto, a deterioração geral das mercadorias, a falsificação, a pseudoprodução, a contaminação geral que ocorre nas grandes cidades.

[X] Uma circunstância importante na concorrência entre grandes e pequenos capitais é também a relação entre *capital fixe* e *capital circulant*.[32]

"*Capital circulant* é um capital aplicado na produção de alimentos, manufatura ou comércio. O capital aplicado dessa forma não proporciona ao seu senhor rendimento ou lucro enquanto ele permaneça em sua posse, ou enquanto continue sob a mesma forma. Ele sai continuamente de suas mãos sob uma forma para retornar sob uma outra forma, e somente por meio dessa circulação, ou dessa contínua mudança e permuta, proporciona lucro. *Capital fixe* é o capital investido na melhoria das terras, na compra de máquinas, instrumentos, ferramentas e coisas semelhantes." Smith, p. 197-198.

"Cada economia na manutenção do capital fixo é um acréscimo do ganho líquido. O capital total de qualquer empresa de trabalho necessariamente divide-se entre seu capital fixo e seu capital circulante. Na igualdade da soma, uma parte será tão pequena quanto maior for a outra parte. O capital circulante fornece-lhe a matéria e o salário do trabalho, colocando a indústria em atividade. Logo, cada economia do capital fixo que não reduza a força produtiva do trabalho aumenta os fundos." *Idem*, t. II, p. 226.

---

[32] Em francês no original: "capital fixo e capital circulante". (N.T.)

Vê-se de antemão que a relação entre *capital fixe* e *capital circulant* é muito mais favorável para os grandes capitalistas do que para os pequenos. Um grande banqueiro necessita apenas de uma quantidade insignificante de mais *capital fixe* do que um pequeno. O seu *capital fixe* limita-se ao escritório. Os instrumentos de um grande proprietário de terra não aumentam na proporção do tamanho de seu terreno. Assim, também o crédito que um grande capitalista possui de um menor deve proporcionar uma maior economia em *capital fixe*, ou seja, em dinheiro que ele deve ter à disposição. Finalmente, compreende-se que onde o trabalho industrial atingiu um estágio elevado, quando quase todo o trabalho manual tornou-se trabalho fabril para o pequeno capitalista, todo o seu capital não basta para possuir sequer o *capital fixe* necessário. *On sait que les travaux de la grande culture, n'occupent habituellement qu'un petit nombre de bras.*[33]

Em geral, com a acumulação de grandes capitais ocorre proporcionalmente também uma concentração e simplificação de *capital fixe* em relação ao capitalista menor. O grande capitalista introduz para si uma espécie [XI] de organização dos instrumentos de trabalho.

"No âmbito da indústria, cada manufatura e fábrica já é igualmente uma conjugação mais ampla de uma maior riqueza de coisas com capacidades intelectuais numerosas e variadas, e de habilidades técnicas para o

---

[33] Em francês no original: "Sabe-se que os grandes trabalhos agrícolas não ocupam senão um pequeno número de braços". (N.T.)

objetivo *comum* da produção. (...) Onde a legislação mantém a propriedade da terra em grandes extensões, o excedente de uma população em aumento amontoa-se nas oficinas; e é assim que, como na Grã-Bretanha, o campo da indústria é onde se acumula uma maior quantidade de proletários. Mas onde a legislação permite uma contínua divisão da terra, ali, como na França, aumenta o número dos pequenos e endividados proprietários, que com o permanente parcelamento foram jogados na classe dos indigentes e necessitados. Finalmente, esse parcelamento e endividamento adicional chegou a um tal grau que a grande propriedade da terra engole a pequena, bem como a grande indústria destrói a pequena. E como ali reconstituem-se complexos fundiários maiores, a massa de trabalhadores não necessária para o cultivo da terra é novamente lançada na indústria." Schulz, *Bewegung der Production*, p. 58-59.

"A natureza das mercadorias da mesma espécie modifica-se com a mudança no tipo de produção, e particularmente com o uso do sistema de máquinas. Apenas excluindo a força humana foi possível fiar com uma libra de algodão, no valor de 3 xelins e 8 dinheiros, 350 meadas com o comprimento de 167 milhas inglesas, ou 36 milhas alemãs, com o valor comercial de 25 guinéus." *Idem, ibidem*, p. 62.

"Na Inglaterra, nos últimos 45 anos, os preços dos produtos de algodão diminuíram cerca de 11/12, e, segundo os cálculos de Marshall, a mesma quantidade de produtos, pela qual ainda no ano de 1814 pagava-se

16 xelins, é fornecida agora por 1 xelim e 10 dinheiros. O preço mais barato dos produtos industriais aumenta o consumo tanto no país como no mercado externo; e isso está ligado ao fato de que, na Grã-Bretanha, o número de trabalhadores do algodão não apenas não diminuiu após a introdução de máquinas como subiu de 40.000 para 1 milhão e meio. [XII] E, com relação aos proventos dos empresários industriais e dos trabalhadores, com a crescente concorrência entre os primeiros, necessariamente diminuiu o seu ganho em relação à quantidade fornecida de produtos. Nos anos de 1820 a 1833, o ganho bruto dos fabricantes de Manchester para uma peça de calicó caiu de 4 xelins e 1,33 dinheiros para 1 xelim e 9 dinheiros. Mas para compensar esta perda, a esfera de fabricação ampliou-se ainda mais. E isto faz com que em alguns ramos da indústria surja em parte a sobreprodução, que ocorram frequentes bancarrotas provocando no *interior* da classe dos capitalistas e senhores do trabalho uma perigosa oscilação e flutuação da propriedade, que lança uma parcela dos arruinados economicamente no proletariado; que torna necessária, frequente e repentinamente, a suspensão ou a diminuição do trabalho, cujas desvantagens a classe dos trabalhadores assalariados sente sempre amargamente." *Idem, ibidem*, p. 63.

"Alugar seu trabalho é dar início à sua escravidão; alugar a matéria do trabalho é instituir a liberdade. (...) o trabalho é o homem. A matéria, ao contrário, nada tem do homem." Pecqueur, *Théor. soc.* etc., p. 411-412.

"o elemento matéria, que nada pode para a criação de riqueza sem o outro elemento *trabalho*, recebe a virtude mágica de ser fecundada por ele, como se ele mesmo tivesse esse outro elemento indispensável." *Idem, ibidem*.

"Supondo que o trabalho diário de um trabalhador lhe proporcione em média 400 fr. por ano, e que essa soma seja suficiente para que qualquer adulto tenha uma vida minguada, todo proprietário de 2.000 fr. de renda, renda da terra, aluguel, etc., então, indiretamente, força 5 homens a trabalhar para ele; 100.000 fr. de renda representam o trabalho de 250 homens, e 1.000.000 o trabalho de 2.000 indivíduos." (Logo 300 milhões — Louis Philippe —, o trabalho de 750.000 trabalhadores.) *Ibidem*, p. 412-413.

"os proprietários receberam da lei dos homens o direito de usar e de abusar, quer dizer, de fazer o que bem entendem da matéria de todo o trabalho (...) eles não são, de modo algum, obrigados pela lei a oferecer oportunamente e sempre trabalho aos não proprietários, nem a lhes pagar um salário sempre suficiente, etc." *Ibidem*, p. 413. "liberdade completa quanto à natureza, à quantidade, à qualidade e à oportunidade da produção, ao uso e ao consumo da riqueza, à disposição da matéria de todo trabalho. Cada um é livre para trocar o que lhe pertence sem outra consideração que não seja o seu próprio interesse individual." *Ibidem*, p. 413.

"A concorrência não expressa outra coisa senão a troca facultativa, que é ela mesma a consequência próxima e lógica do direito individual de usar e abusar dos instrumentos de toda produção. Esses três momentos da produção, que são apenas um — o direito de usar e abusar, a liberdade de troca e a concorrência arbitrária —, geram as seguintes consequências: cada um produz o que quer, como quer, quando quer, onde quer; produz bem ou mal; muito ou pouco; cedo ou tarde; produz caro ou barato; cada um ignora se venderá, a quem venderá, como venderá, quando venderá, onde venderá; e o mesmo vale para as compras. [XIII] O produtor ignora as necessidades e os recursos, a oferta e a procura. Ele vende quando quer, quanto quer, onde quer, para quem quer, no preço que quer. E ele compra da mesma maneira. Em tudo isso, ele é o joguete do acaso, escravo da lei do mais forte, do menos apressado, do mais rico. (...) Enquanto de um lado existe falta de riqueza, do outro lado há excesso e desperdício. Enquanto um produtor vende muito ou caro demais, e com um ganho enorme, o outro não vende nada ou vende com prejuízo. (...) A oferta ignora a procura e a procura ignora a oferta. Vós produzis acreditando em um gosto, em uma moda que se manifesta no público consumidor; mas, quando estais prestes a oferecer a mercadoria, a fantasia já passou e fixou-se em outro gênero de produto. (...) Consequências infalíveis: a continuação e a generalização das bancarrotas, as fraudes, as ruínas repentinas e as fortunas improvisadas; as crises comerciais, o desemprego, as saturações e as escassezes periódicas; a instabilidade e o aviltamento dos salários e dos lucros; o desperdício e o depauperamento enorme de riquezas, de tempo e de esforços na arena de uma concorrência aguçada." *Ibidem*, p. 414-416.

*Ricardo* em seu livro (*rent of land*):[34] as nações são apenas oficinas de produção, o homem é uma máquina de consumo e de produção; a vida humana é um capital; as leis econômicas regem cegamente o mundo. Para Ricardo, os homens não são nada, o produto é tudo. No capítulo 26 da tradução francesa, lê-se: "(...) seria completamente indiferente para uma pessoa com um capital de 20.000 fr. que obtivesse 2.000 fr. por ano de lucro, se o seu capital empregasse cem ou mil homens (...) O interesse real de uma nação não é o mesmo? Contanto que seu rendimento líquido e real, e que suas rendas e seus lucros sejam os mesmos, que importa se ela tenha dez ou doze milhões de indivíduos?" "Na verdade, afirma o senhor de Sismondi (t. II, p. 331[35]), não resta senão desejar que o rei, tendo ficado sozinho na ilha, girando sem parar uma manivela, consiga realizar pelos autômatos todo o trabalho da Inglaterra."

"O patrão que compra o trabalho do trabalhador por um preço tão baixo que mal dá para cobrir as suas necessidades mais imediatas, não é responsável nem pelo salário baixo, nem pela duração muito longa do

---

[34] Em inglês no original: "renda da terra". (N.T.)
[35] Sismondi, Jean-Charles-Léonard Sismonde de. *Nouveaux principes d'économie politique, ou de la richesse dans ses rapports avec la population*. 2. ed., t. II, Paris, 1827. (N.E.)

trabalho: ele mesmo submete-se à lei que impõe (...) não é tanto dos homens que provém a miséria, mas da potência das coisas." *Idem*, p. 82.

"Na Inglaterra, há muitos lugares onde faltam capitais para os moradores realizarem o cultivo completo da terra. A lã das províncias do sul da Escócia deve fazer, em parte, uma longa viagem em caminhos ruins para poder ser elaborada no condado de York, porque no lugar de sua produção falta capital para a manufatura. Na Inglaterra, há muitas cidades fabris pequenas onde os moradores não possuem capital suficiente para o transporte de seus produtos industriais nos mercados distantes, onde encontrem procura e consumidores para eles. Aqui, os comerciantes são [XIV] apenas agentes dos comerciantes mais ricos, que moram em algumas cidades comerciais grandes." Smith, t. II, p. 382. "Para aumentar o valor do produto anual da terra e do trabalho, não há outro meio, quanto ao *número*, senão aumentar *os operários produtivos*, ou aumentar, quanto à potência, a *capacidade produtiva dos trabalhadores* antes empregados. (...) Tanto em um caso como no outro, quase sempre é necessário um acréscimo de capital." *Idem, ibidem*, p. 338.

"Como é da natureza das coisas que a *acumulação* de um capital seja um precursor necessário da divisão do trabalho, o capital não pode sofrer outras subdivisões senão na proporção dos capitais que foram se acumulando cada vez mais. Quanto mais o trabalho conhece subdivisões, tanto mais aumenta a quantidade de materiais que o mesmo número de pessoas pode colocar em movimento; e, como a tarefa de cada trabalhador vai reduzindo-se cada vez mais a um estágio maior de simplicidade, uma grande quantidade de máquinas é descoberta para facilitar e reduzir essas tarefas. Portanto, quanto mais se estende a divisão do trabalho, é necessário, para que um mesmo número de operários esteja ocupado permanentemente, a prévia acumulação de uma provisão igual de alimentos e uma provisão de matérias, instrumentos e ferramentas, que é maior que a anteriormente necessária em um estágio menos avançado da coisa. O número de trabalhadores em cada ramo de trabalho cresce ao mesmo tempo que aí aumenta a divisão do trabalho, ou é antes esse aumento do seu número que os coloca em condição de classificar-se e subdividir-se dessa maneira." *Idem, ibidem*, p. 193-194.

"Como o trabalho não pode manter essa grande expansão de força produtiva sem uma precedente acumulação de capital, também a acumulação de capitais engendra naturalmente essa expansão. O capitalista quer produzir com o seu capital a maior quantidade possível de obras malfeitas, por isso ele introduz entre os seus trabalhadores a divisão de trabalho mais conveniente, equipando-os com as melhores máquinas possíveis. Seu recurso para prosperar nestas duas questões [XV] relaciona-se com a ampliação de seu capital e com o número de pessoas que esse capital pode manter. Portanto, não apenas a quantidade da indústria em um país aumenta por meio do *crescimento do capital* que ela coloca em movimento como, por conta desse crescimento, a mesma quantidade de indústria produz uma quantidade muito maior de obras malfeitas." Smith, *idem*, p. 194-195. Então, *sobreprodução*.

"Combinações mais amplas de forças produtivas (...) na indústria e no comércio com a associação de forças humanas e naturais mais numerosas e diversas para empreendimentos maiores. E também, aqui e ali, ligação mais estreita dos principais ramos da produção entre si. Assim, grandes fabricantes procurarão adquirir, ao mesmo tempo, grandes propriedades de terra para, pelo menos, não terem de comprar uma parte da matéria-prima necessária para a sua indústria de terceira mão; ou eles colocarão um comércio ligado aos seus empreendimentos industriais para a venda de seus próprios produtos, bem como para a compra de outros produtos a serem vendidos para os seus trabalhadores. Na Inglaterra, onde alguns donos de fábrica, por vezes, estão à frente de 10.000 ou 12.000 trabalhadores (...) tais ligações entre diferentes ramos da produção sob *uma* direção intelectual não são raras — esses Estados menores ou províncias no interior de um Estado. Assim, em *Birmingham*, mais recentemente, os proprietários de minas assumem *todo* o processo de preparação do ferro, que antes era dividido entre diferentes empresas e proprietários. Veja-se o distrito mineiro de Birmingham — *Deutsche Vierteljahr*, n. 3, 1838."[36]

"Finalmente, nas tão numerosas e maiores sociedades de ações, nós vemos amplas combinações da força do dinheiro de *muitos* participantes com os conhecimentos e as habilidades científicas e técnicas de outros, a quem é confiada a realização do trabalho. Desse modo, o capitalista pode aplicar suas economias das mais diversas maneiras e simultaneamente na produção agrícola, industrial e comercial, fazendo com que o seu interesse torne-se mais diversificado, [XVI] diminuindo as oposições de interesses entre a agricultura, a indústria e o comércio, e mesmo os unindo. Mas mesmo essa possibilidade facilitada de tornar o capital mais útil das mais variadas maneiras deve aumentar o antagonismo entre as classes possuidoras e as classes despossuídas." Schulz, *idem*, p. 40-41.

Enorme o ganho que os locadores de casa tiram da miséria. O *loyer*[37] está na proporção inversa da miséria industrial.

Bem como os dividendos conseguidos com os vícios dos proletários arruinados. (Prostituição, alcoolismo, *prêteur sur gages*.[38])

---

[36] Referência ao artigo de A. von Treskow, "Der bergmännische Distrikt zwischen Birmingham und Wolherhampton, mit besonderer Bezugnahme auf die Gewinnung des Eisens". In: *Deutsche Vierteljahrs Schrift*, p. 53, conforme a citação de Wilhelm Schulz, *Die Bewegung der Production*, p. 40. (N.E.)

[37] Em francês no original: "aluguel". (N.T.)

[38] Em francês no original: "prestamista". (N.T.)

A acumulação de capitais aumenta e a sua concorrência diminui, na medida em que o capital e a propriedade da terra encontram-se apenas em uma mão, assim como quando o capital torna-se capaz, por sua grandeza, de combinar diferentes ramos da produção.
Indiferença com relação às pessoas. Os vinte bilhetes de loteria de Smith.[39]
*Revenu net et brut*[40] de Say.

---

[39] Ver Adam Smith: "Em uma loteria perfeitamente igual, aqueles que tiram os bilhetes premiados devem ganhar tudo o que é perdido por aqueles que tiram os bilhetes não premiados. Em uma profissão em que haja vinte que fracassam contra um bem-sucedido, esse um deve ganhar tudo o que poderia ter sido ganho pelos vinte infelizes. O advogado que talvez comece a ter vantagens em sua profissão após quarenta anos deve receber a retribuição não só pela longa e cara educação que teve mas também pela de vinte outros estudantes, para os quais essa educação provavelmente não trará nada". *Idem, ibidem*, t. II, p. 215-216. (N.E.)

[40] Em francês no original: "rendimento líquido e bruto", in Say, Jean-Baptiste, *Traité d'économie politique, idem*, t. II, p. 469. (N.E.)

[I] Renda da terra

*O direito do proprietário da terra* tem sua origem no roubo. Ver Say, t. I, p. 136, nota. Os proprietários da terra, tal como todos os homens, adoram colher onde não semearam, e eles exigem uma renda mesmo do produto natural da terra. Ver Smith, t. I, p. 99.
"Poder-se-ia imaginar que a renda da terra seria apenas o ganho do capital que o proprietário usou para a melhoria da terra. (...) Há muitos casos em que a renda da terra pode, em parte, ser assim (...) mas o proprietário da terra exige 1) uma renda mesmo para a terra não melhorada, e o que pode considerar-se como ganho ou lucro sobre os custos de melhoria é, na maioria das vezes, apenas um ingrediente (adição) dessa renda primitiva; 2) além disso, essas melhorias nem sempre são feitas com os fundos do proprietário de terra, mas sim, às vezes, com os do arrendatário: não obstante, quando se trata de renovar o arrendamento, normalmente o proprietário da terra exige um aumento da renda, como se todas essas melhorias tivessem sido feitas com seus próprios *fonds*; 3) sim, há ocasiões em que ele exige renda para uma melhoria que é absolutamente impossível de ser feita pela mão do homem." Smith, t. I, p. 300-301.

Para o último caso, Smith dá o exemplo da barrilha (garança marinha — *salicorne*[41]), "espécie de planta marinha que, quando queimada, produz um sal alcalino com o qual pode ser feito vidro, sabão, etc. Ela cresce na Grã-Bretanha, principalmente na Escócia, mas apenas sobre rochas que se encontram no fluxo e refluxo (maré alta, *marée*),[42] sendo cobertas pelas ondas duas vezes ao dia, e cujo produto jamais aumentou por meio do trabalho humano. No entanto, o proprietário de tal terreno, onde essa espécie de planta cresce, exige uma renda como se fosse terra plantada com trigo. Uma grande parte de seus moradores [II] vive da pesca. Mas, para que se possa ganhar com os produtos do mar, deve-se morar na terra vizinha. A renda da terra não tem relação com o que o arrendatário pode fazer com ela, mas sim com o que ele pode fazer com a terra e o mar juntos." Smith, t. I, p. 301-302.

"Pode-se considerar a renda da terra como o produto do *poder da natureza*, cujo uso o proprietário empresta ao arrendatário. Esse produto é maior ou menor conforme a extensão desse poder, ou, em outras palavras, conforme a fertilidade natural ou artificial da terra. É a obra da natureza que fica após a retirada, ou após o balanço de tudo aquilo que pode ser considerado obra do homem." Smith, t. II, p. 377-378.

---

[41] Em francês no original: "salicórnia". (N.T.)
[42] Em francês no original: "maré". (N.T.)

"A *renda da terra*, considerada como o preço pago pelo uso da terra, é portanto um *preço de monopólio*. Ela não tem relação nenhuma com as melhorias que o proprietário da terra fez nela, ou com o que tem de receber para não perder, mas com aquilo que o arrendatário possivelmente pode dar sem perder." *Idem*, t. I, p. 302.

"Das três classes produtivas, a dos proprietários de terra é a única cuja renda não custa nem trabalho, nem preocupação; ao contrário, ela, por assim dizer, vem por si mesma, sem que se lhe acrescente qualquer perspectiva ou plano." *Idem*, t. II, p. 161.

Nós já ouvimos que a quantidade [da] renda da terra depende da relação com a *fertilidade* do solo.

Um outro momento de sua determinação é a sua *localização*.

"A renda muda conforme a *fertilidade* do solo, qualquer que seja o seu produto, e conforme a localização, qualquer que seja a sua fertilidade." *Idem*, t. I, p. 306.

"Se os terrenos, as minas, os pesqueiros tiverem a mesma fertilidade, o seu produto estará, então, em relação com o volume de capital empregado para o seu cultivo e exploração, bem como com a maneira mais ou [III] menos hábil na aplicação dos capitais. Se os capitais são iguais e aplicados de maneira igualmente hábil, logo o produto será proporcional à fertilidade natural dos terrenos, dos pesqueiros e das minas." *Idem*, t. II, p. 210.

Esses princípios de Smith são importantes porque, com os mesmos custos de produção e com o mesmo volume, reduzem a renda da terra à sua maior ou menor fertilidade; logo, mostram claramente a inversão de conceitos na economia nacional ao transformar a fertilidade da terra em um atributo do proprietário fundiário.

Mas consideremos agora a renda fundiária tal como ela se forma no movimento real.

A renda da terra é estabelecida pela *luta entre o arrendatário* e *o proprietário de terra*. Nós encontramos em toda a economia nacional o antagonismo hostil de interesses, a luta, a guerra, reconhecidos como o fundamento da organização social.

Vejamos então como se relacionam o proprietário da terra e o arrendatário.

"Na definição dos termos do arrendamento, o proprietário fundiário possivelmente procura não deixar nada mais ao arrendatário do que o suficiente para repor o capital que fornece as sementes, paga o trabalho, compra e mantém animais e outros instrumentos e, além disso, rende o ganho normal dos demais arrendamentos do cantão. Naturalmente, essa é a menor parte com a qual o arrendatário pode satisfazer-se sem ter perda, e raramente o proprietário da terra pensa em lhe oferecer algo mais. Tudo o que fica acima dessa parte do produto ou de seu preço, qualquer que seja a sobra, o proprietário procura reservar para si como renda fundiária, a mais forte que o arrendatário pode pagar na atual condição da terra [IV]. Esse excedente pode sempre ser considerado como renda fundiária natural, ou como a renda pela

qual a maioria dos terrenos é naturalmente alugada."
*Smith*, t. I, p. 299-300.

"Os proprietários fundiários — afirma Say — exercem uma espécie de monopólio contra os arrendatários. A procura das suas mercadorias, dos terrenos e do solo pode ampliar-se ilimitadamente; mas a quantidade de suas mercadorias atinge apenas um certo ponto. (...) O comércio realizado entre o proprietário da terra e o arrendatário é sempre tão vantajoso quanto possível para o primeiro (...) além da vantagem que ele retira da natureza da coisa, ele retira outra de sua posição, de seu crédito maior, do prestígio; já a primeira é suficiente para que ele esteja em condições de aproveitar *sozinho* as circunstâncias favoráveis do terreno e do solo. A abertura de um canal, de um caminho, o progresso da população e do bem-estar de um cantão eleva sempre o preço do arrendamento. O arrendatário pode até mesmo melhorar o solo à suas custas; mas desse capital ele tira proveito apenas durante a vigência de seu arrendamento, e, com o seu fim, ele fica com o proprietário da terra; desse momento em diante, é este quem tira proveito sem ter feito adiantamento, pois o aluguel agora aumenta proporcionalmente."
Say, t. II, p. 142-143.

"A renda da terra, considerada o preço pago pelo uso do solo, é portanto o preço mais alto que o arrendatário pode pagar nas condições atuais do terreno e do solo." Smith, t. I, p. 299.

"A renda da terra da superfície do solo corresponde, na maioria das vezes, (...) a um terço de todo produto e, na maioria das vezes, é uma renda independente [V] das oscilações ocasionais da colheita." *Idem, ibidem*, p. 351. "Raramente essa renda corresponde a menos do que ¼ do produto total." *Ibidem*, t. II, p. 378.

A *renda da terra* não pode ser paga por todas as mercadorias. Por exemplo, em algumas regiões não se paga renda alguma pelas pedras.

"Normalmente, pode-se levar ao mercado apenas os produtos da terra, as partes do produto da terra, cujos preços habituais sejam suficientes para repor o capital necessário para esse transporte e o seu ganho normal. Se o preço passa disso, naturalmente o excedente vai para a renda da terra. Caso ele não seja suficiente, então a mercadoria pode ser levada ao mercado, mas ela é insuficiente para pagar a renda fundiária para o seu proprietário. O preço será ou não mais do que suficiente? Isso depende da procura." Smith, t. I, p. 302-303.

"A renda da terra entra na composição do *preço das mercadorias* de uma maneira *inteiramente diferente* do que o salário e o lucro do capital. A *taxa maior ou menor* de *salários e lucros* é a *causa* do maior ou menor preço das mercadorias: a maior ou menor taxa da renda fundiária é *efeito* do preço." *Idem, ibidem*, p. 303-304.

Entre os *produtos* que sempre geram *renda da terra* estão os *alimentos*.

"Como os homens, a exemplo de todos os animais, multiplicam-se em relação à sua subsistência, há sempre maior ou menor procura por alimento. O alimento poderá sempre comprar uma parte maior ou menor [VI] do trabalho, e sempre haverá gente disposta a fazer algo para obtê-lo. O trabalho que o alimento pode comprar não é sempre *igual* ao trabalho com o qual poderia subsistir caso fosse dividido de maneira mais econômica, e isso em razão dos salários por vezes altos. Mas o alimento pode sempre comprar tanto trabalho que garanta a sua subsistência, segundo a taxa normalmente correspondente a esse tipo de trabalho no local. Em quase todas as situações, a terra produz mais alimento que o necessário para a subsistência de todo trabalho, o que contribui para que esse alimento seja levado ao mercado. O excedente é sempre mais do que suficiente para repor com ganho o capital que põe esse trabalho em movimento. Portanto, sempre sobra algo para dar uma renda ao proprietário da terra." Smith, t. I, p. 305-306. "A renda da terra não apenas tem sua origem no alimento como também, se uma outra parte do produto da terra vem na sequência para proporcionar uma renda, ela deve esse acréscimo de valor ao crescimento do poder que o trabalho atingiu para produzir alimento por meio do cultivo e da melhoria da terra." *Idem, ibidem*, p. 345. "O alimento das pessoas é portanto sempre suficiente para o pagamento da renda da terra." *Idem, ibidem*, p. 337. "Os países povoam-se não em proporção ao número que o seu produto pode vestir e abrigar, mas em proporção ao número que o seu produto pode alimentar." *Idem, ibidem*, p. 342.

"As duas maiores necessidades humanas, depois do alimento, são roupa e moradia aquecida. Na maioria das vezes, elas proporcionam uma renda da terra, mas nem sempre de forma necessária." *Idem, ibidem,* t. I, p. 338.

[VIII] Vejamos agora como o proprietário da terra explora todas as vantagens da sociedade:

1) "A renda fundiária aumenta com a população." *Smith,* t. I, p. 335.

2) Nós já escutamos de Say como a renda da terra aumenta com as ferrovias, etc., com melhorias e a segurança, e com a proliferação dos meios de comunicação.

3) "Cada melhoria na situação da sociedade impulsiona a renda fundiária para cima, *direta* ou *indiretamente,* eleva a riqueza real do proprietário, ou seja, seu poder de comprar trabalho alheio ou o seu produto (...). O incremento na melhoria das terras e do cultivo leva diretamente a isso. A parte dos proprietários de produto aumenta necessariamente com o aumento do produto (...). A subida no preço real dessas espécies de matéria-prima, isto é, o aumento do preço do gado impulsiona diretamente também a subida da renda fundiária e em uma proporção ainda maior. Não apenas o valor real da parte do proprietário de terra, o poder real que essa parte lhe proporciona sobre o trabalho alheio, aumenta necessariamente com o valor real do produto como também o volume dessa parte aumenta com esse valor em proporção ao produto total. Depois que o preço real desse produto subiu, ele não exige trabalho algum a mais para ser fornecido

e para que o capital aplicado seja reposto com os seus ganhos normais. A parte restante do produto que pertence ao proprietário da terra, em relação ao produto total, será bem maior do que era antes." Smith, t. II, p. 157-159.

[IX] A maior procura por produtos *in natura*, e, com isso, o aumento do valor, pode resultar em parte do aumento da população e de suas necessidades. Mas cada nova descoberta, cada novo uso que a manufatura faz da matéria-prima antes não usada, ou pouco usada, eleva a renda da terra. Assim, por exemplo, a renda das minas de carvão subiu enormemente com as ferrovias, os barcos a vapor, etc.

Além dessa vantagem que o proprietário da terra retira da manufatura, das descobertas, do trabalho, nós veremos uma outra ainda.

4) "As maneiras de melhorar a força produtiva do trabalho que objetivam baixar diretamente o preço real dos produtos manufaturados indiretamente provocam o aumento da renda fundiária real. Isto é, o proprietário da terra troca uma parte de sua matéria-prima que ultrapassa o seu consumo pessoal, ou o preço dessa parte, por produto manufaturado. Tudo o que diminui o preço real do primeiro tipo de produto aumenta o preço real do segundo tipo. A partir de agora, a mesma quantidade de produto natural corresponde a uma quantidade maior de produto manufaturado, e o proprietário da terra está em condições de ter uma quantidade maior de comodidades, enfeites e objetos de luxo." Smith, t. II, p. 159.

Mas se a partir disso Smith conclui que (p. 161, t. II), como o proprietário da terra explora todas as vantagens da sociedade, [X] o seu interesse é sempre idêntico ao da sociedade, isso é uma bobagem. Na economia clássica, sob o domínio da propriedade privada, o interesse que um indivíduo tem pela sociedade está exatamente em relação inversa ao interesse que ela tem por ele, tal como o interesse do agiota pelo perdulário não é nada idêntico ao interesse do perdulário.

Nós mencionamos somente de passagem a obsessão por monopólio do proprietário da terra pela propriedade de outros países, de onde, por exemplo, datam as leis dos cereais.[43] Também deixamos de lado a análise da servidão medieval, da escravidão nas colônias, da miséria dos camponeses — dos jornaleiros na Grã-Bretanha. Vamos nos ater agora às proposições da própria economia clássica.

1) Segundo os princípios da economia clássica, o proprietário fundiário está interessado no bem-estar da sociedade. Ele está interessado no aumento da população, na produção artística, no aumento de suas necessidades, em uma palavra, no aumento da riqueza, e essa riqueza é idêntica, segundo nossas considerações feitas até agora, ao crescimento da miséria e da escravidão. A relação crescente do aluguel com

---

[43] Referência às leis dos cereais (*Corn Laws*) na Inglaterra, que têm origem ainda no século XV e visavam a defesa dos interesses dos proprietários de terra, contrariando, depois, os interesses da burguesia inglesa. Elas foram revogadas em 26 de junho de 1846 com o fim das restrições à importação de grãos. (N.E.)

a miséria é um exemplo do interesse do proprietário fundiário na sociedade, pois com o aluguel aumenta a renda da terra, o juro do solo onde está a casa.

2) Segundo os próprios economistas clássicos, o interesse do proprietário de terra é contrário ao interesse do arrendatário; ou seja, de uma parcela significativa da sociedade.

[XI] 3) Como o proprietário da terra pode exigir [do] arrendatário tanto mais renda quanto menor for o salário pago pelo arrendatário, e quanto mais baixo for o salário tanto maior será a renda da terra exigida pelo proprietário, então o interesse do proprietário fundiário é exatamente o oposto do interesse do servo do campo, bem como o interesse do dono da manufatura em relação ao interesse de seus trabalhadores. Também ele pressiona o salário para o mínimo.

4) Como a redução real no preço dos produtos manufaturados aumenta a renda da terra, logo o seu proprietário tem interesse direto na redução do salário do trabalhador da manufatura, na concorrência entre os capitalistas, na sobreprodução, em toda a miséria da manufatura.

5) Portanto, quando o interesse do proprietário da terra, bem longe de ser idêntico ao interesse da sociedade, está em oposição hostil ao interesse do arrendatário, do servo da lavoura, do trabalhador da manufatura e dos capitalistas, então nem mesmo o interesse de um proprietário fundiário é idêntico ao de outro por conta da concorrência que agora nós queremos analisar.

Em geral, a grande e a pequena propriedade da terra relacionam-se entre si como o grande e o pequeno capital. Além disso, somam-se outras circunstâncias especiais que levam incondicionalmente à acumulação da grande propriedade e à absorção da pequena pela grande.

[XII] 1) Em nenhum outro lugar diminui mais o número proporcional de trabalhadores e de instrumentos com o volume dos fundos do que na propriedade territorial. Do mesmo modo, em nenhum outro lugar aumenta mais a possibilidade de exploração multilateral, a economia dos custos de produção e a cuidadosa divisão de trabalho com o volume de fundos do que na propriedade territorial. Por menor que seja um terreno, os instrumentos de trabalho de que necessita, como o arado, a serra, etc., atingem uma certa fronteira que não pode mais ser reduzida, enquanto a pequenez da posse fundiária pode superar bastante esses limites.

2) A grande posse fundiária acumula os juros que o capital do arrendatário aplicou na melhoria da terra. A pequena posse fundiária tem de aplicar o seu próprio capital. Logo, todo esse lucro desaparece para ele.

3) Enquanto cada melhoria social é aproveitada pela grande propriedade, ela prejudica a pequena ao fazer com que necessite sempre mais de dinheiro vivo.

4) Ainda existem duas leis importantes a considerar nessa concorrência:

α) A renda dos terrenos que são cultivados para a produção de alimentos para as pessoas regula a renda da maioria dos outros terrenos plantados. Smith, t. I, p. 331.

No fim, só a grande propriedade pode produzir alimento, como criar gado, etc. Ela regula então a renda dos outros terrenos e pode reduzi-la ao mínimo.

Dessa maneira, o pequeno proprietário que cultiva a terra encontra-se em relação ao grande proprietário tal como o artesão que possui um instrumento *próprio* encontra-se em relação ao senhor da fábrica. A pequena posse da terra tornou-se um mero instrumento de trabalho. [XVI] A renda da terra desaparece totalmente para o pequeno proprietário; para ele, sobra no máximo o juro de seu capital e seu salário; pois a renda da terra pode ser levada pela concorrência até o ponto de ser apenas o juro do capital não aplicado por ele.

β) Já escutamos também que, com igual fertilidade e a mesma cuidadosa exploração de terrenos, minas e pesqueiros, o produto é proporcional à extensão dos capitais. Logo, vitória do grande proprietário de terra. A mesma coisa com capitais iguais em relação à fertilidade. Isto é, com capitais iguais vence o proprietário fundiário do solo mais fértil.

γ) "Em geral, pode-se falar de uma mina que ela é produtiva ou não, de acordo com a quantidade de mineral que pode ser retirada dela com certa quantidade de trabalho; que ela é grande ou pequena de acordo com a mesma quantidade de trabalho da maioria de outras minas do mesmo tipo." Smith, t. I, p. 345-346. "O preço da mina mais produtiva regula o preço do carvão de todas as outras minas da vizinhança.

O grande proprietário e o empresário acham que terão, um, uma renda maior, o outro, um lucro maior, caso vendam mais barato que o vizinho. Os vizinhos são obrigados então a vender pelo mesmo preço, mesmo que não tenham tantas condições para isso e ainda que abaixem cada vez mais o preço, perdendo, às vezes, toda a renda e todo o lucro. Algumas explorações encontram-se inteiramente abandonadas, outras não geram renda alguma e só podem continuar a ser trabalhadas pelo próprio proprietário de terra." *Idem, ibidem,* p. 350. "Após a descoberta de minas no Peru, a maioria das minas de prata na Europa foi abandonada (...) O mesmo aconteceu com as minas de Cuba e São Domingo, além das velhas minas do Peru depois da descoberta daquelas de Potosí." t. I, p. 353. Exatamente o mesmo que Smith diz aqui sobre as minas vale em certa medida para a posse fundiária em geral.

δ) "Nota-se que o preço corrente dos terrenos depende da taxa corrente de juro (...) se a renda fundiária ficasse bem abaixo do juro do dinheiro, ninguém mais iria querer comprar terras, o que logo faria com que o seu preço corrente voltasse ao que era. Ao contrário, se as vantagens da renda da terra compensassem bem mais do que o juro do dinheiro, todo mundo iria querer comprar terras, o que do mesmo modo faria com que logo o seu preço corrente voltasse ao que era." t. II, p. 367-368. Dessa relação entre a renda da terra com o juro do dinheiro resulta que a renda da terra tem sempre de cair mais para que, no fim, apenas as pessoas mais ricas possam viver dela. Logo, a concorrência entre os proprietários não arrendatários é sempre maior: ruína para uma parte deles. *Accumulation*[44] repetida da grande propriedade da terra.

[XVII] Além do mais, essa concorrência faz com que uma maior parte dos proprietários de terra caia nas mãos dos capitalistas e que os capitalistas tornem-se, ao mesmo tempo, proprietários da terra, bem como os proprietários fundiários menores, em geral, já são capitalistas. Além do que uma parte dos grandes proprietários de terra torna-se, ao mesmo tempo, industrial.

A última consequência é também o fim da diferença entre capitalista e proprietário da terra, fazendo com que, no geral, apenas existam duas classes na população — a classe trabalhadora e a classe dos capitalistas. Essa negociata da propriedade da terra, a sua transformação em mercadoria, é a última queda e a realização final da aristocracia do dinheiro.

1) Nós não compartilhamos as lágrimas sentimentais derramadas pelo romantismo. Ele sempre confunde a infâmia que é a *negociata da terra* com a consequência inteiramente racional, necessária e desejável no interior da propriedade privada e contida na *negociata da propriedade privada*. Primeiro, a propriedade feudal da terra já é, em sua essência, terra

---

[44] Em francês no original: "acumulação". (N.T.)

negociada, alienada do homem e, por isso, uma terra confrontada com ele sob a forma de alguns poucos grandes senhores.

Já na propriedade feudal da terra existe o domínio da terra como um poder alienado sobre o homem. O servo da gleba é um acidente da terra. Do mesmo modo, o morgado, o primogênito, pertence à terra. Em geral, com a propriedade da terra tem início o domínio da propriedade privada, que é a sua base. Mas na propriedade feudal da terra o senhor pelo menos *aparece* como rei da propriedade. Bem como ainda existe a aparência de uma relação interna entre o proprietário e a terra, que não existe na mera riqueza *material*. O terreno individualiza-se com o seu senhor, ele tem a sua posição, é barão ou conde, tem seus privilégios, sua jurisdição, sua relação política, etc. Ele aparece como o corpo inorgânico de seu senhor. Daí vem o ditado: *nulle terre sans maître*,[45] que expressa a aderência do senhorio à posse da terra. O domínio da propriedade da terra também não aparece diretamente como domínio do capital puro. Seus membros têm mais relação com ele do que com a sua pátria. É uma espécie íntima de nacionalidade.

[XVIII] A propriedade feudal da terra também dá nome ao seu senhor, como um reino ao seu rei. Sua história familiar, a história de sua casa, etc., tudo isso a propriedade individualiza para ele, que se torna

---

[45] Em francês no original: "nenhuma terra sem senhor". (N.T.)

formalmente a sua casa, a sua pessoa. Do mesmo modo, os cultivadores da propriedade da terra não têm a mesma relação que os *jornaleiros*, mas sim, em parte, são sua própria propriedade, como o servo da gleba, e, em parte, eles encontram-se em uma relação de respeito, de submissão e de obrigação. Por isso, a sua relação com eles é diretamente política, além de ter também um lado *afetivo*. Costumes, caráter, etc., mudam de um terreno para o outro e parecem ser iguais à parcela, enquanto mais tarde somente a carteira do homem relaciona-se com o terreno, e não o seu caráter, a sua individualidade. Por fim, ele não procura tirar a maior vantagem possível de sua posse da terra. Antes, consome o que está ali e deixa tranquilamente aos servos e aos arrendatários a preocupação de produzir. Essa é a *nobre* relação do proprietário da terra que confere uma glória romântica ao seu senhor.

É necessário que essa aparência seja superada para que a propriedade fundiária, a raiz da propriedade privada, seja colocada inteiramente em movimento e torne-se mercadoria; que o domínio do proprietário apareça como puro domínio da propriedade privada, do capital, livre de qualquer tintura política; que a relação entre proprietário e trabalhador reduza-se à relação da economia nacional entre explorador e explorado; que termine toda relação pessoal do proprietário com a sua propriedade e que ela se torne apenas riqueza material objetiva; que no lugar do matrimônio com a terra entre o casamento de interesses e também a terra caia à condição de valor comercial tal como o homem. É necessário que a raiz da propriedade privada, o sujo interesse pessoal, apareça também em sua forma cínica. É necessário que o monopólio inerte transforme-se no monopólio em movimento e incerto, a concorrência; que o deleite ocioso do suor e do sangue alheio transforme-se no comércio movimentado entre eles. Finalmente, é necessário que nessa concorrência a propriedade privada sob a forma de capital mostre seu domínio tanto sobre a classe trabalhadora como sobre os próprios proprietários, na medida em que as leis de movimento do capital os arruínam ou os levantam. Com isso então, no lugar do ditado medieval *nulle terre sans seigneur*,[46] surge o ditado moderno: *l'argent n'a pas de maître*,[47] que expressa o completo domínio da matéria morta sobre o homem.

[XIX] 2) Com relação à polêmica sobre a divisão ou não da propriedade fundiária, há de se considerar o seguinte:

A *divisão da propriedade da terra* nega o *grande monopólio* da propriedade da terra, supera-o, mas apenas na medida em que ela *generaliza* esse monopólio. Ela não suprime o fundamento do monopólio, a propriedade privada. Ela atinge a existência, mas não a essência do monopólio. A consequência disso é que ela sucumbe diante das leis da propriedade privada.

---

[46] Em francês no original: "nenhuma terra sem senhor". (N.T.)
[47] Em francês no original: "o dinheiro não tem dono". (N.T.)

A divisão da propriedade da terra corresponde exatamente ao movimento da concorrência na área industrial. Além das desvantagens econômicas dessa divisão entre instrumento e trabalho separado um do outro (que deve ser diferente da divisão do trabalho; o trabalho não é dividido entre muitos, porém o mesmo trabalho é realizado por cada um para si mesmo, é uma multiplicação do mesmo trabalho), essa divisão transforma-se necessariamente, uma vez mais, em acumulação tal como aquela concorrência.

Logo, onde ocorre a divisão da propriedade fundiária, não resta senão retornar a uma forma mais odiada de monopólio, ou negar/superar a própria divisão da propriedade da terra. Mas isso não é a volta à propriedade feudal, mas a superação da propriedade da terra em geral. A primeira superação do monopólio é sempre a sua generalização, a ampliação de sua existência. A superação do monopólio, que atingiu sua existência mais ampla e abrangente possível, é sua completa eliminação. A associação, aplicada à terra e ao solo, compartilha da vantagem da grande posse fundiária no sentido da economia nacional e realiza primeiro a tendência original da divisão, ou seja, a igualdade; bem como estabelece de maneira racional a relação afetiva do homem com a terra, não mais mediada pela servidão, pelo domínio e uma estúpida mística da propriedade, na medida em que a terra deixa de ser objeto de negociata e torna-se, de novo, pelo trabalho e pelo deleite livres, uma verdadeira propriedade pessoal do homem. Uma grande vantagem da divisão é que a sua massa arruína-se na propriedade de modo diferente do da indústria, uma massa que não pode mais voltar à servidão.

Quanto à grande propriedade, os seus defensores sempre identificaram, de maneira sofística, as vantagens econômicas que a agricultura em ampla escala oferece com ela, como se não fosse exatamente pela superação da propriedade que essas vantagens obtivessem, em parte, a sua [XX] maior extensão possível e, em parte, só assim pudessem adquirir utilidade social. Eles também atacaram igualmente o espírito de negociata da pequena propriedade, como se a grande propriedade já em sua forma feudal não levasse em si mesma o regateio de forma latente, para não falar da forma inglesa moderna, em que o feudalismo do senhor da terra e o espírito industrial de negociata do arrendatário andam juntos.

Bem como a grande propriedade da terra pode devolver a acusação de monopólio que lhe faz a divisão da propriedade — pois também a divisão baseia-se no monopólio da propriedade privada —; a divisão da propriedade da terra pode devolver a acusação à grande propriedade, pois também aqui domina a divisão, só que sob forma mais rígida, congelada. Em geral, a propriedade privada baseia-se sim na divisão.

A propósito, como a divisão da propriedade da terra reconduz à grande propriedade fundiária enquanto riqueza do capital, a propriedade feudal da terra deve necessariamente levar à divisão ou, pelo menos, cair nas mãos dos capitalistas, não importa o que se faça ou se deixe de fazer.

Pois a grande propriedade da terra, como na Inglaterra, leva a maioria preponderante da população aos braços da indústria e reduz à completa miséria seus próprios trabalhadores. Assim, ela gera e aumenta o poder de seu inimigo, do capital, da indústria, na medida em que lança os braços e toda a atividade do país para o outro lado. Ela torna a maioria do país industrial, logo, opositora da grande propriedade da terra. Se a indústria conquistar tanto poder como agora na Inglaterra, ela obriga cada vez mais a grande propriedade da terra a lançar seu monopólio contra o estrangeiro, colocando-a em concorrência com a grande propriedade do exterior. Sob o domínio da indústria, a grande propriedade da terra podia assegurar a sua grandeza feudal apenas como monopólio contra o exterior, para defender-se assim das leis gerais do comércio que se opõem ao seu sistema feudal. Uma vez lançada na concorrência, ela segue as suas leis como qualquer outra mercadoria submetida a elas. Logo, ela torna-se oscilante, sobe e desce, passa de uma mão para a outra e nenhuma lei pode conservá-la mais em poucas mãos predestinadas. [XXI] O resultado imediato é a repartição em muitas mãos, em todo caso, a sua queda em poder dos capitais industriais.

Finalmente, a grande propriedade da terra que foi conservada desse modo violento e produziu, ao seu lado, uma indústria rentável leva mais rapidamente à crise do que a divisão da propriedade da terra, ao lado da qual o poder da indústria continua sendo sempre de segunda ordem.

A grande propriedade fundiária, tal como nós encontramos na Inglaterra, já abandonou o seu caráter feudal e assumiu um caráter industrial, e portanto quer ganhar o máximo de dinheiro possível. Ela [oferece] ao proprietário a máxima renda da terra, ao arrendatário o máximo de lucro de seu capital. Os trabalhadores do campo, por isso, já foram reduzidos ao mínimo e a classe dos arrendatários já representa, no interior da propriedade da terra, o poder da indústria e do capital. Em razão da concorrência com o exterior, a renda fundiária deixa, em grande parte, de poder formar um rendimento autônomo. Uma grande parte dos proprietários fundiários deve entrar no lugar dos arrendatários, que dessa maneira caem, em parte, no proletariado. Por outro lado, muitos arrendatários se apoderarão da propriedade da terra, pois os grandes proprietários, acostumados com o ganho fácil, muitas vezes deixam-se levar pela dissipação e também são inábeis para dirigir a agricultura em grande escala; em parte, não possuem nem capital, nem capacidade para explorar a terra. Logo, uma parcela deles arruina-se completamente. Por fim, o salário já reduzido ao mínimo deve ser diminuído ainda mais para enfrentar a nova concorrência. O que conduz então, necessariamente, à revolução.

A propriedade da terra tinha de desenvolver-se sob cada uma dessas duas formas para conhecer em ambas a sua queda necessária, bem como a indústria, sob a forma do monopólio e da concorrência, deveria arruiná-la para aprender a acreditar no homem.

[Trabalho alienado e propriedade privada][48]

[XXII] Nós partimos das premissas da economia nacional. Aceitamos sua linguagem e suas leis. Assim supusemos a propriedade privada, a separação do trabalho, capital e terra, assim como do salário, lucro do capital e renda fundiária, e ainda a separação do trabalho, da concorrência, o conceito do valor de troca; etc. Partindo da própria economia nacional, e com suas próprias palavras, nós mostramos que o trabalhador cai na condição de mercadoria, e da mercadoria mais miserável; que a miséria do trabalhador encontra-se em relação inversa ao poder e à grandeza

---

[48] Embora Marx não estabeleça uma clara diferença teórica entre os termos *Entfremdung* e *Entäusserung*, optamos, em primeiro lugar, por traduzir *Entfremdung* por *alienação*, levando em conta o sentido de seu conteúdo, sua etimologia e também o contexto de sua utilização. Em segundo lugar, na ausência de um termo equivalente único adequado em português para o termo *Entäusserung*, preferimos variar os termos na tentativa de tornar mais inteligíveis as oscilações de significado: *exteriorização* — manifestação da atividade prática humana na sua relação com a natureza e com os homens na produção—; *estranhamento* — resultado objetivado alheio, estranho ao trabalhador, de seu trabalho, e dotado de poder autônomo—; e *despossessão* — perda de domínio sobre o próprio trabalho e seu produto, que leva à negação do trabalhador na produção. Nos três casos, o trabalhador se defronta com um mundo que lhe é autônomo, livre, estranho e objetivo. (N.T.)

de sua produção; que o resultado necessário da concorrência é a acumulação do capital em poucas mãos, logo a mais terrível restauração do monopólio; que, finalmente, a diferença entre o capitalista e o arrendador fundiário desaparece, bem como aquela entre o agricultor e o trabalhador da manufatura, e que toda a sociedade deve cair na condição de duas classes: *proprietários* e *trabalhadores* sem propriedade.

A economia nacional parte do fato da propriedade privada. Ela não nos explica esse fato. Ela concebe o processo *material* da propriedade privada, que atravessa a realidade, em fórmulas gerais, abstratas, que logo passam a valer para ela como leis. Ela não *entende* essas leis, isto é, ela não mostra como elas surgem da essência da propriedade privada. A economia nacional não nos oferece nenhuma explicação sobre o fundamento da divisão entre trabalho e capital, entre capital e terra. Quando, por exemplo, ela determina a relação do salário com o lucro do capital, o interesse dos capitalistas vale para ela como fundamento último; ou seja, ela supõe o que deve explicar. De igual maneira, a concorrência entra por todos os lados: ela é explicada por circunstâncias externas. Até que ponto essas circunstâncias externas, aparentemente casuais, são apenas a expressão de um desenvolvimento necessário, sobre isso a economia nacional não nos ensina nada. Nós vimos que, para ela, a própria troca também aparece como um fato ocasional. As únicas rodas que o economista clássico coloca em movimento são a *ganância* e a *guerra entre os gananciosos, a concorrência.*

Precisamente por não entender o nexo do movimento, ela pode, por exemplo, contrapor de novo a doutrina da concorrência à doutrina do monopólio, a doutrina da liberdade industrial à da corporação, a doutrina da divisão da propriedade fundiária à doutrina da grande propriedade fundiária, pois concorrência, liberdade industrial, divisão da propriedade da terra foram entendidas e explicadas apenas como consequências ocasionais, intencionais, violentas, e não como necessárias, inevitáveis, naturais do monopólio, da corporação e da propriedade feudal.

Agora nós devemos compreender o nexo essencial entre toda esta alienação — a propriedade privada, a ganância, a divisão entre trabalho, capital e propriedade da terra, troca e concorrência, valor e desvalorização do homem, monopólio e concorrência, etc. — e o sistema do *dinheiro*.

Não nos coloquemos, como faz o economista clássico quando quer explicar [algo], em um estado original imaginado. Tal estado original nada explica. Ele somente desloca a questão para uma distância cinzenta, nebulosa. Ele supõe na forma do fato, do acontecimento, o que deve deduzir; precisamente a relação necessária entre duas coisas, por exemplo, entre divisão do trabalho e troca. Assim, o teólogo explica a origem do mal pelo pecado original, isto é, ele supõe como um fato, sob forma histórica, o que ele deve explicar.

Nós partimos de um *factum*[49] econômico *atual*.

---

[49] Em latim no original: "fato". (N.T.)

O trabalhador torna-se mais pobre quanto mais riqueza produz, quanto mais a sua produção aumenta em poder e volume. O trabalhador torna-se uma mercadoria tanto mais barata quanto mais mercadorias ele cria. Com a *valorização* do mundo das coisas, aumenta, em proporção direta, a *desvalorização* do mundo dos homens. O trabalho produz não apenas mercadorias; ele produz a si mesmo e o trabalhador como uma *mercadoria*, precisamente na proporção em que ele produz mercadorias em geral.

Esse *factum* nada mais expressa que: o objeto que o trabalhador produz, o seu produto, coloca-se frente ao trabalho como um *ser estranho*; como um *poder independente* frente aos produtores. O produto do trabalho é o trabalho que se fixou em um objeto, que se tornou objetivo, ele é a *objetivação* do trabalho. A realização do trabalho é sua objetivação. Essa realização do trabalho aparece na economia nacional como *desrealização* do trabalhador, a objetivação como *perda do objeto* e *servidão ao objeto*, a apropriação como *alienação*, como *despossessão*.

A realização do trabalho aparece a tal ponto como privação que o trabalhador chega até a morrer de fome. A objetivação aparece a tal ponto como perda de objeto que o trabalhador é espoliado não apenas dos objetos mais necessários para viver mas também dos objetos de trabalho. Sim, o próprio trabalho torna-se um objeto do qual ele pode apoderar-se apenas com os maiores esforços e com as interrupções mais irregulares. A apropriação do objeto aparece a tal ponto como alienação que, quanto mais objetos o trabalhador produz, tanto menos ele pode possuir, e tanto mais ele cai sob o domínio de seu produto, do capital.

Todas essas consequências estão na determinação da relação do trabalhador com o *produto de seu trabalho* como com um *objeto estranho*. Pois, segundo esse pressuposto, fica claro que, quanto mais o trabalhador desgasta-se trabalhando, tanto mais poderoso torna-se o mundo estranho, objetivo, que ele cria diante de si; quanto mais pobre ele e seu mundo interior ficam, tanto menos ele possui de si mesmo. A mesma coisa ocorre na religião. Quanto mais o homem coloca em Deus, tanto menos ele guarda em si mesmo. O trabalhador coloca a sua vida no objeto; mas ela então não lhe pertence mais, e sim ao objeto. Logo, quanto maior é essa atividade, tanto mais o trabalhador fica sem objeto. Ele não é o que é o produto de seu trabalho. Portanto, quanto maior é esse produto, tanto menor é ele próprio. A *exteriorização* do trabalhador em seu produto não significa apenas que seu trabalho torna-se um objeto, adquire uma existência *externa*, mas que ele também existe *fora dele*, independente, exterior a ele, e torna-se um poder autônomo frente a ele; que a vida que ele conferiu ao objeto se lhe opõe como estranha e inimiga.

[XXIII] Consideremos então mais detidamente a *objetivação*, a produção do trabalhador e, nela, a *alienação*, a *perda* do objeto, do seu produto.

O trabalhador nada pode criar sem a *natureza*, sem o *mundo exterior sensível*. Ela é a matéria na qual o seu trabalho se realiza, na qual ele está ativo, da qual e por meio da qual ele produz.

Mas como a natureza oferece o *meio de vida* do trabalho, no sentido de que o trabalho não pode *viver* sem objetos nos quais ele seja exercitado, por outro lado, ela oferece também o *meio de vida* em sentido estrito, ou seja, o meio de subsistência física do próprio *trabalhador*.

Quanto mais o trabalhador, por meio de seu trabalho, *apropria-se* do mundo exterior, da natureza sensível, tanto mais ele priva-se de *meios de vida* em um duplo sentido: primeiro, cada vez mais o mundo exterior sensível deixa de ser um objeto pertencente ao seu trabalho, *meio de vida* de seu trabalho; segundo, cada vez mais ele deixa de ser *meio de vida* em sentido imediato, meio para a subsistência física do trabalhador.

Sob esse duplo aspecto, o trabalhador converte-se, então, em servo de seu objeto: primeiro, por receber um *objeto de trabalho*, ou seja, por receber *trabalho*; segundo, por receber *meios de subsistência*. Logo, primeiro, para poder existir como *trabalhador* e, segundo, para poder existir como *sujeito físico*. O ápice dessa servidão é que ele [pode] manter-se como *trabalhador* apenas como *sujeito físico*, e apenas como *sujeito físico* é trabalhador.

(Segundo as leis da economia nacional, a alienação do trabalhador em seu objeto manifesta-se assim: quanto mais o trabalhador produz, tanto menos ele tem para consumir; quanto mais valor ele cria, tanto mais ele se torna sem valor e indigno; quanto mais seu produto é elaborado, tanto mais ele deforma-se; quanto mais seu produto é civilizado, tanto mais bárbaro torna-se o trabalhador; quanto mais poderoso o trabalho, tanto menos poder tem o trabalhador; quanto mais engenhoso o trabalho, mais pobre de espírito e servo da natureza torna-se o trabalhador.)

*A economia nacional oculta a alienação que está na essência do trabalho ao não considerar a relação* imediata *entre o* trabalhador, (o trabalho) *e a produção*. Realmente, o trabalho produz obras maravilhosas para os ricos, mas produz privação para o trabalhador. Ele produz palácios, mas cavernas para o trabalhador. Ele produz beleza, mas mutilação para o trabalhador. Ele substitui o trabalho por máquinas, mas lança uma parte dos trabalhadores em um trabalho bárbaro e transforma a outra parte em máquina. Ele produz espiritualidade, mas para o trabalhador produz idiotice, cretinismo.

*A relação imediata do trabalho com seu produto é a relação do trabalhador com os objetos de sua produção.* A relação do rico com os objetos da produção e com ela mesma é apenas uma consequência dessa primeira relação. E a confirma. Nós consideraremos esse outro lado mais tarde. Então, ao perguntarmos "qual é a relação essencial do trabalho?", nós perguntamos sobre a relação do *trabalhador* com a produção.

Até agora, nós consideramos a alienação, a despossessão do trabalhador, apenas sob um aspecto; ou seja, o de sua *relação com os produtos de seu trabalho*. Porém, a alienação não se mostra apenas no resultado, mas também no *ato da produção,* no próprio interior da *atividade produtiva.* Como poderia o trabalhador confrontar-se com o produto de sua atividade como algo estranho, se ele mesmo não alienasse a si próprio no ato da produção? O produto é apenas o resumo da atividade, da produção. Logo, se o produto do trabalho é a despossessão, então a própria produção deve ser a despossessão ativa, a despossessão da atividade, a atividade de despossessão. A alienação do objeto do trabalho não é senão a alienação, a despossessão da própria atividade do trabalho.

No que consiste então a despossessão do trabalho?

Primeiro, em que o trabalho é *exterior* ao trabalhador, isto é, ele não pertence à sua essência; que, por isso, ele não se afirma em seu trabalho, mas nega-se nele; nele não se sente bem, mas infeliz; não desenvolve nenhuma energia física e mental livre, mas mortifica seu físico (*Physis*) e arruína o seu espírito. Por isso, o trabalhador sente-se em si apenas fora do trabalho, e no trabalho sente-se fora de si mesmo. Ele sente-se em casa apenas quando não trabalha e, quando trabalha, ele não se sente em casa. É por isso que o seu trabalho não é voluntário, mas forçado, *trabalho forçado.* Por isso, ele não é a satisfação de uma necessidade, mas sim apenas um *meio* para satisfazer necessidades externas a ele. Sua estranheza aparece de forma pura no fato de que, tão logo não exista mais nenhuma coerção física, ou outra qualquer, o trabalho é evitado como se fosse uma peste. O trabalho externo, o trabalho no qual o homem se exterioriza, é um trabalho de autoimolação, de mortificação. Finalmente, a exterioridade do trabalho aparece para o trabalhador nisto: ele não é seu, mas de um outro; ele não lhe pertence, não pertence a si mesmo, mas pertence a um outro. Tal como na religião, a autoatividade da fantasia humana, do cérebro humano e do coração humano, opera independentemente do indivíduo, ou seja, como uma atividade estranha, divina ou diabólica, assim, a atividade do trabalhador não é sua autoatividade. Ela pertence a um outro, ela é a sua própria perda.

O resultado disso é que o homem (o trabalhador) somente sente-se livre em suas funções animais, comer, beber e procriar, no máximo com a habitação, enfeites, etc., e em suas funções humanas sente-se apenas como animal. O animal torna-se humano e o humano torna-se animal.

Comer, beber e procriar etc. também são, de fato, funções autenticamente humanas. Mas, na abstração que as separam das demais atividades humanas e faz delas fins últimos e exclusivos, elas são animais.

Até aqui, nós consideramos o ato da alienação da atividade prática humana, do trabalho, sob dois aspectos. 1) A relação do trabalhador com o *produto do trabalho* como objeto estranho e dotado de poder sobre ele. Essa relação é ao mesmo tempo a relação com o mundo exterior sensível, com os objetos da natureza como diante de um mundo que lhe é estranho, hostil. 2) A relação do trabalho no *ato da produção,* no interior do *trabalho.* Essa relação é a relação do trabalhador com sua própria atividade como uma atividade estranha, que não lhe pertence, a atividade que é passividade, a força que é impotência, a procriação que é castração. A *própria* energia física e espiritual do trabalhador, sua vida pessoal — pois o que é a vida senão atividade — como uma atividade voltada contra si, independente dele, não pertencente a ele.

[XXIV] Nós temos ainda de extrair uma terceira determinação do *trabalho alienado* a partir das duas precedentes.

O homem é um ser genérico não apenas na medida em que ele, prática e teoricamente, torna o gênero seu objeto, tanto o seu próprio como o das demais coisas, mas também — e isto é apenas uma outra maneira de expressar a mesma questão — na medida em que ele se comporta consigo mesmo como gênero presente, vivo; na medida em que ele se comporta consigo mesmo como um ser *universal* e portanto livre.

A vida genérica, tanto do homem como do animal, consiste, sob o aspecto físico, primeiro, em que o homem (como o animal) vive da natureza inorgânica, e, quanto mais universal é o homem em relação ao animal, tanto mais universal é a esfera da natureza inorgânica da qual ele vive. Como plantas, animais, pedras, ar, luz, etc., teoricamente, constituem elementos da consciência humana, em parte como objetos das ciências naturais, em parte como objetos de arte — sua natureza espiritual inorgânica, alimento espiritual que ele deve preparar para deleite e desfrute —, logo, eles são também, na prática, uma parte da vida e da atividade humanas. O homem fisicamente vive apenas desses produtos naturais, apareçam eles sob a forma de alimento, aquecimento, roupa ou moradia, etc. A universalidade do homem aparece na prática precisamente na universalidade que faz de toda a natureza o seu corpo *inorgânico*, 1) como em que medida ela é um alimento imediato; 2) como em que medida ela é o objeto/matéria e o instrumento de sua atividade humana. A natureza é a *vida inorgânica* do homem, ou seja, a natureza enquanto não seja ela mesma corpo humano. O homem *vive* da natureza, isto é: a natureza é seu *corpo*, com o qual ele deve estar em contato permanente para não morrer. Que a vida física e espiritual do homem esteja ligada com a natureza, não tem outro sentido senão que a natureza está ligada a si mesma, pois o homem é parte da natureza.

Na medida em que o trabalho alienado 1) aliena a natureza do homem; 2) aliena a si mesmo, a sua própria função ativa, a sua atividade vital; logo, ele aliena do homem o *gênero*; lhe faz da *vida genérica* um meio da vida individual. Primeiro, ele aliena a vida genérica e a vida individual, segundo, ele faz da última, em sua abstração, um objetivo da primeira, igualmente em sua forma abstrata e alienada.

Pois, primeiro, o trabalho, a *atividade vital*, a própria *vida produtiva* aparece ao homem apenas como um *meio* para a satisfação de uma necessidade, da necessidade de conservar a existência física. Mas a vida produtiva é a vida genérica. Ela é a vida gerando vida. No modo de atividade vital encontra-se todo o caráter de uma *species*,⁵⁰ seu caráter genérico, e a atividade livre consciente é o caráter genérico do homem. A vida mesma aparece unicamente como *sustento*.

O animal forma uma unidade direta com a sua atividade vital. Ele não se diferencia dela. Ele é *ela*. O homem faz de sua própria atividade vital objeto de sua vontade e de sua consciência. Ele tem atividade vital consciente. E ela não é uma determinação com a qual ele confunde-se diretamente. A atividade vital consciente diferencia diretamente o homem da atividade vital animal. Somente assim ele é um ser genérico. Ou ele é apenas um ser genérico, isto é, sua própria vida é objeto para ele, exatamente porque ele é um ser genérico. Somente por isso a sua atividade é atividade livre. O trabalho alienado inverte a relação ao fazer com que o homem, precisamente como um ser consciente, transforme sua atividade vital, sua *essência*, em simples meio de sua *existência*.

A geração prática de um *mundo objetivo*, a *elaboração* da natureza inorgânica, é a comprovação do homem como um ser genérico consciente, ou seja, de um ser que se relaciona com o gênero como com a sua própria essência, ou para consigo como ser genérico. É fato que também o animal produz. Ele constrói um ninho, abrigo, como a abelha, o castor, a formiga, etc. Porém, ele produz apenas o que necessita diretamente para si ou para sua cria; ele

---

⁵⁰ Em latim no original: "espécie". (N.T.)

produz unilateralmente, enquanto o homem produz universalmente; ele produz apenas sob o domínio das necessidades físicas imediatas, enquanto o homem produz mesmo livre das necessidades físicas, e só produz de verdade quando produz livre delas; o animal produz unicamente a si mesmo, já o homem reproduz toda a natureza; o seu produto pertence imediatamente ao seu corpo físico, já o homem defronta-se livre com seu produto. O animal forma-se segundo a medida e a necessidade da *species* a qual ele pertence, já o homem sabe produzir segundo a medida de cada espécie e sabe conferir em toda parte a medida inerente ao objeto; por isso, o homem dá forma também segundo as leis do que é belo.

Portanto, exatamente na formação do mundo objetivo é que o homem revela-se realmente como *ser genérico*. Essa produção é sua vida genérica ativa. Por meio dela, a natureza aparece como *sua* obra e sua realização. O objeto do trabalho é *a objetivação da vida genérica do homem*; já que ele realmente duplica-se não apenas na consciência, intelectualmente, como também ativamente, e por isso se vê em um mundo criado por ele. Mas, na medida em que o trabalho alienado arrebata do homem o objeto de seu trabalho, ele arrebata-lhe sua *vida genérica*, sua verdadeira objetividade genérica e transforma sua vantagem perante o animal em desvantagem, pois lhe é retirado o seu corpo inorgânico, a natureza.

Igualmente quando o trabalho alienado rebaixa a autoatividade, a atividade livre, a um meio, ele faz da vida genérica do homem um meio de sua existência física.

Portanto, a consciência que o homem tem de sua espécie transforma-se pela alienação, fazendo com que a vida genérica torne-se um meio para ele.

Então, o trabalho alienado:

3) transforma o *ser genérico do homem* — tanto a natureza quanto sua capacidade espiritual genérica — em um ser *alheio* a ele, em um *meio* de sua *existência individual*. Ele aliena do homem o seu próprio corpo, como a natureza externa a ele, como a sua essência espiritual, a sua essência *humana*.

4) Uma consequência imediata disso, do homem alienado do produto de seu trabalho, de sua atividade vital, de seu ser genérico, é a *alienação do homem pelo homem*. Quando o homem defronta-se consigo mesmo, ele defronta-se com *outro* homem. O que ocorre na relação do homem com o seu trabalho, com o produto de seu trabalho e consigo mesmo, vale para a relação do homem com o outro homem, e para o trabalho e o objeto do trabalho do outro homem.

Em geral, a ideia de que o homem está alienado de seu ser genérico quer dizer que um homem é alienado do outro, bem como cada um deles é alienado da essência humana.

A alienação do homem, em geral toda relação que o homem tem consigo mesmo, só se realiza, só se manifesta na relação do homem com o outro homem.

Consequentemente, na relação do trabalho alienado, cada homem considera o outro segundo a medida e a relação na qual ele mesmo se encontra enquanto trabalhador.

[XXV] Nós partimos de um *factum* econômico, da alienação do trabalhador e de sua produção. Nós expressamos o conceito desse fato, o trabalho *alienado, estranhado*. Nós analisamos esse conceito, logo analisamos um mero *factum* econômico.

Vejamos agora então como o conceito do trabalho alienado, estranhado, manifesta-se na realidade e como ele deve ser exposto.

Se o produto do trabalho me é alheio, se ele se apresenta diante de mim como um poder estranho, então a quem ele pertence?

Se minha própria atividade não me pertence, se é uma atividade estranha, uma atividade imposta, então a quem ela pertence?

A um *outro* ser que não sou eu.

Quem é esse ser?

Os *deuses*? De fato, em épocas antigas, a produção principal, como a construção de templos, etc., no Egito, na Índia, no México, parece tanto estar a serviço dos deuses quanto o produto pertence a eles. Porém, apenas os deuses nunca foram os senhores do trabalho. Tampouco a *natureza*. E que contradição haveria se, quanto mais o homem subordinasse a natureza por meio de seu trabalho, tanto mais as maravilhas dos deuses se tornassem superficiais pelas maravilhas da indústria, o homem por amor a essas potências tivesse de renunciar ao prazer na produção e ao desfrute do produto.

O ser *alheio*, a quem pertence o trabalho e o produto do trabalho, a serviço de quem está o trabalho, e o desfrute do produto do trabalho, só pode ser o próprio *homem*.

Se o produto do trabalho não pertence mais ao trabalhador, se há um poder diante dele, logo, isto só é possível na medida em que pertence a um *outro ser que não o trabalhador*. Se sua atividade lhe é um tormento, logo ela deve ser para um outro *prazer* e alegria na vida. Não os deuses, não a natureza, apenas o próprio homem pode ser esse poder alheio sobre o homem.

Convém refletir ainda sobre a ideia antes apresentada de que a relação do homem consigo mesmo só pode *objetivar-se, realizar-se*, por meio de sua relação com o outro homem. Caso ele se relacione com o produto de seu trabalho, com o seu trabalho objetivado, como com um objeto *estranho, hostil*, poderoso, independente dele, isso ocorre porque um outro homem, estranho, hostil a ele, independente dele, é o senhor desse objeto. Se ele se relaciona com sua própria atividade como uma atividade não livre, então ele se relaciona com ela como atividade a serviço, sob o domínio, a coação, o jugo de um outro homem.

Toda autoalienação do homem de si e da natureza aparece na relação que se dá entre ele e a natureza para com os outros homens diferentes dele. Daí surge necessariamente a autoalienação religiosa na relação do leigo com o padre, ou também, como aqui se trata do mundo intelectual, com um mediador, etc. No mundo real prático, a autoalienação apenas pode aparecer por meio da relação real prática com um outro homem. O meio do qual a alienação se origina é ele mesmo *prático*. Com o trabalho alienado, o homem engendra então não apenas a sua relação com o objeto e com o ato da produção como diante de homens que lhes são estranhos e hostis, como ele engendra também a relação que os outros homens têm com a sua produção e o seu produto, e a relação que ele tem com esses outros homens. Assim como sua própria produção gera sua desrealização, sua penalização, assim como seu próprio produto torna-se sua perda, torna-se um produto que não lhe pertence, ele gera também o domínio de quem não produz sobre a produção e sobre o produto. Assim como ele se aliena de sua própria atividade, ele atribui ao estranho a atividade que não lhe é própria.

Até agora, nós consideramos a relação apenas pelo lado do trabalhador, mais tarde nós a consideraremos também pelo lado do não trabalhador.

Portanto, por meio do *trabalho alienado, estranhado*, o trabalhador produz a relação de um homem que se encontra alheio e fora desse trabalho. A relação do trabalhador com o trabalho produz a relação do capitalista para com o trabalho, ou como quer que se chame o patrão.

Assim, a *propriedade privada* é o produto, o resultado, a consequência necessária do *trabalho estranhado*, da relação extrínseca do trabalhador com a natureza e consigo mesmo.

A *propriedade privada* resulta então da análise do conceito de *trabalho estranhado*, ou seja, do *homem estranhado*, do trabalho alienado, da vida alienada, do homem *alienado*.

É certo que nós obtivemos o conceito de *trabalho estranhado* (da *vida estranhada*) da economia nacional como resultado do *movimento da propriedade privada*. Mas na análise desse conceito revela-se que, se a propriedade privada aparece como fundamento, como causa do trabalho estranhado, ela é bem mais a sua consequência, tal como os deuses *originariamente* não são a causa, mas o efeito da desorientação humana. Depois essa relação transforma-se em ação recíproca.

Somente no ponto culminante do desenvolvimento da propriedade privada é que se manifesta novamente seu segredo, ou seja: por um lado, ela é o *produto* do trabalho estranhado e, por outro, ela é o *meio* pelo qual o trabalho exterioriza-se, a *realização dessa exteriorização*.

Esse desenvolvimento esclarece então diferentes conflitos até agora não resolvidos.

1) A economia nacional parte do trabalho como a verdadeira alma da produção e, no entanto, nada confere ao trabalho e tudo à propriedade privada. A partir dessa contradição, Proudhon concluiu em favor do trabalho contra a propriedade privada. Mas nós compreendemos que essa aparente contradição é a contradição do *trabalho alienado* consigo mesmo, e que a economia nacional apenas anunciou as leis do trabalho alienado.

Por isso, nós compreendemos que *salário* e *propriedade privada* são idênticos: pois o salário — em que o produto, o objeto do trabalho, paga o próprio trabalho — é apenas a consequência necessária da alienação do trabalho; bem como o trabalho não aparece no salário como um fim em si, mas como um meio a serviço do salário. Nós vamos desenvolver isso mais tarde, agora nos limitamos a extrair algumas |XX[VI]| consequências.

Um *aumento* violento *do salário* (deixando de lado outras dificuldades, como o fato de que ele só poderia manter-se como uma anomalia pela força) seria então nada mais do que um melhor *assalariamento do escravo*, e não seria nem para o trabalhador, nem para o trabalho a conquista de sua vocação e dignidade humanas.

Mesmo a *igualdade salarial,* como Proudhon exige, apenas transforma a relação do trabalhador atual com seu trabalho na relação de todos os homens com o trabalho. A sociedade passa a ser compreendida assim como sendo um capitalista abstrato.

Salário é uma consequência direta do trabalho alienado e o trabalho alienado é a causa imediata da propriedade privada. Com a queda de um dos lados deve, pois, cair também o outro.

2) Da relação do trabalho alienado com a propriedade privada, decorre ainda que a emancipação da sociedade da propriedade privada, etc., da servidão, manifesta-se na forma *política* da *emancipação do trabalhador*, não apenas como se fosse somente a sua

emancipação, mas porque a sua emancipação porta a emancipação humana universal; porém, esta encontra-se ali contida porque toda a servidão humana está envolvida na relação do trabalhador com a produção, e todas as relações servis são apenas modificações e consequências dessa relação.

Tal como pela *análise* do conceito de *trabalho alienado, estranhado,* nós encontramos o conceito de propriedade privada, assim, com a ajuda desses dois fatores nós podemos desenvolver todas as *categorias* da economia nacional, e nós reencontraremos em cada categoria, como, por exemplo, a negociata, a concorrência, o capital, o dinheiro, apenas uma *expressão determinada* e *desenvolvida* desses princípios básicos.

Antes porém de considerar essa configuração, procuremos resolver dois problemas:

1) Determinar a *essência* universal da *propriedade privada*, tal como se formou enquanto resultado do trabalho alienado em sua relação com a *verdadeira propriedade humana e social*.

2) Nós aceitamos a *alienação do trabalho,* seu *estranhamento* como um *factum* e o analisamos. Agora, nós perguntamos como o *homem* chega a *estranhar*, a alienar tanto seu trabalho? Como se fundamenta essa alienação na essência do desenvolvimento humano? Nós já avançamos bastante na solução do problema ao *mudar* a pergunta sobre a *origem* da *propriedade privada* pela pergunta sobre a relação entre o *trabalho alienado* e o curso do desenvolvimento da humanidade. Pois, quando se fala de *propriedade privada*, acredita-se

que ela tem a ver com uma coisa fora do homem. Quando se fala de trabalho, então trata-se diretamente do próprio homem. Esta nova formulação da pergunta já é inclusive a sua solução.

*ad.1. Essência universal da propriedade privada e sua relação com a verdadeira propriedade humana.*

O trabalho alienado resolveu-se para nós em duas partes que se condicionam reciprocamente, ou que apenas são expressões diferentes de uma mesma relação, a *apropriação* aparece como *alienação*, como *estranhamento* e a *alienação como apropriação*, a *alienação* como a verdadeira *naturalização*.

Nós já examinamos um aspecto, o *trabalho alienado* em relação ao próprio *trabalhador*, ou seja, a *relação do trabalho alienado consigo mesmo*. Como produto, como resultado necessário dessa relação, nós encontramos a *relação de propriedade do não trabalhador com o trabalhador e o trabalho*. A *propriedade privada*, como expressão material, resumida, do trabalho alienado compreende ambas as relações, a *relação do trabalhador com o trabalho e o produto de seu trabalho e com o não trabalhador*, e a relação do *não trabalhador com o trabalhador e o produto de seu trabalho*.

Se, com relação ao trabalhador, nós vimos que ele *apropria-se* da natureza pelo trabalho, a apropriação aparece como alienação, a autoatividade aparece como atividade para um outro e como atividade de um outro, a vitalidade aparece como sacrifício da vida, a produção do objeto como perda do objeto para um poder alheio, para um homem *alheio*; sendo assim, analisemos agora a relação desse homem *alheio* ao trabalho e ao trabalhador para com ele, o seu trabalho e o seu objeto.

Primeiro, é preciso notar que tudo o que aparece para o trabalhador como *atividade de estranhamento, de alienação*, aparece para o não trabalhador como *estado de estranhamento, de alienação*.

Segundo, que o *comportamento real*, prático, do trabalhador na produção e para com o produto (como estado de espírito), para o não trabalhador que está diante dele aparece como *comportamento teórico*.

[XXVII] *Terceiro*, o não trabalhador faz contra o trabalhador tudo o que o trabalhador faz contra si mesmo, mas ele não faz contra si mesmo o que faz contra o trabalhador.

Analisemos essas três relações mais detalhadamente.

## [Caderno II (Parte conservada)]

### [A relação da propriedade privada]

[...] [XL] forma juros de seu capital. Então, no trabalhador, subjetivamente, o capital é o homem inteiramente perdido de si, bem como no capital, objetivamente, o trabalho é o homem inteiramente perdido de si. Mas o *trabalhador* tem o azar de ser um capital *vivo* e, portanto, que *tem necessidades*, que a cada instante em que não trabalha perde os seus juros e com isso a sua existência. Como capital, *o valor* do trabalhador sobe conforme a oferta e a procura; e também *fisicamente* sua *existência*, sua *vida*, torna-se e é conhecida como uma oferta de *mercadoria*, tal como qualquer outra mercadoria. O trabalhador produz o capital, o capital produz o trabalhador, portanto, ele produz a si mesmo, e o homem como *trabalhador*, como *mercadoria*, é o produto do conjunto do movimento. Para o homem que nada mais é do que *trabalhador*, como trabalhador, as suas qualidades humanas existem apenas na medida em que existirem para o capital que lhe é *alheio*. Mas, porque ambos são alheios, e, por isso, encontram-se em uma relação indiferente, externa e casual, essa estranheza deve aparecer também como *real*. Assim, tão logo o capital — necessária ou arbitrariamente — deixe de existir para o trabalhador, ele próprio deixa de existir para si, ele *não* tem trabalho, portanto *não* tem salário; e, como ele não existe *enquanto homem*, e sim *como trabalhador*, ele deixa-se assim enterrar, morrer de fome, etc. O trabalhador apenas existe como trabalhador tão logo exista *para si* como capital, e ele apenas existe como capital tão logo exista *um capital para ele*. A existência do capital é a *sua* existência, sua *vida*, tal como determina o conteúdo de sua vida de modo indiferente a ele. Por isso, a economia nacional desconhece o trabalhador desocupado, o homem do trabalho na medida em que ele se encontra fora dessa relação de trabalho. O safado, o malandro, o trabalhador sem ocupação, faminto, miserável e criminoso, são *figuras* que não existem *para ela*, mas sim para outros olhos: os do médico, do juiz, do coveiro, do vigia de mendigos, etc., são fantasmas fora de seu domínio. É por isso que para ela as necessidades do trabalhador são apenas a *necessidade* de mantê-lo *durante o trabalho*, a fim de impedir a *extinção* da *raça trabalhadora*. Desse modo, o salário tem inteiramente o mesmo sentido que a *manutenção*, a *conservação* de qualquer outro instrumento de produção; como *consumo do capital* em geral que é necessário para a reprodução de juros; como o óleo que se coloca nas rodas para mantê-las em movimento. O salário pertence assim aos *custos* necessários do capital e do capitalista e não pode exceder a necessidade dessa exigência. Por isso, foi algo inteiramente consequente, quando os donos de fábrica ingleses, antes da *Amendment bill*[51] de 1834, deduziram do salário do trabalhador as esmolas públicas da taxa dos pobres, considerando-as parte integrante dele.

A produção produz o homem não somente como uma *mercadoria*, a *mercadoria humana*, o homem na determinação de *mercadoria*, ela o produz, correspondendo a essa determinação, como um ser *desumanizado* tanto *mental* como fisicamente — imoralidade, deformação, estupidez de trabalhadores e de capitalistas. O seu produto é a *mercadoria autoconsciente e automática*, ... a mercadoria *homem*... Grande avanço de Ricardo, Mill, etc., contra Smith e Say, ao explicarem a *existência* do homem — a maior ou menor produtividade humana da mercadoria como *indiferente* e mesmo *danosa*. O verdadeiro objetivo da produção seria não quantos trabalhadores um capital sustenta, mas quanto ele rende de juros; a soma das *poupanças* anuais seria o verdadeiro objetivo da produção. Também foi um avanço grande, além de consequente, da mais nova [XLI] economia nacional

---

[51] Em inglês no original: "proposta de emenda". Referência ao *Act for the Amendment and better Administration of the Laws relating to the Poor in England and Wales*, que proibiu qualquer ajuda em dinheiro e alimentos aos desocupados e suas famílias e determinou o seu encaminhamento para casas de trabalho (*work houses*), onde eram obrigados a trabalhar e a viver em condições desumanas. (N.E.)

inglesa — que elevou o *trabalho* como seu princípio único — ter tratado ao mesmo tempo, com inteira clareza, a relação *inversa* entre o salário e os juros do capital e ter considerado que, em geral, o capitalista *apenas* possa ganhar com a redução do salário, e vice--versa. A relação *normal* seria não a vantagem ilícita dos consumidores, mas a vantagem ilícita mútua de capitalista e trabalhador.

A relação da propriedade privada contém em si, latente, a relação da propriedade privada como *trabalho*, bem como a relação dela como *capital* e a *relação* de ambas as manifestações entre si. A produção da atividade humana como *trabalho*, ou seja, como uma atividade totalmente alheia a si mesma, alheia ao homem e à natureza, e por isso também à consciência e à manifestação de vida; a existência abstrata do homem como um mero *homem de trabalho*, que, portanto, pode precipitar diariamente de seu pleno nada no nada absoluto, na sua inexistência social e, assim, na sua inexistência real — bem como, por outro lado, a produção do objeto da atividade humana como *capital*, no qual *desapareceu* toda determinação natural e social do objeto; a propriedade privada perdeu sua qualidade natural e social (isto é, perdeu todas as ilusões políticas e sociais e não se misturou com nenhuma relação humana *aparente*) —; na qual também o *mesmo* capital na mais diversificada existência natural e social permanece o *mesmo*, inteiramente indiferente ao seu conteúdo *verdadeiro*. Essa oposição levada ao extremo é necessariamente o auge, o ápice e a queda de toda a relação. Por isso, novamente, é um grande feito da mais recente economia nacional inglesa ter indicado a renda fundiária como a diferença entre os juros da pior terra de cultivo e os juros da melhor terra de cultivo; ter mostrado as ilusões românticas do proprietário de terra — a sua pretensa importância social e a identidade de seu interesse com o interesse da sociedade, que *Adam Smith* ainda afirmava depois dos fisiocratas —; ter antecipado e preparado o movimento real que transforma o proprietário da terra em um capitalista inteiramente comum, prosaico, o que simplifica e intensifica a oposição, acelerando assim a sua resolução. Com isso, a *terra* enquanto *terra* e a *renda fundiária* enquanto *renda fundiária* perderam sua *diferença de estamento* e tornaram-se *capital* e *juro* que nada dizem, ou melhor, que apenas sugam dinheiro.

A *diferença* entre capital e terra, entre ganho e renda fundiária, e entre ambos e o salário, entre a *indústria* e a *agricultura*, entre a propriedade *imobiliária* e a *mobiliária* ainda é uma diferença *histórica*, não fundada na essência da coisa, um momento *fixo* de formação e de surgimento da oposição entre capital e trabalho. Na indústria, etc., em oposição à propriedade imobiliária, expressa-se apenas o modo de surgimento e a oposição em que ela se formou em relação à agricultura. Como espécie *particular* de trabalho, como uma diferença *essencial, importante, que abrange a vida*, essa diferença subsiste apenas enquanto a indústria (a vida urbana) forma-se *diante* da posse da terra (da vida nobre\da vida feudal), e enquanto ela porta em si mesma o caráter feudal de sua oposição na forma de monopólio, grêmio, guilda, corporação, etc., no interior de cujas determinações o trabalho ainda tem um significado *social aparente*, ainda tem o significado de comunidade *verdadeira*, ainda não avançou até a *indiferença* diante de seu conteúdo e até o completo ser para si mesmo, ou seja, até a abstração de qualquer outro ser, e por isso ainda não é capital *liberto*. [XLII] Mas o necessário *desenvolvimento* do trabalho é a *indústria* liberta constituída enquanto tal para si e o *capital liberto*. O poder da indústria sobre a sua oposição mostra-se imediatamente no surgimento da *agricultura* como uma verdadeira indústria, enquanto antes ela deixava o trabalho principal para o solo e para o escravo desse solo, por meio do qual ele cultivava a si mesmo. Com a transformação do escravo em um trabalhador *livre*, isto é, em um *mercenário*, o senhor da terra em si transformou-se em um senhor da indústria, em um capitalista; uma transformação que primeiro ocorreu com a mediação do *arrendatário*. Mas o *arrendatário* é o representante, o *segredo* revelado do proprietário da terra; somente com ele ocorre a *sua* existência *nacional-econômica*, a sua existência como proprietário privado — pois a renda fundiária de sua terra existe apenas por meio da concorrência do arrendatário —, assim, o senhor da terra já *se tornou*, enquanto *arrendatário*, essencialmente um capitalista *comum*. E isso deve ocorrer também na realidade: o capitalista que impulsiona a agricultura — o arrendatário — deve tornar-se senhor da terra ou o contrário.

A *negociata industrial* do arrendatário é a do *proprietário de terra*, pois a existência do primeiro assenta a existência do segundo.

Ao recordarem-se de seu surgimento oposto, de sua origem, o proprietário de terra sabe que o capitalista é seu escravo petulante, liberto e enriquecido de ontem, e vê a si mesmo como *capitalista* ameaçado por ele; o capitalista sabe que o proprietário de terra é o senhor ocioso e cruel\egoísta de ontem, sabe que ele o prejudica como capitalista, ainda que deva à indústria todo o seu significado social atual, sua fortuna e seu deleite; vê nele uma oposição à indústria *livre* e ao capital *livre* de qualquer determinação da natureza — essa oposição é tremendamente amarga e revela reciprocamente a verdade. Basta ler os ataques da propriedade imobiliária à propriedade mobiliária, e o contrário, para se ter uma expressiva visão de sua falta de dignidade mútua. O proprietário da terra faz valer a aristocracia hereditária de sua propriedade, os *souvenirs*[52] feudais, as reminiscências, a poesia da lembrança, sua essência romântica, sua importância política, etc., e, quando fala em termos da economia nacional, afirma que *apenas* a agricultura seria produtiva. Ao mesmo tempo, ele desenha o seu opositor como um astuto, mercenário, resmungão, trapaceiro, avarento, venal, escandaloso, sem coração e sem espírito, alheio à comunidade e disposto a negociá-la, usurário, alcoviteiro, escravo,

---

[52] Em francês no original: "recordações". (N.T.)

adulador, insinuante, enganador, espoliador, que cria, alimenta e afaga a concorrência e, com isso, o pauperismo e o crime, a dissolução de todos os laços sociais — *agiota* sem honra, sem princípios, sem poesia, sem substância, sem nada. (Vide, entre outros, o fisiocrata *Bergasse*, que já Camille Desmoulins fustigou em seu jornal: *Révolutions de France et de Brabant*;[53] vide von Vincke, Lancizolle, Haller, Leo, Kosegarten,[54] o vaidoso teólogo, velho hegeliano *Funke*,[55] que, com lágrimas nos olhos, segundo o senhor Leo, conta como um escravo, com o fim da servidão, recusou-se a deixar de ser *propriedade aristocrática*. Vide ainda as *fantasias patrióticas* de *Justus Möser*, que se destacam por não abandonar em momento algum o horizonte probo, pequeno-burguês, "caseiro", *vulgar*, tacanho do filisteu e, por isso, são fantasmagorias *puras*. Assim essa contradição tornou-se tão agradável para o espírito alemão. E vide *Sismondi*.)

Por seu lado, a propriedade mobiliária mostra o milagre da indústria e do movimento, é a cria da era

---

[53] Referência às edições de número 13, 16, 23 e 26 do jornal editado em 1790. (N.E.)

[54] Kosegarten, Wilhelm. *Betrachtungen über die Veräusserlichkeit und Theilbarkeit des Landsbesitzes mit besonderen Rücksicht auf einige Provinzen der Preusischen Monarchie*, Bonn, 1842. (N.E.)

[55] Funke, Georg Ludwig Wilhelm. *Die aus der unbeschränkten Theilbarkeit des Grundeigenthums hervorgehenden Nachteile*, 1839, p. 56. Funke faz referência a Heinrich Leo, *Studien und Skizzen zu einer Naturlehre des Staates*, 1833. Mas o referido episódio é narrado por Justus Möser em *Patriotische Phantasien*, Berlin, 1820, p. 266. (N.E.)

moderna e seu legítimo filho por direito próprio; ela lamenta o seu adversário como um idiota *não esclarecido* sobre sua essência (e isso é inteiramente correto) que quer pôr a força bruta imoral e a servidão no lugar do capital moral e do trabalho livre. Ela retrata-o como um Dom Quixote que sob a aparência da *retidão,* da *honradez,* do *interesse geral,* da *estabilidade,* esconde a incapacidade de movimento, a avidez, a sede de prazer, o egoísmo, o interesse particular, a má intenção; ela o declara como um *monopolista* astuto; atenua suas reminiscências, sua poesia, seu romantismo com uma enumeração histórica e sarcástica da baixeza, crueldade, desonra, prostituição, infâmia, anarquia, revolta, cujas oficinas foram os castelos românticos. [XLIII] Ela teria oferecido ao mundo a liberdade política, desatado os grilhões da sociedade burguesa, unido os mundos entre si, criado o comércio filantrópico, a moral pura, a cultura bondosa; teria dado ao povo necessidades civilizadas no lugar de suas necessidades rudes e os meios para a sua satisfação, enquanto o proprietário fundiário — este ocioso açambarcador de cereais que só atormenta — encareceria os meios de vida imediatos para o povo, forçando assim o capitalista a elevar o salário, sem poder aumentar a força de produção, portanto, impedindo, e ao final suprimindo inteiramente, o rendimento anual da nação, a acumulação de capitais; negando, assim, a possibilidade de garantir trabalho para o povo e riqueza para o país, o que ocasionaria uma ruína geral e se beneficiando de maneira usurária de *todas* as vantagens da moderna civilização, sem fazer nada por ela e sem deixá-la livre de seus preconceitos feudais. Finalmente, ele deveria olhar apenas para o seu *arrendatário* — ele, para quem a agricultura e o próprio solo apenas existiriam enquanto uma fonte de dinheiro presenteada —; e ele deveria dizer, caso não seja um canalha *honrado, fantástico, experto,* que, pelo coração e pela realidade, há tempos já pertenceria à *livre* indústria e ao *querido* comércio, por muito que resista a isso e por mais que fale de lembranças históricas e de objetivos morais ou políticos. Tudo o que ele alegaria em seu favor seria apenas verdadeiro para os *agricultores* (os capitalistas e os servos do trabalho), cujo *inimigo* seria mais o *proprietário da terra*; ele provaria então contra si mesmo. *Sem* capital, a propriedade da terra seria matéria morta, sem valor. Sua vitória civilizada seria precisamente ter descoberto e criado o trabalho humano como fonte da riqueza no lugar da coisa morta. (Vide Paul-Louis Courier, St. Simon, Ganilh, Ricardo, Mill, McCulloch, Destutt de Tracy e Michel Chevalier.)

Do curso *real* do desenvolvimento (a inserir aqui) resulta a necessária vitória do *capitalista*, isto é, da propriedade privada desenvolvida sobre o *proprietário privado* não desenvolvido, semidesenvolvido, como em geral do movimento sobre a imobilidade, a vulgaridade declarada e consciente sobre a vulgaridade oculta e *sem consciência*, a *avareza* sobre a *sede de prazer*, o interesse próprio declarado, inteligente, incansável, hábil do *Iluminismo* sobre o *interesse* próprio local, honesto, lento e fantástico *da superstição*, bem como deve vencer o *dinheiro* sobre a outra forma da propriedade privada.

Os Estados que pressentem algo do perigo da indústria inteiramente livre, da moral inteiramente pura e do comércio inteiramente filantrópico, procuram manter a capitalização da propriedade fundiária — mas completamente em vão.

A *propriedade fundiária*, em sua diferença com o capital, é a propriedade privada ainda afetada pelos preconceitos *locais* e políticos, que ainda não chegou inteiramente a si de seu vínculo com o mundo, o capital ainda *incompleto*. No curso de sua *formação mundial*, ele deve atingir sua expressão abstrata, isto é, *pura*.

A relação da *propriedade privada* é trabalho, capital e a relação entre ambos. O movimento que esses elos devem percorrer são:

*Primeiro*: a *unidade imediata* ou *mediata* de *ambos*.

Capital e trabalho antes ainda unidos; depois, de fato, separados e alienados, mas impulsionando-se e fomentando-se reciprocamente em condições *positivas*.

*Oposição entre ambos*. Excluem-se reciprocamente e o trabalhador sabe que o capitalista é a sua não existência, e vice-versa; cada um procura arrebatar do outro a sua existência.

*Oposição* de cada um *contra* si mesmo. Capital = trabalho acumulado = trabalho. Como tal decompondo-se em *si* e em seus *juros,* assim como, de novo, estes em *juros e ganho*. Sacrifício total do capitalista.

Ele cai na condição da classe trabalhadora, assim como o trabalhador — embora apenas excepcionalmente — torna-se capitalista. Trabalho como momento do capital, seus *custos*. Desse modo, o salário é uma vítima do capital.

Trabalho decompõe-se em *si* e no *salário*. O próprio trabalhador [é] um capital e mercadoria.

*Oposição recíproca inimiga.*

# [CADERNO III]
## [COMPLEMENTO AO CADERNO II, PÁGINA XXXVI]

### [Propriedade privada e trabalho]

[I] *ad. pag. XXXVI*. A *essência subjetiva* da propriedade privada, a *propriedade privada* como atividade para si, como *sujeito*, como *pessoa*, é o *trabalho*. Portanto, compreende-se que só a economia nacional, que reconheceu o *trabalho* como seu princípio — *Adam Smith* —, ou seja, não conhecia mais a propriedade privada apenas como uma *condição* exterior ao homem —; essa economia nacional é para ser considerada tanto um produto da verdadeira *energia* e do *movimento* da propriedade privada (ela é o movimento autônomo da propriedade privada que se tornou para si na consciência, a indústria moderna em si mesma), como um produto da *indústria* moderna que, por outro lado, acelerou, glorificou a energia e o desenvolvimento dessa *indústria*, tornando-os um poder da *consciência*. Por isso, os partidários do sistema monetário e do sistema mercantil aparecem para essa economia nacional iluminada, que descobriu a *essência subjetiva* da riqueza — no interior da propriedade privada —, como *fetichistas*, como *católicos* que conhecem a propriedade privada *apenas* como uma essência *objetiva* para o homem. Sendo assim, *Engels* com razão chamou *Adam Smith* de *Lutero da economia nacional*.[56] Tal como Lutero reconheceu a *fé* como a essência do *mundo* real da *religião* e se opôs, assim, ao paganismo católico, bem como aboliu a religiosidade *externa* ao fazer da religiosidade a essência *interior* do homem; e negou o padre existente fora do leigo, deslocando-o para dentro de seu coração; assim, a riqueza existente fora do homem e independente dele — logo, apenas mantida e afirmada de modo exterior — é abolida, ou seja, essa sua *objetividade exterior impensada* é abolida na medida em que a propriedade privada incorpora-se no homem e reconhece o próprio homem como sua essência — mas, desse modo, o próprio homem é colocado na determinação da propriedade privada, tal como em Lutero na da religião. Sob a aparência de um reconhecimento do homem, a economia nacional, cujo princípio é o trabalho, é, portanto, apenas a realização consequente da renegação do homem, já que ele mesmo não se encontra mais em uma tensão exterior com a essência externa da propriedade privada, mas tornou-se essa

---

[56] Engels, Friedrich. "Umrisse zu einer Kritik der Nationalökonomie", in: *Deutsche-französische Jahrbücher,* Arnold Ruge *und* Karl Marx, Paris, 1844: "Porém, enquanto o *Lutero da economia*, Adam Smith, criticava a economia atual, as coisas haviam se modificado bastante", p. 91. (N.E.)

essência tensa da propriedade privada. O que antes era *ser exterior a si*, real exteriorização do homem, tornou-se apenas ato de exteriorização, de alienação. Logo, se aquela economia nacional começa sob a aparência do reconhecimento do homem, de sua autonomia, de sua autoatividade, etc., e como ela coloca a propriedade privada na própria essência do homem, que não pode mais ser condicionada pelas *determinações das propriedades* locais, nacionais, etc., como uma *essência existente fora dela*, torna-se, então, uma energia *cosmopolita*, universal, que derruba toda barreira, todo vínculo, para se colocar como a única política, universalidade, limite e vínculo — no desenvolvimento seguinte, ela deve rejeitar essa *hipocrisia* e aparecer em seu *completo cinismo*. E ela faz isso na medida em que — despreocupada com todas as contradições aparentes em que essa doutrina se enreda — desenvolve mais *unilateral* e *consequentemente* o *trabalho* como a única *essência da riqueza*, ao provar que as consequências dessa doutrina, em oposição àquela concepção original, são antes *inimigas do homem*, e, por fim, dá o golpe mortal na última existência, *individual, natural,* independente do movimento do trabalho, da propriedade privada e fonte de riqueza — à *renda fundiária,* essa expressão da propriedade feudal já tornada totalmente nacional--econômica e, por isso, incapaz de resistir à economia nacional. (Escola de *Ricardo.*) Não apenas cresce relativamente o *cinismo* da economia nacional de Smith passando por Say até chegar a Ricardo, Mill, etc., na medida em que as consequências da *indústria* saltam à vista nos últimos como mais desenvolvidas e plenas de contradição, como também, positivamente, elas vão sempre e conscientemente mais longe na alienação contra o homem do que seus antecessores, porém *somente* porque sua ciência se desenvolve mais consequente e verdadeiramente. Na medida em que fazem da propriedade privada, em sua forma ativa, sujeito, acabam fazendo, simultaneamente, do homem a essência e, simultaneamente, fazem do homem, enquanto um não ser, um ser; assim, a contradição da realidade corresponde inteiramente à essência plenamente contraditória, que ela reconheceu como princípio. A *realidade* [II] dividida da *indústria*, longe de refutar, confirma seu princípio *dividido em si*. Seu princípio é, sim, o princípio dessa divisão.

A doutrina fisiocrática do *doutor Quesnay* constitui a passagem do sistema mercantilista para Adam Smith. A *fisiocracia* é imediatamente a decomposição *nacional-econômica* da propriedade feudal, mas, por isso mesmo, é imediatamente a *transformação nacional-econômica*, seu restabelecimento, só que a sua linguagem não é mais feudal, mas econômica. Toda riqueza dissolve-se na *terra* e na *agricultura*; (agricultura) a terra ainda não é *capital*, ela ainda é um modo *particular* de existência dele, que deve *querer* valer na sua e pela sua particularidade natural; mas a terra, porém, é um *elemento* natural geral, enquanto o sistema mercantil conhece apenas o *metal nobre* como existência da riqueza. O *objeto* da riqueza, sua matéria, logo conservou então a universalidade suprema no interior das *fronteiras naturais* — na medida em que ele é, ainda enquanto *natureza,* riqueza objetiva direta. E a terra está para o *homem* apenas para o trabalho, a agricultura. Logo, a essência subjetiva da riqueza já é transferida para o trabalho. Mas, simultaneamente, a agricultura é o único trabalho *produtivo.* Então, o trabalho não é concebido em sua generalidade e abstração, ele ainda está ligado a um *elemento natural* particular *enquanto sua matéria,* por isso, ele é também reconhecido somente como um *modo de existência particular determinado pela natureza.* Por isso, ele é primeiro uma exteriorização *determinada, particular* do homem, bem como seu produto é concebido também como um produto determinado — riqueza que pertence mais à natureza que a ele mesmo. A terra é ainda reconhecida aqui como uma existência natural independente do homem, e não como capital, isto é, como um momento do próprio trabalho. O trabalho aparece antes como momento *dela.* Mas enquanto o fetichismo da velha riqueza exterior, existente apenas como objeto, se reduz a um elemento natural muito simples e sua essência já é reconhecida, ainda que apenas em parte e de modo particular, em sua existência subjetiva, o progresso necessário é reconhecer a *essência universal* da riqueza e, por isso, o *trabalho* em seu caráter absoluto, isto é, abstração, elevado a *princípio.* Prova-se à fisiocracia que a *agricultura,* do ponto de vista econômico, portanto o único legítimo, não seria diferente de nenhuma outra indústria;

portanto, a *essência* da riqueza não seria um *determinado* trabalho, ligado a um elemento especial, uma manifestação particular, mas o *trabalho em geral*.

A fisiocracia nega a riqueza *particular* exterior apenas objetiva ao declarar que o trabalho é sua *essência*. Mas, antes de tudo, o trabalho é para ela apenas a *essência subjetiva* da propriedade privada (ela parte do tipo de propriedade que aparece historicamente como a dominante e a reconhecida); ela somente faz com que a propriedade fundiária se torne *homem exteriorizado*. Ela suprime o seu caráter feudal ao declarar a *indústria* (agricultura) como sua *essência*; mas assume uma atitude negativa diante do mundo da indústria, ela reconhece o feudalismo ao declarar que a *agricultura* é a única indústria.

Compreende-se que tão logo a *essência subjetiva* da indústria seja concebida em oposição à propriedade fundiária, ou seja, a indústria se formando como indústria — essa essência encerre em si o contrário que lhe é próprio. Pois tal como a indústria engloba a propriedade fundiária superada, ao mesmo tempo, a sua essência *subjetiva* engloba também a outra.

Assim como a propriedade fundiária é a primeira forma de propriedade privada, assim como a indústria, primeiro historicamente, se confronta com ela simplesmente como uma espécie particular de propriedade — ou melhor, é o escravo liberto da propriedade fundiária —, esse processo repete-se na compreensão científica da essência *subjetiva* da propriedade privada, do *trabalho*, e o trabalho aparece inicialmente apenas como *trabalho agrícola*, mas depois é reconhecido como *trabalho* em geral. [III] Toda riqueza tornou-se riqueza *industrial, riqueza do trabalho*, e a *indústria* é o trabalho acabado, bem como o *sistema fabril* é a essência desenvolvida da *indústria*, isto é, do trabalho, e o *capital industrial* é a forma objetiva completa da propriedade privada.

Só agora nós vemos também como a propriedade privada completou seu domínio sobre o homem e pode tornar-se, em sua forma mais geral, um poder histórico-mundial.

[COMPLEMENTO AO CADERNO II, PÁGINA XXXIX]

[Propriedade privada e comunismo]

*ad. p. XXXIX*. Entretanto, a oposição entre *não propriedade* e *propriedade* é ainda indiferente, não apreendida em sua *relação ativa*, em sua relação *interior*, tampouco como *contradição*, antagonismo, enquanto ela não for concebida como oposição entre o trabalho e o capital. Mesmo sem o movimento progressivo da propriedade privada, na Roma antiga, na Turquia, etc., essa oposição pode exprimir-se sob a *primeira* forma. Mas o trabalho, a essência subjetiva da propriedade privada, como exclusão da propriedade e do capital, o trabalho objetivo como exclusão do trabalho é a *propriedade privada* como sua relação desenvolvida da contradição, por isso, uma relação enérgica que tende à resolução.

*ad ibidem*. A superação da autoalienação percorre o mesmo caminho que a autoalienação. Primeiro, a *propriedade privada* é considerada apenas pelo seu lado objetivo — mas, contudo, o trabalho como sua essência. Por isso, a sua forma de existência é o *capital*, que "como tal" há de ser suprimido (Proudhon). Ou o *modo particular* de trabalho — como trabalho nivelado, parcelado, e por isso não livre —, concebido como sendo a fonte da *nocividade* da propriedade privada e de sua existência alheia ao homem — *Fourier,* que, como os fisiocratas, também concebe o trabalho agrícola pelo menos como *excelente* —; enquanto *Saint-Simon,* ao contrário, declara o *trabalho industrial* como tal e, além disso, deseja o domínio *exclusivo* dos industriais e a melhoria da situação dos trabalhadores. Por fim, o *comunismo* é a expressão positiva da propriedade privada abolida, e em primeiro lugar a propriedade privada *geral*. Na medida em que ele apreende essa relação em sua *generalidade,* ele é

1) em sua primeira forma, apenas uma *generalização* e *completude* dela mesma; enquanto tal, ele mostra-se em duas formas: por um lado, o domínio da propriedade *material* é tão grande frente a ele que quer aniquilar *tudo* o que não pode ser possuído como *propriedade privada* por todos; ele quer fazer abstração do talento de um modo *violento,* etc.; a *posse* imediata, física, lhe vale como único objetivo da vida e da existência; a determinação do *trabalhador* não é superada, mas estendida a todos os homens; a relação da propriedade privada permanece sendo a relação da comunidade com o mundo das coisas; por fim, esse movimento de contrapor a propriedade privada geral à propriedade privada expressa-se sob forma animal, na qual o *casamento* (que, de fato, é uma *forma* da *propriedade privada exclusiva*) é contraposto à *comunidade de mulheres,* na qual, portanto, a mulher torna-se uma propriedade *coletiva* e *comum*. Pode-se

afirmar que essa ideia da *comunidade de mulheres* é o *segredo anunciado* desse comunismo ainda inteiramente tosco e irrefletido. Assim como a mulher sai do casamento e entra na prostituição, todo o mundo da riqueza, isto é, da essência objetiva do homem, sai da relação do casamento exclusivo para a relação da prostituição universal com a comunidade. Esse comunismo — na medida em que nega a *personalidade* do homem por toda parte — é exatamente apenas a expressão consequente da propriedade privada, que é essa negação. A *inveja* geral e constituída como poder é a forma dissimulada sob a qual a *ganância* se constitui e se satisfaz de uma *outra* maneira. A ideia de toda propriedade privada enquanto tal, *pelo menos*, está voltada contra a propriedade privada *mais rica* como inveja e desejo de nivelamento, de tal maneira que estes constituem inclusive a essência da concorrência. O comunismo tosco é apenas a completude dessa inveja e desse nivelamento partindo da *representação* do mínimo. Ele tem uma medida *determinada limitada*. Quão pouco essa superação da propriedade privada é uma apropriação real prova-o exatamente a negação abstrata do mundo todo da cultura e da civilização; o retorno à simplicidade *não natural* [IV] do homem *pobre* e sem necessidades que não superou a propriedade privada nem sequer chegou até ela.

A comunidade é apenas uma comunidade do *trabalho* e da igualdade do *salaire*,[57] que o capital

---

[57] Em francês no original: "salário". (N.T.)

coletivo, a *comunidade* enquanto capitalista geral, paga. Ambos os lados da relação foram alçados a uma generalidade *figurada*: o *trabalho* como determinação em que cada um é colocado, o *capital* como a generalidade reconhecida e poder da comunidade.

Na relação com a *mulher*, como *presa* e criada da luxúria coletiva, se expressa a infinita degradação na qual o homem existe para si mesmo, pois o segredo dessa relação tem a sua expressão *inequívoca*, decisiva, *manifesta*, revelada na *relação do homem* com a *mulher* e na maneira como é concebida a relação genérica *imediata, natural*. A relação imediata, natural, necessária do homem com o homem é a *relação do homem* com a *mulher*. Nessa relação genérica *natural*, a relação do homem com a natureza é imediatamente sua relação com o homem, bem como a relação com o homem é diretamente sua relação com a natureza, a sua própria determinação *natural*. Nessa relação *aparece* de modo *sensível*, reduzido a um *factum* explícito, em que medida a essência humana tornou-se natureza para o homem, ou a natureza tornou-se a essência humana do homem. Portanto, a partir dessa relação pode-se julgar todo o estágio cultural do homem. Do caráter dessa relação decorre a medida em que o *homem* tornou-se e concebeu-se como *ser genérico*, como *ser humano;* a relação do homem com a mulher é a *mais natural* relação do homem com o homem. Nela se mostra também até que ponto o comportamento natural do homem se tornou *humano*, ou até que ponto a essência *humana* se tornou essência *natural* para ele, até que ponto sua *natureza humana* se tornou *natural* para ele. Nessa relação mostra-se também até que ponto a *necessidade* do homem se tornou necessidade *humana*, portanto, até que ponto o *outro* homem enquanto homem se tornou necessidade para ele, até que ponto ele em sua mais individual existência é ao mesmo tempo um ser social.

A primeira superação positiva da propriedade privada, o *comunismo tosco*, é então apenas uma *forma fenomênica* da infâmia da propriedade privada que quer se colocar como sendo a *comunidade positiva*.

2) O comunismo α) ainda de natureza política, democrático ou despótico; β) com supressão do Estado, mas ao mesmo tempo ainda incompleto, ainda sempre com a propriedade privada, isto é, com a essência afetada pela alienação do homem. Em ambas as formas, o comunismo já se conhece como reintegração ou retorno do homem a si, como superação da autoalienação humana, mas na medida em que ele ainda não apreendeu a essência positiva da propriedade privada, tampouco compreendeu a natureza *humana* da necessidade, ele ainda é prisioneiro dela e está infectado por ela. De fato, ele apreendeu seu conceito, mas ainda não sua essência.

3) O *comunismo* como superação *positiva* da *propriedade privada*, como *autoalienação humana* e, por isso, como *apropriação* real da essência *humana* pelo e para o homem; por isso como retorno total do homem para si, consciente e no interior de toda riqueza do desenvolvimento histórico, como um

homem *social*, ou seja, humano. Esse comunismo é como naturalismo completo = humanismo, e como humanismo completo = naturalismo, ele é a *verdadeira* solução do antagonismo do homem com a natureza e com o homem, a verdadeira solução do conflito entre existência e essência, entre objetivação e afirmação de si, entre liberdade e necessidade, entre indivíduo e gênero. Ele é o enigma resolvido da história e se conhece como sendo essa solução.

[V] Em vista disso, todo o movimento da história é seu *verdadeiro* ato de concepção — o ato de nascimento de sua existência empírica —, bem como para sua consciência pensante é o movimento *compreendido* e *conhecido* de seu *devir*; enquanto aquele comunismo incompleto procura para si uma prova *histórica* das formações históricas isoladas opostas à propriedade privada, uma prova no que existe, separando momentos isolados do movimento (Cabet, Villegardelle, etc., em particular, cavalgam sobre esse cavalo), e fixa-os como prova de sua histórica pureza de sangue, mas com isso torna precisamente manifesto que a parte incomparavelmente maior desse movimento contradiz suas afirmações e que, se ele alguma vez existiu, precisamente seu ser *passado* contradiz a pretensão de sua *essência*.

Se todo movimento revolucionário encontra tanto a sua base empírica quanto teórica no movimento da *propriedade privada,* precisamente da economia, daí é fácil compreender a necessidade.

A propriedade privada *material*, imediatamente *sensível*, é a expressão material sensível da vida *humana alienada*. Seu movimento — a produção e o consumo — é a revelação *sensível* de toda produção até agora, ou seja, realização ou realidade do homem. Religião, família, Estado, direito, moral, ciência, arte, etc. são apenas modos *singulares* de produção e estão submetidos à sua mesma lei geral. A superação positiva da *propriedade privada* como apropriação da vida *humana* é, por isso, a superação positiva de toda alienação, portanto o retorno do homem da religião, da família, do Estado, etc. em sua existência *humana*, isto é, *social*. A alienação religiosa como tal ocorre apenas na região da *consciência*, no interior do homem, mas a alienação econômica é a da *vida real* — sendo assim, sua superação envolve ambos os lados. Entende-se que nos diferentes povos o movimento tenha seu *primeiro* começo conforme a verdadeira vida *reconhecida* do povo se desenvolva mais na consciência ou no mundo exterior, seja mais a vida ideal, seja a real. O comunismo começa imediatamente (*Owen*) com o ateísmo, mas, inicialmente, o *ateísmo* ainda está bem longe de ser *comunismo*, assim como esse ateísmo é ainda uma abstração. A filantropia do ateísmo, por isso, é inicialmente apenas uma filantropia *filosófica* abstrata, a do comunismo é imediatamente *real* e tende diretamente ao *efeito*.

Nós vimos que, sob o pressuposto da propriedade privada positivamente superada, o homem produz o homem, a si mesmo e ao outro homem; bem como o objeto, que é a atividade direta de sua individualidade e é, ao mesmo tempo, sua própria existência para o outro homem, a existência deste e a existência deste para ele. Do mesmo modo, tanto o material do trabalho quanto o homem como sujeito são, no entanto, o ponto de partida e o resultado do movimento (e a *necessidade* histórica da propriedade privada consiste exatamente no fato de que eles devem ser esse *ponto de partida*). Portanto, o caráter *social* é o caráter geral de todo o movimento; *tal como* a própria sociedade produz o *homem* enquanto *homem*, ela é *produzida* por ele. A atividade e a fruição, bem como o seu conteúdo, também são *modos de existência* conforme a atividade *social* e a fruição *social*. A essência *humana* natural só existe para o homem *social*; pois só aqui ela existe para ele como vínculo com o *homem*, como sua existência para o outro e do outro para ele, só aqui ela é *fundamento* de sua própria existência *humana*, bem como elemento vital da realidade humana. Só aqui a sua existência *natural* é para ele sua existência *humana*, e a natureza tornou-se humana para ele. Logo, a *sociedade* é a plena unidade essencial do homem com a natureza, a verdadeira ressurreição da natureza, o naturalismo realizado do homem e o humanismo realizado da natureza.

A prostituição é somente uma manifestação *peculiar* da prostituição *geral* do *trabalhador*, e como a prostituição é uma relação que envolve não apenas a prostituída como também o prostituidor — cuja baixeza é maior ainda —, assim também o capitalista, etc. entra nessa categoria.

[VI] A atividade social e a fruição social de maneira alguma existem *apenas* na forma de uma atividade coletiva *imediata* e de uma fruição coletiva *imediata*, ainda que a atividade *coletiva* e a fruição *coletiva*, isto é, a atividade e a fruição que se exteriorizam e se confirmam imediatamente na *sociedade real* com outros homens, ocorrerão em todo lugar onde aquela manifestação *imediata* de sociabilidade se fundamente na essência de seu conteúdo e esteja de acordo com sua natureza.

Mas mesmo se a minha atividade é *científica*, etc., uma atividade que eu raramente posso realizar em comunidade direta com outros, eu estou *socialmente* ativo porque atuo como *homem*. Não apenas o material de minha atividade — como a própria língua com a qual o pensador atua — me é dado como produto social, a minha *própria* existência é atividade social; logo, o que eu faço de mim, o faço para a sociedade e com a consciência de mim enquanto ser social.

Minha consciência *geral* é apenas a forma *teórica* daquilo cuja comunidade *real*, o ser social, é a forma *viva*, enquanto hoje em dia a consciência *geral* é uma abstração da vida real e como tal se defronta com ela hostilmente. Por isso, também a *atividade* de minha consciência geral — enquanto tal — é minha existência *teórica* como ser social.

Trata-se, sobretudo, de evitar fixar novamente a "sociedade" como abstração frente ao indivíduo. O indivíduo é o *ser social*. Sua manifestação de vida — mesmo que não apareça sob a forma de uma manifestação *coletiva,* realizada simultaneamente com outros — é, por isso, uma manifestação e confirmação da *vida social.* A vida individual e a vida genérica do homem não são *diferentes,* por mais que — e isso necessariamente — o modo de existência da vida individual seja um modo mais *particular* ou mais *geral* da vida genérica, ou quanto mais a vida genérica seja uma vida individual mais *particular* ou mais *geral.*

O homem confirma sua *vida social* real enquanto *consciência genérica* e apenas repete no pensamento sua verdadeira existência, bem como, inversamente, o ser genérico se confirma na consciência genérica e é para si na sua generalidade de ser pensante.

O homem — por mais que seja um indivíduo *peculiar* e precisamente sua peculiaridade faça dele um indivíduo e um ser social *individual* real — é, na mesma medida, tanto a *totalidade,* a totalidade ideal, a existência subjetiva para si da sociedade pensada e sentida, como também na realidade ele existe tanto como intuição e fruição real da existência social quanto como uma totalidade da manifestação vital humana.

Logo, pensar e ser são de fato *diferentes,* mas ao mesmo tempo estão em *unidade* um com o outro.

A *morte* aparece como uma dura vitória do gênero sobre *determinado* indivíduo e parece contradizer a sua unidade; mas o indivíduo determinado é apenas mortal enquanto um *ser genérico determinado.*

4) Tal como a *propriedade privada* é apenas a expressão sensível de que o homem torna-se

simultaneamente *objetivo* para si e , ao contrário, torna-se simultaneamente um objeto estranho e desumano; de que sua manifestação de vida é seu despojamento vital, sua realização é sua desrealização, é uma realidade alienada; assim, a superação positiva da propriedade privada, isto é, a apropriação *sensível* da essência e da vida humanas, do homem objetivo, da *obra* humana para e pelo homem, não é para ser concebida apenas no sentido da fruição *imediata,* unilateral, não apenas no sentido da *posse,* no sentido do *ter.* O homem apropria-se de sua essência universal de modo universal, logo como um homem total. Cada uma de suas relações *humanas* com o mundo, ver, ouvir, cheirar, saborear, sentir, pensar, contemplar, perceber, querer, atuar, amar, enfim, todos os órgãos de sua individualidade, bem como os órgãos que em sua forma são imediatamente órgãos sociais, [VII] no seu comportamento *objetivo,* ou em seu *comportamento para com o objeto,* são a sua apropriação, a apropriação da realidade *humana*; seu comportamento para com o objeto é o *acionamento da realidade humana* (por isso, ela é precisamente tão múltipla como múltiplas são as *determinações essenciais* e as atividades humanas), *efetividade* e *sofrimento* humanos, pois o sofrimento, concebido de forma humana, é um autodeleite do homem.

A propriedade privada nos fez tão tolos e unilaterais que um objeto só é *nosso* se o tivermos, portanto, se existir como capital para nós, ou se for diretamente possuído, comido, bebido, levado pelo nosso corpo, habitado por nós, etc.; em suma, se for *usado*. Se bem que a propriedade privada conceba todas essas realizações imediatas da própria posse novamente apenas como *meios de vida*, e a vida, a que servem de meio, é a *vida da propriedade privada*: trabalho e capitalização.

No lugar de *todos* os sentidos físicos e mentais entrou, portanto, a simples alienação *de todos* esses sentidos, o sentido do *ter*. A essência humana teria de ser reduzida a essa absoluta miséria para que pudesse tirar de si a sua riqueza interior. (Sobre a categoria do *ter* vide *Hess* nos *21 Bogen.*)[58]

Por isso, a superação da propriedade privada é a completa *emancipação* de todos os sentidos e qualidades humanos; mas ela é essa superação precisamente porque esses sentidos e qualidades tornaram-se *humanos,* tanto subjetiva como objetivamente. O olho tornou-se olho *humano,* bem como seu *objeto* tornou-se um objeto social, *humano,* proveniente do homem e destinado ao homem. Por isso, os *sentidos* tornaram-se em sua prática imediatamente *teóricos*. Relacionam-se com a *coisa* segundo a vontade da coisa, mas a própria coisa é uma relação *humana objetiva* consigo mesma e com o homem, e vice-versa. Na prática, eu só posso me relacionar humanamente com a coisa se ela se relacionar humanamente com o homem. A necessidade ou o deleite perderam assim sua natureza *egoísta* e a

---

[58] Hess, Moses. "Philosophie der That" *in Einundzwanzig Bogen...*, *idem*, p. 329. (N.E.)

natureza perdeu sua mera *utilidade* na medida em que o uso se tornou uso *humano*.

Do mesmo modo, os sentidos e o espírito do outro homem tornaram-se a minha *própria* apropriação. Sendo assim, além desses órgãos imediatos formam-se órgãos *sociais*, sob a *forma* da sociedade, portanto, por exemplo, a atividade em sociedade direta com outros etc. tornou-se um órgão de minha *manifestação* de vida e um modo de apropriação da vida *humana*.

Entende-se que o olho *humano* desfrute de maneira diferente do olho rude, desumano, que o *ouvido humano* desfrute de maneira diferente do ouvido rude, etc.

Nós vimos. O homem só não se perde em seu objeto se este se tornar para ele objeto *humano* ou homem objetivo. E isso só é possível na medida em que o objeto se torne para ele objeto *humano*, que ele próprio se torne um ser social, bem como a sociedade se torne nesse objeto ser para ele.

Logo, enquanto, por um lado, em toda parte na sociedade, a realidade objetiva se torna para o homem efetividade das forças humanas essenciais, realidade humana e, por isso, efetividade de suas *próprias* forças humanas, todos os *objetos* tornam-se para ele a *objetivação* de si mesmo, como objetos que confirmam e realizam sua individualidade, como *seus* objetos; isto é, *ele próprio* torna-se objeto. *Como* eles tornam-se seus depende da *natureza* do *objeto* e da natureza da *força essencial* que *lhe* corresponde; pois é precisamente a *determinação* dessa relação que forma o modo específico, *real* da afirmação. Um objeto torna-se para o *olho* diferente do *ouvido*, e o objeto do olho é um outro que não o do ouvido. A peculiaridade de cada força essencial é exatamente sua *essência peculiar*, logo também o modo peculiar de sua objetivação, do seu *ser objetivo, real,* vivo. Não apenas no pensamento, [VIII] mas com *todos* os sentidos, o homem portanto afirma-se no mundo objetivo.

Por outro lado, considerado subjetivamente: assim como apenas a música desperta o sentido musical do homem, e a mais bela música não faz *nenhum* sentido para o ouvido não musical, não é *nenhum* objeto, porque meu objeto só pode ser a confirmação de uma das minhas forças essenciais, portanto, só pode ser para mim o que minha força essencial é para si enquanto capacidade subjetiva, porque o sentido de um objeto para mim (sentido apenas quando tem um sentido correspondente para ele) vai precisamente tão longe quanto vai *meu sentido*, sendo assim, os *sentidos* do homem social são *outros* sentidos, não os do homem não social. Apenas por meio da riqueza objetiva desenvolvida da essência humana é que a riqueza da sensibilidade subjetiva *humana*, que um ouvido musical, um olho para a beleza da forma, em suma, que as fruições humanas tornam-se então *sentidos* capazes, sentidos que confirmam as forças *humanas* essenciais, em parte cultivados, em parte criados. Pois não apenas os cinco sentidos como também os chamados sentidos espirituais, os sentidos práticos (vontade, amor, etc.), numa palavra, o sentido *humano*, a humanidade dos sentidos forma-se apenas pela existência de *seu* objeto, pela natureza *humanizada*.

A *formação* dos cinco sentidos é um trabalho de toda a história mundial até agora. O *sentido* que ainda é prisioneiro de uma necessidade prática grosseira também tem um sentido apenas *tacanho*. Para o homem que morre de fome não existe a forma humana da comida, mas apenas sua existência abstrata como alimento; ela bem que poderia se apresentar em sua forma mais rude e não há como dizer de que modo essa atividade nutritiva se diferenciaria da atividade nutritiva *animal*. O homem cheio de preocupações, necessitado, não tem *sentido* algum para o espetáculo mais belo; o mercador de minerais vê apenas o valor mercantil, mas não a beleza e a natureza própria do mineral; ele não tem qualquer sentido mineralógico; então, a objetivação da essência humana, tanto do ponto de vista teórico quanto do prático, é necessária tanto para tornar *humano* os *sentidos* do homem como para atribuir *sentido humano* correspondente a toda riqueza do ser humano e natural.

Tal como a sociedade que se forma encontra todo material para essa *formação* no movimento da *propriedade privada* e de sua riqueza, de sua miséria — ou da riqueza e da pobreza material e espiritual —, *assim*, a sociedade *formada* produz como sua realidade constante o homem nessa plena riqueza de seu ser, o homem *completo e profundamente desenvolvido*.

Vê-se como subjetivismo e objetivismo, espiritualismo e materialismo, atividade e sofrimento perdem sua oposição apenas no estado social, e com isso a sua existência enquanto contrários; vê-se como a solução das próprias oposições *teóricas somente* é possível de uma maneira *prática*, somente por meio da energia prática do homem e, por isso, sua solução não é de modo algum apenas uma tarefa do conhecimento, mas uma *verdadeira* tarefa vital que a filosofia não pode resolver, exatamente porque ela mesma a concebia *apenas* como tarefa teórica.

Vê-se como a história da *indústria* e a existência tornada *objetiva* da indústria é o livro *aberto* das *forças humanas essenciais*, a *psicologia* humana presente sensivelmente, que até agora não foi concebida em sua relação com a *essência* do homem, mas apenas em sua relação de utilidade externa, porque — movendo-se no interior da alienação — concebia como realidade das forças humanas essenciais e enquanto *atos genéricos humanos* apenas a existência geral do homem, a religião, ou a história em sua essência abstrato-universal como política, arte, literatura, etc. [IX] Na *indústria material, comum* (que precisamente se concebe tanto como uma parte daquele movimento geral, quanto como uma *parte* especial da indústria, pois toda atividade humana até agora foi trabalho, logo, indústria, atividade alienada de si mesma), temos diante de nós, sob a forma de *objetos sensíveis, estranhos, úteis*, sob a forma da alienação, as *forças essenciais objetivadas* do homem. Uma *psicologia* para a qual este livro está fechado, quer dizer, exatamente a parte sensível mais presente e acessível da história não pode se tornar uma ciência *real* e plena de conteúdo verdadeiro. Em suma, o que se deve pensar de uma ciência que *solenemente* abstrai dessa grande parte de trabalho humano e não sente sua incompletude em si mesma, até o ponto em que uma riqueza tão propagada da atividade humana não lhe diz nada, senão, talvez, como algo que se pode dizer em uma palavra: *"necessidade"*, *"necessidade vulgar"*!

As *ciências naturais* desenvolveram uma enorme atividade e apropriaram-se de um material sempre crescente. No entanto, a filosofia ficou tão alheia a ela como ela ficou alheia à filosofia. A união momentânea foi apenas uma *ilusão fantástica*. A vontade existia, mas faltava a capacidade. Mesmo a historiografia só leva em consideração as ciências naturais de passagem, como momento do esclarecimento, da utilidade, de algumas grandes descobertas. Mas quanto mais a ciência natural interveio *praticamente* na vida humana por meio da indústria e a transformou, preparando a emancipação humana, tanto mais ela teve de completar diretamente a desumanização. A *indústria* é a *real* relação histórica da natureza, e por isso das ciências naturais, com o homem; logo ela é concebida como revelação exotérica das *forças* humanas *essenciais*, assim também compreende-se a essência *humana* da natureza ou a essência *natural* do homem; com isso, a ciência natural perde sua orientação abstratamente material, ou melhor, idealista, e torna-se a base das ciências *humanas*, tal como ela já se tornou — embora sob forma alienada — base da vida humana real; uma *outra* base para a vida, uma outra para a *ciência*, isso é, de antemão, uma mentira. O devir da natureza na história humana — no ato de surgimento da sociedade humana — é a *real* natureza do homem, por isso a natureza, por meio da indústria, ainda que também sob forma *alienada*, é a verdadeira natureza *antropológica*.

A *sensibilidade* (vide Feuerbach[59]) deve ser a base de toda ciência. A ciência só é *real* quando parte da sensibilidade na dupla forma, tanto da consciência *sensível* como da necessidade *sensível*; ou seja, só quando a ciência parte da natureza ela é ciência real. Toda a história é a história da preparação, a história do desenvolvimento para que o "homem" se torne objeto da consciência *sensível* e a necessidade do "homem enquanto homem" se torne necessidade. A própria história é uma parte *real* da *história natural*, do devir da natureza até o homem. Mais tarde, tanto a ciência natural subsumirá em si exatamente a ciência do homem, quanto a ciência do homem subsumirá em si a ciência natural: será *uma* ciência. [X] O *homem* é o objeto imediato da ciência natural; pois a *natureza sensível* imediata para o homem é imediatamente a sensibilidade humana (expressão idêntica), imediata como o *outro* homem sensível existente para ele; pois sua própria sensibilidade enquanto sensibilidade humana para si mesmo só existe por meio de *outro* homem. Mas a *natureza* é o objeto imediato da *ciência*

---

[59] Feuerbach, Ludwig, *Vorläufige Thesen zur Reformation der Philosophie. In Anedokta, idem, ibidem*, p. 84-85. Ver também sua obra *Grundsätze der Philosophie der Zukunft*. Zürich, Winterthur, 1843. p. 58-70. (N.E.)

*do homem.* O primeiro objeto do homem — o homem — é natureza, sensibilidade e as específicas forças humanas essenciais sensíveis, tal como elas encontram a sua realização objetiva somente nos objetos *naturais*, podem encontrar seu autoconhecimento na ciência da natureza em geral. O próprio elemento do pensamento, o elemento da exteriorização vital do pensamento, a *linguagem,* é natureza sensível. A realidade *social* da natureza e a ciência natural *humana,* ou a *ciência natural do homem,* são expressões idênticas.

Vê-se como o *homem rico* e a necessidade *humana* rica ocupam o lugar da *riqueza* e da *miséria* na economia nacional. O homem *rico* é ao mesmo tempo o homem que *necessita* de uma totalidade de manifestação vital humana. O homem no qual a sua própria realização existe como necessidade interior, como *carência.* Não apenas a *riqueza* como também a *pobreza* adquirem igualmente — sob o pressuposto do socialismo — um significado *humano* e, por isso, social. Ela é o elo passivo que deixa o homem sentir como sendo a maior riqueza, o *outro* homem, enquanto necessidade. A dominação da essência objetiva em mim, a explosão sensível de minha atividade essencial é a *paixão,* que se torna assim a *atividade* de meu ser.

5) Um *ser* apenas se considera independente tão logo ele esteja sobre seus próprios pés, e ele está somente sobre seus próprios pés tão logo deva sua *existência* a si mesmo. Um homem que vive graças a outro se considera um ser dependente. Mas eu vivo

inteiramente graças a um outro quando lhe devo não apenas o sustento de minha vida, mas quando, além disso, ele *criou* minha *vida*; quando ele é a *fonte* de minha vida, e minha vida tem necessariamente tal fundamento fora de si se ela não é minha própria criação. Por isso, a *criação* é uma representação muito difícil de ser retirada da consciência popular. O ser-por-si-mesmo da natureza e do homem é *incompreensível* para ela porque contradiz todas as *evidências*.

A criação da *terra* recebeu um poderoso impulso da *geognesia*, isto é, da ciência que apresentou a formação da terra como um processo, como autogeração. A *generatio aequivoca*[60] é a única refutação prática da teoria da criação.

Ora, é fácil dizer ao indivíduo o que já disse Aristóteles: tu foste gerado por teu pai e tua mãe, ou seja, em ti existe a cópula de dois seres humanos, então, um ato genérico do ser humano produziu o ser humano. Tu vês, portanto, que também fisicamente o ser humano deve sua existência ao ser humano. Logo, tu não deves considerar apenas *um* lado, a progressão *infinita* pela qual continuas a perguntar: quem gerou meu pai, quem gerou teu avô, etc.? Tu deves reter também o *movimento circular* que é visível nessa progressão, pela qual o ser humano na procriação repete a si mesmo, portanto o *ser humano* permanece sempre sujeito.

---

[60] Em latim no original: "geração espontânea". (N.T.)

Porém, tu responderás: se eu aceito esse movimento circular, tu aceitas então a progressão que me faz continuar sempre até que eu pergunte: quem gerou o primeiro ser humano e a natureza em geral?

Eu posso então te responder: tua própria pergunta é um produto da abstração. Pergunta-te como chegastes àquela pergunta; pergunta-te se tua pergunta não decorre de um ponto de vista que eu não posso responder porque ele é invertido? Pergunta-te se aquela progressão como tal existe para um pensamento racional? Se tu perguntas pela criação da natureza e do ser humano, então fazes abstração do ser humano e da natureza. Tu coloca-os como *não existentes*, porém tu queres que eu os prove como *existentes* para ti. Logo, eu te digo: abandona tua abstração, assim abandonarás também tua pergunta, ou, se queres continuar em tua abstração, sê então consequente, e se, pensando, tu pensas o ser humano e a natureza como *não existentes*, [XI] pensa-te a ti mesmo como não existente, pois tu também és natureza e ser humano. Não penses, não perguntes, pois, tão logo pensas e perguntas, tua *abstração* sobre a existência da natureza e do ser humano não tem sentido algum. Ou serás um egoísta tal que reduz tudo a nada e queres, tu mesmo, ser?

Tu podes me replicar: eu não quero indagar sobre a inexistência da natureza, etc., eu te pergunto sobre o *ato de origem* dela, assim como eu pergunto a um anatomista sobre a formação dos ossos, etc.

Entretanto, para o homem socialista, *toda a assim chamada história do mundo* nada mais é do que a geração do homem por meio do trabalho humano, enquanto o vir a ser da natureza para o homem, desse modo, ele tem então a prova final, irrefutável de seu *nascimento* por meio de si mesmo, de seu *processo genético*. Na medida em que a *essencialidade* do homem e da natureza, o homem para o homem enquanto existência da natureza e a natureza para o homem enquanto existência do homem tornaram-se praticamente sensíveis e visíveis, a pergunta sobre um ser *estranho*, sobre um ser acima da natureza e do homem — uma pergunta que encerra a confissão sobre a inessencialidade da natureza e do homem —, tornou-se impossível na prática. O *ateísmo* como recusa dessa inessencialidade não tem mais sentido, pois o ateísmo é uma *negação de Deus* e coloca, por meio dessa negação, a *existência do homem*; mas o socialismo enquanto socialismo não precisa mais de tal mediação; ele parte da *consciência teórica e praticamente sensível* do homem e da natureza como [consciência] da *essência*. Ele é a *autoconsciência positiva* do homem, não mais mediada pela superação da religião, assim como a *vida real* positiva, não mais mediada pela superação da propriedade privada, é a realidade mediada do homem, *o comunismo*. O comunismo é a posição como negação da negação, e por isso o momento *real* necessário ao próximo desenvolvimento histórico da emancipação e da recuperação humanas. O *comunismo* é a forma necessária e o princípio enérgico do futuro próximo, mas o comunismo, como tal, não é o fim do desenvolvimento humano, a forma da sociedade humana.

[CRÍTICA DA DIALÉTICA E DA FILOSOFIA
HEGELIANAS EM GERAL]

6) Este ponto talvez seja o lugar apropriado para dar algumas indicações tanto sobre a compreensão e justificação da dialética hegeliana em geral como em particular sobre sua exposição na Fenomenologia e na Lógica, e finalmente sobre a relação do novo movimento crítico [para com Hegel].

A preocupação com o conteúdo do velho mundo, cuja matéria coíbe o desenvolvimento da moderna crítica alemã, era tão poderosa que houve uma completa relação acrítica sobre o seu método, e uma completa falta de consciência sobre a pergunta *aparentemente formal*, mas realmente *essencial*: como posicionar-se frente à *dialética* hegeliana? A falta de consciência sobre a relação da crítica moderna com a filosofia hegeliana em geral e com a dialética em particular foi tão grande que críticos como *Strauss*[61] e *Bruno*

---

[61] Strauss, David Friedrich. *Das Leben Jesu, kritisch bearbeitet*, vol. 1-2, 1835-1836; *Streitschriften zur Vertheidigung meiner Schrift über das Leben Jesu und zur Charakteristik der gegenwärtigen Theologie*, Hef. 1-3, 1837; *Charakteristiken und Kritiken...*, 1839; *Die christliche Glaubenslehre in ihrer geschichtlichen Entwicklung und im Kampf mit der modernen Wissenschaft*, vol. 1-2, 1840-1841. (N.E.)

*Bauer*, o primeiro completamente, o segundo em seus *Sinóticos*[62] (nos quais ele, frente a Strauss, coloca a "autoconsciência" do homem abstrato no lugar da substância da "natureza abstrata") e mesmo ainda no *Cristianismo revelado*, continuam, ao menos em potencial, inteiramente reféns da lógica hegeliana. Assim, por exemplo, afirma-se no *Cristianismo revelado*:

"Como se a autoconsciência, ao colocar o mundo, a diferença, e ao produzir a si mesma naquilo que produz, supera novamente a diferença entre o produto e ela mesma, pois ela mesma é somente a produção e o movimento de si — como se ela não tivesse seu objetivo nesse movimento, etc."

Ou:

"Eles (os materialistas franceses[63]) ainda não puderam ver que o movimento do universo somente se tornou real para si como movimento da autoconsciência e chegou à unidade consigo mesmo," expressões que nem sequer na terminologia mostram alguma diferença com a concepção hegeliana, mas, ao contrário, a repetem literalmente.

[XII] Quão pouco existia uma consciência sobre a relação com a dialética hegeliana durante o ato da crítica (Bauer, os sinóticos), quão pouco essa consciência surgiu também após o ato da crítica material, demonstra-o Bauer quando, em sua "Boa causa da

---

[62] Bauer, Bruno. *Kritik der evangelischen Geschichte der Synoptiker,* vol. 1, 1841, p. VI-XV. (N.E.)
[63] Acréscimo de Marx. (N.E.)

liberdade",⁶⁴ rejeita a pergunta indiscreta do senhor Gruppe: "Mas agora, e a lógica?", remetendo-a aos críticos que virão.

Mas mesmo agora, depois de *Feuerbach* — tanto em suas "Teses", nos *Anecdotis*, como, detalhadamente, na *Filosofia do futuro* — ter demolido o germe da velha dialética e da velha filosofia; depois que aquela crítica, ao contrário, não soube realizar esse ato, proclamando que ele teria se realizado como "crítica pura, decidida, absoluta, clara consigo mesma";⁶⁵ depois que ela, em seu orgulho espiritualista, reduziu todo o movimento histórico à relação do resto do mundo com ela mesma — que cai diante dela sob a categoria de "massa"⁶⁶ —, e que decompôs todas as oposições dogmáticas em *uma* oposição dogmática entre a sua própria sabedoria e a estupidez do mundo, entre o Cristo crítico e a humanidade enquanto a *"massa"*; depois de ter demonstrado, dia após dia, hora após hora, sua própria excelência diante da ignorância das massas; depois de, finalmente, anunciar o *juízo final* crítico sob a figura do dia que se aproxima, em que toda a humanidade decadente se agrupará diante dela, e será dividida por ela em grupos, cada um deles recebendo

---

⁶⁴ Bauer, Bruno. *Die gute Sache der Freiheit und meine eigene Angelegenheit,* 1842, p. 85 e 193-194.(N.E.)
⁶⁵ Bauer, Bruno. "Neueste Schriften über die Judenfrage", *in Allgemeine Literatur-Zeitung,* Hef. IV, p. 10-19. E "Correspondenz...", p. 38. (N.E.)
⁶⁶ Hirzel, Melchior. "Correspondenz aus Zürich", *idem, ibidem,* p. 12 e 15. (N.E.)

seu *testimonium paupertatis*;⁶⁷ depois que ela deixou imprimir sua superioridade sobre os sentimentos humanos, assim como sobre o mundo, sobre o qual ela, glorificada em sua sublime solidão, deixa ressoar, de tempos em tempos, o riso dos deuses olímpicos de seus lábios sarcásticos; após todas essas gesticulações do idealismo (dos "jovens hegelianos") que agoniza sob a forma da crítica, este tampouco manifestou sequer o pressentimento de que teria de se confrontar agora criticamente com sua mãe, a dialética hegeliana, e nem mesmo soube indicar qualquer relação crítica com a dialética feuerbachiana. Um comportamento totalmente acrítico para consigo mesmo.

*Feuerbach* é o único que tem uma relação *séria, crítica*, com a dialética hegeliana e fez descobertas verdadeiras nesse terreno. Em suma, ele é o verdadeiro vencedor da velha filosofia. A grandeza da contribuição e a silenciosa modéstia com que Feuerbach as entrega ao mundo estão em surpreendente contraste com a atitude inversa dos outros.

O grande feito de Feuerbach é:

1) ter provado que a filosofia não é outra coisa senão a religião levada ao pensamento e desenvolvida por ele; e que também deve ser condenada; uma outra forma e modo de existência da alienação do ser humano;

2) ter fundado o *verdadeiro materialismo* e a *ciência real* ao fazer da relação social, a do "homem com o homem", também o princípio fundamental da teoria;

---

⁶⁷ Em latim no original: "atestado de pobreza". (N.T.)

3) ao ter se oposto à negação da negação, que pretende ser o positivo absoluto, o positivo que descansa sobre si mesmo e funda-se positivamente em si.

Feuerbach explica a dialética hegeliana (e funda assim o ponto de partida do positivo, da certeza sensível) da seguinte maneira:

Hegel parte da alienação (logicamente: do infinito, do universal abstrato), da substância, da abstração absoluta e fixa; ou seja, em linguagem popular, ele parte da religião e da teologia.

Segundo: ele supera o infinito, coloca o verdadeiro, sensível, real, finito, particular (filosofia, superação da religião e da teologia).

*Terceiro*. Ele supera novamente o positivo; restabelece a abstração, o infinito. Restabelecimento da religião e da teologia.

Logo, Feuerbach concebe a negação da negação *somente* como contradição da filosofia consigo mesma, como a filosofia que afirma a teologia (transcendência, etc.), depois de tê-la negado, portanto afirma-a em oposição a si mesma.

A posição, ou a autoafirmação e autoconfirmação que se situam na negação da negação, é concebida como não estando ainda segura de si, por isso, atingida por sua oposição, duvidando de si mesma e, logo, precisando de uma prova, portanto não provando a si mesma pela sua existência como posição não confessada e [XIII], assim, é contraposta diretamente e sem mediação à posição da certeza sensível, certa e fundada sobre si mesma.

Feuerbach também concebe a negação da negação, o conceito concreto como pensamento que se supera em si e como pensamento que quer ser intuição direta, natureza, realidade.

Mas na medida em que Hegel concebeu a negação da negação — conforme o aspecto positivo que reside nela, como o aspecto positivo único e verdadeiro e conforme o aspecto negativo que reside nela, como o ato único e verdadeiro e como o ato de autoconfirmação de todo ser —, ele apenas descobriu a expressão *abstrata, lógica, especulativa* para o movimento da história, que ainda não é a história *real* do homem enquanto um sujeito pressuposto, mas antes *ato de geração, história da origem* do homem. Nós explicaremos tanto a forma abstrata como a diferença que tem esse movimento em Hegel em oposição à crítica moderna, ao mesmo processo na *Essência do cristianismo* de Feuerbach; ou melhor, a forma *crítica* desse movimento que ainda é acrítico em Hegel.

Vejamos o sistema hegeliano. Deve-se começar com a *Fenomenologia* hegeliana, a fonte e o segredo da filosofia hegeliana.

*Fenomenologia.*

A) A *autoconsciência.*

I.) *Consciência.* α) Certeza sensível ou o isto e o *meu.* β) A *percepção* ou a coisa com suas propriedades e a *ilusão.* γ) Força e entendimento, fenômeno e mundo suprassensível.

II.) *Autoconsciência.* A verdade da certeza de si mesmo. a) Autonomia e sujeição da autoconsciência, dominação e servidão. b) Liberdade da autoconsciência. Estoicismo, ceticismo, a consciência infeliz.

III.) *Razão*. Certeza e verdade da razão. a) Razão observadora; observação da natureza e da autoconsciência. b) Realização da autoconsciência racional por si mesma. O prazer e a necessidade. A lei do coração e o delírio da presunção. A virtude e o curso do mundo. c) A individualidade que é em si e para si. O reino animal do espírito e o engano ou a coisa mesma. A razão legisladora. A razão examinadora de leis.

B) O *espírito*.

I.) O espírito *verdadeiro*; a eticidade. II.) O espírito alienado de si, a formação. III.) O espírito certo de si mesmo, a moralidade.

C) A religião. Religião *natural*, religião *da arte*, religião *revelada*.

D) O *saber absoluto*.

Como a *Enciclopédia* de Hegel começa com a lógica, com o *puro pensamento especulativo* e termina com o *saber absoluto*, o espírito autoconsciente, filosófico ou absoluto que se concebe a si mesmo, isto é, sobre-humano e abstrato; assim, toda a *Enciclopédia* nada mais é que a *essência difundida* do espírito filosófico, sua auto-objetivação; como o espírito filosófico nada mais é que o espírito pensante do mundo no interior de sua autoalienação, ou seja, o espírito alienado que concebe a si abstratamente. A *Lógica* — o *dinheiro* do espírito, o *valor do pensamento* especulativo do homem e da natureza —, sua essência que se tornou completamente indiferente a toda determinação real e, por isso, essência irreal — é o *pensamento* alienado que, portanto, faz abstração da natureza e do homem real; o pensamento *abstrato*. *A exterioridade desse pensamento abstrato...* a *natureza* tal como ela é para esse pensamento abstrato. Ela é exterior a ele, é a perda de si mesmo; e ele a apreende também exteriormente como pensamento abstrato, mas como pensamento abstrato alienado. Finalmente o *espírito*, esse pensamento que volta ao seu próprio local de origem, que enquanto espírito antropológico, fenomenológico, psicológico, moral, artístico, religioso, ainda não vale para si mesmo, enquanto não se encontrar consigo mesmo e se autoafirmar como saber *absoluto* e, portanto, como espírito absoluto, isto é, abstrato, que adquire sua existência consciente e que lhe corresponde. Pois sua existência real é a *abstração...*

Um erro duplo em Hegel.

1. Aparece mais claramente na *Fenomenologia*, como fonte originária da filosofia hegeliana. Quando ele concebe, por exemplo, a riqueza, o poder de Estado, etc. como a essência alienada do ser humano, isso só ocorre em sua forma de pensamento... Eles são seres do pensamento — por isso, apenas uma alienação do pensamento filosófico *puro*, isto é, abstrato. Todo o movimento termina assim com o saber absoluto. De onde esses objetos são alienados e com quem eles se confrontam com a pretensão de realidade, isso é precisamente o pensamento abstrato. O *filósofo* — portanto, ele mesmo uma forma abstrata do homem alienado — coloca-se enquanto medida do mundo

alienado. Logo, toda a *história da exteriorização* e toda a *retomada* da exteriorização nada mais é do que a *história da produção* do pensamento abstrato, absoluto [XVII] (vide página XIII),[68] do pensamento lógico, especulativo. A *alienação*, que constitui assim o interesse próprio dessa exteriorização e de sua superação, é a oposição entre o *em si* e o *para si*, da *consciência e autoconsciência*, do *objeto e sujeito*, quer dizer, a oposição entre o pensamento abstrato e a realidade sensível, ou da sensibilidade real no interior do próprio pensamento. Todas as outras oposições e todos os outros movimentos dessas oposições são apenas a *aparência*, o *invólucro*, a figura *exotérica* dessas únicas oposições interessantes, que constituem o *sentido* das demais oposições profanas. O que vale como essência posta e a ser superada da alienação não é que o ser humano torne-se *desumano*, se *objetive* em oposição a si mesmo, mas sim que ele se *objetive diferenciando-se* e em *oposição* ao pensamento abstrato.

[XVIII] A apropriação das forças humanas essenciais que se tornaram objetos, e objetos alienados, é então, primeiro, apenas uma *apropriação* que ocorre na *consciência*, no *pensamento puro*, isto é, na *abstração*, a apropriação desses objetos como *pensamento* e *movimentos do pensamento*; por isso, já na *Fenomenologia* — apesar de seu aspecto absolutamente negativo e crítico, apesar da crítica antecipada

---

[68] Paginação do manuscrito de Marx. (N.E.)

realmente contida nela e que frequentemente vai além do desenvolvimento posterior — está presente em estado latente, como germe, como potência, como um segredo, o positivismo acrítico e também o idealismo acrítico das obras hegelianas posteriores — essa decomposição e restauração filosóficas da empiria existente. *Em segundo lugar.* A reivindicação do mundo objetivo para o homem — por exemplo, o conhecimento de que a consciência *sensível* não é nenhuma consciência sensível *abstrata*, mas uma consciência sensível *humana*; de que a religião, a riqueza, etc., são apenas a realidade alienada da *objetivação humana*, das forças *humanas* tornadas obras e, por isso, são somente o *caminho* para a verdadeira realidade *humana* —, essa apropriação ou o entendimento desse processo aparece para Hegel de tal maneira que a *sensibilidade*, a *religião*, o poder de Estado, etc. são essências *espirituais*, pois apenas o *espírito* é a *verdadeira* essência do homem e a verdadeira forma do espírito é o espírito pensante, o espírito lógico, especulativo. A *humanidade* da natureza e a natureza engendrada pela história dos produtos do homem nele aparecem como sendo *produtos* do pensamento abstrato e, nesse sentido, como momentos *do espírito, seres do pensamento*. Por isso, a *Fenomenologia* é a crítica oculta, ainda obscura para si mesma e mistificadora; mas, enquanto ela retém a *alienação* do homem — embora também ele apareça apenas sob a forma do espírito —, nela encontram-se ocultos *todos* os elementos da crítica e, frequentemente, já *preparados* e *elaborados* de maneira que suplantam em muito o ponto de vista hegeliano. A "consciência infeliz", a "consciência honrada", a luta entre a "consciência nobre" e a "consciência vil", etc., etc., essas seções isoladas contêm os elementos *críticos* — mas ainda em uma forma alienada — de todas as esferas, como da religião, do Estado, da vida civil etc. E tal como a *essência* é o *objeto* como ser pensado, assim o *sujeito* é sempre *consciência* ou *autoconsciência*; ou melhor, o objeto aparece somente como consciência *abstrata*, o homem somente como *autoconsciência*; as diferentes figuras da alienação que aparecem são, portanto, apenas figuras diferentes da consciência e da autoconsciência. Como a consciência abstrata *em si* — pois é assim que o objeto é concebido — é apenas um momento de diferenciação da autoconsciência, assim também a identidade da consciência com a autoconsciência surge como resultado do movimento, o saber absoluto, que não ocorre mais para fora, mas apenas como resultado do movimento do pensamento abstrato no interior de si mesmo, isto é, o resultado é a dialética do pensamento puro. (Veja a continuação na página XXII.)

[XXII] (Ver página XVIII.) A grandeza da *Fenomenologia* hegeliana e de seu resultado final — da dialética, da negatividade como princípio motor e gerador — consiste em que Hegel, por um lado, concebe a autogeração do homem como um processo, a objetivação como desobjetivação, como exteriorização e como superação dessa exteriorização; que ele apreende a essência do *trabalho* e concebe o homem objetivado, verdadeiro porque real, como resultado de seu *próprio* trabalho. O comportamento *real, ativo* do homem para consigo mesmo enquanto ser genérico, ou o acionamento de seu ser genérico como um ser genérico real, isto é, como ser humano, só é possível na medida em que ele exterioriza efetivamente todas as suas *forças genéricas* — o que por sua vez só é possível por meio da ação do conjunto dos homens como resultado da história —, comportando-se perante elas como diante de objetos, o que, por sua vez, só é possível inicialmente sob a forma de alienação.

Nós apresentaremos a unilateralidade e os limites de Hegel detalhadamente no capítulo final da *Fenomenologia* — o saber absoluto —, um capítulo que contém tanto o espírito resumido da *Fenomenologia*, sua relação com a dialética especulativa, como também a *consciência* de Hegel sobre ambas e sua relação recíproca.

Provisoriamente, adiantemos apenas isto: Hegel coloca-se sob o ponto de vista da moderna economia nacional. Ele concebe o *trabalho* como sendo a *essência*, como a essência do homem que se confirma; ele vê apenas o lado positivo do trabalho, e não o seu lado negativo. O trabalho é *o vir-a-ser para si* do *homem* no interior da *alienação* ou enquanto homem *alienado*. O único trabalho que Hegel conhece e reconhece é o *trabalho abstrato do espírito*. Logo, o que, em suma, constitui a *essência* da filosofia, a *exteriorização do homem que conhece a si mesmo* ou a ciência *exteriorizada que se pensa a si mesma*, isso Hegel concebe como sua essência, e, por isso, ele pode, diante da filosofia precedente, resumir seus momentos isolados e apresentar sua filosofia como sendo *a* filosofia. Como faziam os demais filósofos — conceber os momentos isolados da natureza e da vida humana como momentos da autoconsciência e, na verdade, da autoconsciência abstrata — isso Hegel *entende* como o *fazer* da filosofia. Por isso, sua ciência é absoluta.

Vamos então para o nosso objeto.

*O saber absoluto. Último capítulo da Fenomenologia.*

O principal é que o *objeto* da *consciência* nada mais é do que a *autoconsciência*, ou que o objeto é apenas a *autoconsciência objetivada*, a autoconsciência como objeto. (Pôr do homem = autoconsciência.)

O que importa, portanto, é superar o *objeto da consciência*. A *objetividade* como tal é considerada uma relação *alienada* do homem, que não corresponde à *essência humana*, à autoconsciência. Assim, a *reapropriação* da essência objetiva do homem, gerada como alheia sob a determinação da alienação, possui não apenas o significado de superar a *alienação* como também a *objetividade*; isto é, desse modo, o homem é considerado como um ser *não objetivo, espiritualista*.

E o movimento da *superação do objeto da consciência* é descrito por Hegel assim:

O *objeto* mostra-se não apenas como *retornando* a *si mesmo* (segundo Hegel, isso é apenas a concepção *unilateral* daquele movimento — logo, a que concebe apenas um lado). O homem é colocado como igual a si mesmo. Mas o si mesmo é apenas o homem *abstrato*, concebido e gerado pela abstração. O homem é interesseiro. Seu olho, seu ouvido, etc. são *interesseiros*; cada uma de suas forças essenciais possui nele a propriedade da *ipseidade*. Mas por isso é inteiramente falso dizer: a *autoconsciência* tem olho, ouvido, força essencial. A autoconsciência é, antes, uma qualidade da natureza humana, do olho humano, etc., e não a natureza humana é uma qualidade da [XXIV] *autoconsciência*.

O si mesmo abstraído e fixado para si é o homem *egoísta abstrato*, o *egoísmo* elevado em sua pura abstração até o pensamento. (Mais tarde nós voltaremos a esse ponto.)

Para Hegel, a *essência humana*, o *homem* é igual à *autoconsciência*. Toda alienação da essência humana *nada mais* é do que a *alienação da autoconsciência*. A alienação da autoconsciência não é a *expressão* da *verdadeira* alienação da essência humana, que se reflete no saber e no pensar. A *verdadeira* alienação, que se manifesta como real, é antes, conforme sua essência *mais íntima* oculta — e somente revelada pela filosofia —, nada mais do que o *fenômeno* da alienação da verdadeira essência humana, da *autoconsciência*. Dessa forma, a ciência que compreende isso se chama *Fenomenologia*. Logo, toda reapropriação da essência objetiva alienada aparece como uma incorporação na autoconsciência; o homem que se apodera de sua essência é *apenas* a autoconsciência que se apodera da essência objetiva. O retorno do objeto a si mesmo é, portanto, a reapropriação do objeto.

A *superação do objeto da consciência* expressa *em todos os seus aspectos* é:

1) o objeto enquanto tal aparece à consciência como desaparecendo; 2) é a alienação da autoconsciência que coloca a coisidade; 3) esta alienação tem não apenas significado *negativo* como também *positivo*; 4) ela tem tal significado não apenas *para nós* ou em si mas também *para si mesma;* 5) *para ela*, o negativo do objeto ou a sua autosuperação tem, desse modo, significado *positivo*, ou ela *conhece* a sua nulidade na medida em que se exterioriza, pois nessa exteriorização ela coloca-se a si mesma como objeto, ou coloca o objeto como a si mesma pela unidade indivisível do *ser-para-si*. 6) Por outro lado, ao mesmo tempo, aqui se encontra esse outro momento: essa exteriorização e objetivação tanto se superou como retomou a si mesma, logo, em *seu* ser-outro *enquanto tal* ela está *junto de si*. 7) Este é o movimento da consciência e ele é, portanto, a totalidade de seus momentos; 8) ela deve também relacionar-se com o objeto segundo a totalidade de suas determinações e tendo-o apreendido conforme cada uma delas. Essa totalidade de suas determinações faz do objeto *em si essência espiritual*, e para a consciência isso na verdade se torna, pela apreensão de cada determinação singular, como sendo do *si mesmo* ou pelo chamado comportamento *espiritual* para com elas acima mencionado.

*ad 1.* Que o objeto como tal apresenta-se à consciência como em desaparecimento é o *retorno do objeto a si mesmo*, acima mencionado.

*ad 2.* A *exteriorização da autoconsciência* coloca a *coisidade*. Porque o homem = autoconsciência, assim, é sua essência objetiva exteriorizada ou a *coisidade* (isto *que para ele é objeto*, e objeto para ele é somente o que é verdadeiramente objeto essencial, logo, o que é sua essência *objetiva*. Mas, como não é o *homem real* enquanto tal que se torna sujeito, portanto tampouco a *natureza* — o homem é a *natureza humana* —, mas apenas a abstração do homem, a autoconsciência, assim a coisidade só pode ser a autoconsciência exteriorizada) = a *autoconsciência exteriorizada* e a *coisidade* são colocadas por essa alienação. É inteiramente compreensível que um ser vivo, natural, provido e dotado de forças essenciais objetivas, isto é, materiais, tenha tanto *objetos reais* e naturais de seu ser como também sua autoexteriorização seja a posição de um mundo objetivo *real* todo-poderoso, mas sob a forma da *exterioridade*, logo que não pertence ao seu ser. Não há nada de incompreensível e de enigmático nisso. O contrário é que seria enigmático. Mas é também claro que uma *autoconsciência,* por sua exteriorização, apenas possa colocar *a coisidade*, quer dizer, apenas uma coisa abstrata, uma coisa da abstração e não uma coisa *real*. Além do mais, é [XXVI] claro que, por isso, a coisidade de modo algum é algo *autônomo, essencial* frente a autoconsciência, mas apenas uma criatura, algo *posto* por ela, e o posto, em vez de confirmar a si mesmo, é apenas uma confirmação do ato de pôr, um instante de sua energia fixado como o produto e que na *aparência* — mas só por um instante — lhe confere o papel de um ser autônomo, real.

Quando o *homem* real, corpóreo, com os pés bem firmes sobre a terra, que aspira e espira todas as forças da natureza, ao se exteriorizar *coloca* suas *forças essenciais* reais, objetivas, como objetos alheios, não é o *pôr* que é sujeito; é a subjetividade das forças essenciais *objetivas*, cuja ação deve, portanto, também ser *objetiva*. O ser objetivo age objetivamente, e não agiria objetivamente se a objetividade não estivesse na determinação de seu ser. Ele somente cria e põe objetos porque é posto por objetos, porque desde a origem é *natureza*. Logo, no ato de pôr ele não cai de sua "atividade pura" para uma *criação* do *objeto*, mas é seu produto *objetivo* que apenas confirma sua atividade *objetiva*, sua atividade como atividade de um ser objetivo e natural.

Vemos aqui como o naturalismo realizado, ou humanismo, se diferencia tanto do idealismo quanto do materialismo e é, ao mesmo tempo, a verdade unificadora de ambos. Vemos também que apenas o naturalismo é capaz de compreender o ato da história universal.

O *homem* é imediatamente *ser natural*. Como ser natural, e como ser natural vivo, é, em parte, dotado de *forças naturais*, de *forças vitais*, é um ser natural ativo. Essas forças existem nele como disposições e capacidades, como *impulsos*; em parte, como ser natural, corpóreo, sensível, objetivo, ele é um ser que *sofre*, condicionado e limitado, a exemplo do animal e da planta; quer dizer, os *objetos* de seu impulso existem fora dele, como *objetos* independentes dele; mas esses objetos são *objetos* de sua *necessidade*, *objetos* imprescindíveis, essenciais para o acionamento e a confirmação de suas *forças essenciais*. Que o homem seja um ser *corpóreo*, dotado de forças naturais, vivo, real, sensível, objetivo, significa que tem como objeto de sua existência, de sua manifestação de vida, *objetos reais, sensíveis*, ou que ele apenas pode *exteriorizar* sua vida em objetos reais sensíveis. É idêntico *ser* objetivo, natural, sensível, como ter fora de si objeto, natureza, sentido, ou mesmo ser objeto, natureza, sentido para um terceiro. A *fome* é uma *necessidade* natural, logo, ela precisa de uma *natureza* fora de si, de um *objeto* fora de si, para se satisfazer, para se saciar. A fome é a necessidade confessa de meu corpo por um *objeto* existente fora dele, indispensável para sua integração e exteriorização essencial. O sol é o *objeto* da planta, um objeto indispensável para ela, que confirma sua vida, bem como a planta é objeto do sol, como *exteriorização* da força vivificadora do sol, da força essencial *objetiva* do sol.

Um ser que não tenha sua natureza fora de si não é um ser *natural*, não participa na essência da natureza. Um ser que não tem objeto algum fora de si não é um ser objetivo. Um ser que não seja, ele mesmo, objeto para um terceiro ser não tem nenhum ser como seu *objeto*, isto é, não se comporta de maneira objetiva, seu ser não é objetivo. [XXVII] Um ser não objetivo é um *não ser*.

Suponha-se um ser que não seja ele mesmo um objeto e que não tenha um objeto. Tal ser seria, primeiro, o ser único, não existiria nenhum ser fora dele, ele existiria solitário e isolado. Pois, tão logo existam objetos fora de mim, tão logo eu não esteja *sozinho*, eu sou um *outro*, uma *outra realidade* do objeto fora de mim. Para esse terceiro objeto, eu sou então uma *outra realidade* diferente dele, isto é, eu sou *seu* objeto. Um ser que não é objeto de um outro ser supõe, portanto, que não existe *nenhum* ser objetivo. Tão logo eu tenha um objeto, esse objeto me tem como objeto. Mas um ser *não* objetivo é um ser irreal, insensível, apenas pensado, isto é, apenas imaginado, um ser da abstração. Ser *sensível*, isto é, ser real, é ser objeto do sentido, ser objeto *sensível*, logo, ter objetos sensíveis fora de si, ter objetos de sua sensibilidade. Ser sensível é *sofrer*.

Por isso, o homem como um ser objetivo sensível é um ser *que sofre* e, como ser que sente seu sofrimento, ele é um ser *apaixonado*. A paixão é a força essencial do homem que o impulsiona energicamente para seu objeto.

Porém o homem não é apenas ser natural mas também ser natural *humano,* isto é, ser existente para si mesmo, por isso, *ser genérico*, e como tal ele deve se autoafirmar e atuar tanto em seu ser como em seu saber. Portanto, os objetos *humanos* não são os objetos da natureza tais como eles se oferecem imediatamente, nem o *sentido humano*, tal como ele é imediata e objetivamente, é sensibilidade *humana*, objetividade humana. A natureza não está nem objetiva nem subjetivamente disponível ao ser *humano* de maneira adequada e imediata.

E, como tudo que é natural deve *nascer*, assim também o *homem* tem seu ato de nascimento, a *história*, mas ela é para ele uma história conhecida e, portanto, como ato de nascimento com consciência, é um ato de nascimento que se supera. A história é a verdadeira história natural do homem. (Voltaremos a esse ponto.)

Terceiro, como o pôr da própria coisidade é apenas uma aparência, é um ato que contradiz a essência da atividade pura, ele também deve ser superado de novo, a coisidade deve ser negada.

*Ad 3, 4, 5, 6*. 3) Essa exteriorização da consciência tem não apenas significado *negativo* mas também *positivo*, e 4) esse significado positivo não é apenas *para nós* ou em si, mas para ela, para a própria consciência. 5) *Para ela*, o negativo do objeto ou sua própria autosuperação tem assim um significado *positivo*, ou ela *conhece* essa nulidade do objeto, porque assim ela mesma *se* exterioriza, pois nesta exteriorização ela se *conhece* como objeto, ou conhece o objeto como a si mesma pela unidade inseparável do *ser-para-si*. 6) Por outro lado, aqui se encontra ao mesmo tempo o outro momento: ela também superou e retomou em si essa exteriorização e objetividade, então, em seu *ser-outro enquanto tal, ela está junto de si*.

Nós já vimos: a apropriação do ser objetivo alienado ou a superação da objetividade sob a determinação da *alienação* — que deve ir da estranheza indiferente até a alienação realmente hostil — tem, para Hegel, ao mesmo tempo, ou inclusive principalmente, o significado de superar a *objetividade*, porque não é o caráter *determinado* do objeto, mas seu caráter *objetivo* que é o chocante e a alienação para a autoconsciência. Por isso, o objeto é um negativo, que se supera a si mesmo, uma *nulidade*. Essa própria nulidade tem para a consciência não apenas um significado negativo mas também *positivo*, pois essa *nulidade* do objeto é precisamente a *autoconfirmação* da não objetividade, da [XXVIII] *abstração* de si mesma. Para a *própria consciência,* a nulidade do objeto tem assim um significado positivo porque ela a *conhece,* o ser objetivo, como sua *autoexteriorização;* ela sabe que existe somente por meio de sua *autoexteriorização.* ... O modo como a consciência existe, e como algo existe para ela, é o *saber*. O saber é seu único ato. Por isso, algo existe para ela mesma na medida em que *conhece* esse *algo*. Saber é seu único comportamento objetivo. — Ora, ela conhece a nulidade do objeto, ou seja, o não-ser--diferente do objeto para ela, na medida em que ela conhece o objeto como sua *autoexteriorização*, isto é, ela se conhece — o saber como objeto — na medida em que o objeto é apenas a *aparência* de um objeto como emanação enganadora, pois em seu ser não é uma *nulidade,* que não tem *nenhuma* objetividade fora do saber; ou o saber compreende que, enquanto se relaciona com um objeto, ele só pode estar *fora* de si, se autoexteriorizar; que *ele mesmo* só *aparece para si* como objeto, ou o que lhe aparece como objeto é somente ele mesmo.

Por outro lado, diz Hegel, aqui se encontra esse outro momento: que a consciência tanto superou como retomou para si essa exteriorização e objetividade, logo, em seu *ser-outro enquanto tal,* ela *está junto de si.*

Nesse raciocínio, nós temos reunidas todas as ilusões da especulação.

*Em primeiro lugar:* a consciência, a autoconsciência em *seu ser-outro enquanto tal está junto de si.* Por isso, ou se nós aqui abstrairmos a abstração de Hegel e no lugar da autoconsciência colocarmos a autoconsciência do homem, ela em seu *ser-outro enquanto tal* está *junto de si.*

O que implica, primeiro, que a consciência — o saber enquanto saber, o pensar enquanto pensar — pretende ser imediatamente o *outro* de si mesmo, sensibilidade, realidade, vida; pensamento que se sobrepuja a si mesmo no pensar (Feuerbach). Esse aspecto está contido aqui na medida em que a consciência, apenas enquanto consciência, tem seu impulso não na objetividade alienada, mas na *objetividade como tal.*

Em segundo lugar, isto implica que o homem autoconsciente, na medida em que ele reconheceu e superou o mundo espiritual, ou a existência espiritual geral de seu mundo, como autoexteriorização, ele mesmo, porém, confirma-o de novo nesta forma exteriorizada e o toma como sua verdadeira existência, restaura-a, finge estar em *seu ser-outro como* estando *junto de si*; portanto, após a superação, por exemplo, da religião, após o reconhecimento da religião como um produto da autoexteriorização, ele encontra-se, porém, confirmado na *religião como religião.* Aqui *está* a raiz do *falso* positivismo de Hegel ou de seu criticismo apenas *aparente*; o que Feuerbach designa como o pôr, o negar e o restaurar da religião ou da teologia, mas que é para ser compreendido de maneira mais geral. Então, a razão está junto de si na não razão como sendo não razão. O homem que reconheceu levar no direito, na política, etc. uma vida alienada, leva essa vida alienada como sendo sua verdadeira vida humana. A autoafirmação, autoconfirmação em *contradição* consigo mesma, tanto com o saber quanto com a essência do objeto, logo, é o verdadeiro *saber* e a verdadeira *vida*.

Então, não se pode mais falar de uma acomodação de Hegel em face da religião, do Estado, etc., pois essa mentira é a mentira de seu princípio.

[XXIX] Se eu *sei* que a religião é a autoconsciência humana *alienada*, então eu não conheço nela como religião minha autoconsciência, mas minha autoconsciência alienada confirmada nela. Eu conheço, portanto, a minha autoconsciência, pertencente a si mesma, à sua essência, não confirmada na *religião*, porém, na religião *eliminada, superada*.

Por isso, em Hegel, a negação da negação não é a confirmação da essência verdadeira, exatamente mediante a negação da essência aparente, mas a confirmação da essência aparente ou da essência alienada de si em sua negação, ou ainda a negação dessa essência aparente como essência objetiva, existente fora do homem e independente dele, e a sua transformação em sujeito.

Por isso, um papel particular desempenha a *superação*, onde a negação e a conservação, a afirmação, estão ligadas.

Assim, por exemplo, na *Filosofia do direito* de Hegel, o *direito privado* superado = *moral*, a moral superada = *família*, a família superada = *sociedade civil*, a sociedade civil superada = *Estado*, o Estado superado = *história universal*. Na realidade, direito privado, moral, família, sociedade civil, etc. continuam, mas tornaram-se *momentos*, existências e modos de existência do homem que não têm validade isolados, se dissolvem e se engendram reciprocamente, etc., *momentos do movimento*.

Em sua existência real, essa sua essência *móvel* está oculta. Ela aparece, manifesta-se, apenas no pensamento, na filosofia, e por isso minha verdadeira existência religiosa é minha existência *filosófico-religiosa*, minha verdadeira existência política é minha existência *filosófico-jurídica*, minha verdadeira existência natural é a existência *filosófico-natural*, minha verdadeira existência artística é a existência *filosófico--artística*, minha verdadeira existência *humana* é minha existência *filosófica*. Bem como a verdadeira existência da religião, do Estado, da natureza, da arte é = a *filosofia* da religião, da natureza, do Estado, da arte. Mas se para mim a filosofia da religião, etc. é apenas a verdadeira existência, então eu também sou verdadeiramente religioso apenas como *filósofo da religião*; assim eu nego a religiosidade *real* e o homem *religioso* real. Mas, ao mesmo tempo, eu os *confirmo*, em parte, no interior de minha própria existência ou no interior da minha existência alienada, que eu contraponho a eles, pois esta é apenas a expressão *filosófica* deles; e, em parte, sob sua forma originária própria, pois eles valem para mim como o ser-outro apenas *aparente*, como alegorias, como formas ocultas sob invólucros sensíveis de sua própria existência verdadeira, isto é, de minha existência *filosófica*.

Do mesmo modo, a *qualidade superada* é = *quantidade*, a quantidade superada = *medida*, a medida superada = *essência*, a essência superada = *fenômeno*, o fenômeno superado = *realidade*, a realidade superada = *conceito*, o conceito superado = *objetividade*, a objetividade superada = *ideia absoluta*, a ideia absoluta superada = *natureza*, a natureza transposta = espírito *subjetivo*, o espírito subjetivo superado = espírito ético, objetivo, o espírito ético superado = arte, a arte superada = *religião*, a religião superada = *saber absoluto*.

Por um lado, esse superar é um superar do ser pensado, então a propriedade privada *pensada* se supera no *pensamento* da moral. E, como o pensamento imagina ser imediatamente o outro de si mesmo, *realidade sensível*, então, para ele, sua ação vale também como ação *real sensível*; assim esse superar pensado, que deixa seu objeto continuar intacto na realidade, acredita realmente que o superou. E, por outro lado, como o objeto tornou-se para ele apenas momento do pensamento, assim também vale para ele em sua realidade como autoconfirmação de si mesmo, da autoconsciência, da abstração.

[XXX] Por um lado, a existência que Hegel *supera* na filosofia não é, portanto, a religião, o Estado, a natureza *reais*, mas a religião mesma já como objeto do saber, a *dogmática*; assim também a *jurisprudência*, a *ciência do Estado*, a *ciência natural*. Por outro lado, ele encontra-se em oposição tanto em relação ao ser *real* como em relação à *ciência* diretamente não filosófica, ou em relação aos *conceitos* não filosóficos desse ser. Por isso, ele contradiz seus conceitos usuais.

Por outro lado, o homem religioso, etc. pode encontrar em Hegel sua confirmação final.

Consideremos agora os momentos *positivos* da dialética hegeliana — no interior da determinação da alienação.

a) O *superar* como movimento objetivo que retoma em si a alienação. — Essa é, expressa no interior da alienação, a concepção da *apropriação* da essência objetiva mediante a superação de sua alienação, a concepção alienada na *objetivação real* do homem, na apropriação real de sua essência objetiva mediante a eliminação da determinação *alienada* do mundo objetivo, mediante sua superação em sua existência alienada; assim como o ateísmo, enquanto superação de Deus, é o devir do humanismo teórico, o comunismo como superação da propriedade privada é a reivindicação da vida humana real enquanto propriedade sua, o devir do humanismo prático; em outros termos, o ateísmo é o humanismo conciliado consigo mesmo pela superação da religião, o comunismo é o humanismo conciliado consigo mesmo pela superação da propriedade privada. Somente com a superação dessa mediação — que, porém, é um pressuposto necessário — chega-se ao humanismo, que começa em si mesmo de forma positiva, o humanismo *positivo*.

Mas ateísmo e comunismo não são nenhuma fuga, nenhuma abstração, nenhuma perda do mundo objetivo gerado pelo homem, de suas forças essenciais nascidas para a objetividade, nenhuma miséria que retorna à simplicidade não natural, não desenvolvida. São antes, pela primeira vez, o devir real, a realização tornada real para o homem de sua essência, ou de sua essência enquanto essência real.

Considerando o sentido *positivo* da negação referida a si mesma, Hegel concebe então — ainda que novamente de maneira alienada — a alienação de si, a exteriorização da essência, a desobjetivação e a não realização do homem como autoconquista, externação da essência, objetivação, realização. Em resumo, ele concebe — no interior da abstração — o trabalho como o *ato autogerador* do homem, a relação consigo mesmo como com um ser estranho e a manifestação de si enquanto ser estranho, como a *consciência genérica* e a *vida genérica* no devir.

b) Em Hegel — abstraindo, ou melhor, como consequência do absurdo já indicado — esse ato aparece, porém, primeiro como um ato *apenas formal* porque abstrato, porque o próprio ser humano só vale como *ser abstrato pensante*, como autoconsciência; e, em segundo lugar, como a concepção é *formal* e *abstrata*, a superação da alienação torna-se, portanto, uma confirmação da alienação, ou, para Hegel, aquele movimento de *autogeração*, de *auto-objetivação* enquanto *autoexteriorização e autoalienação* é a *exteriorização absoluta da vida humana* e, por isso, a última *exteriorização da vida humana* que atinge a sua essência, que tem a si mesma como objetivo e está em paz consigo. Esse movimento em sua [XXXI] forma abstrata como dialética passa a ser, por isso, a *verdadeira vida humana*, mas, como é uma abstração, uma alienação da vida humana, é considerado *processo divino*, mas como processo divino do homem, — um processo que atravessa sua própria essência abstrata, absoluta, pura, diferente dele.

*Em terceiro lugar*: esse processo deve ter um portador, um sujeito; mas o sujeito aparece apenas como resultado; esse resultado, o sujeito que conhece a si mesmo como consciência absoluta de si, é, por isso, o *Deus, espírito absoluto, a ideia que se conhece e atua.* O homem real e a natureza real tornam-se apenas predicados, símbolos desse homem oculto, irreal e dessa natureza irreal. Sujeito e predicado, por isso, têm entre si relação de uma inversão absoluta: *sujeito-objeto místico* ou *subjetividade que transcende* o *objeto, o sujeito absoluto* como um *processo — sujeito* que se *aliena* e que retorna a si da alienação, mas que, ao mesmo tempo, a retoma em si —, e o sujeito como esse processo; o puro movimento circular *incessante* em si.

*Primeiro*. Concepção *formal* e *abstrata* da autogeração ou do ato de auto-objetivação do homem.

O objeto alienado, a realidade essencial alienada do homem — pois, como Hegel coloca o homem = autoconsciência —, é nada mais que a *consciência*, apenas o pensamento da alienação, sua manifestação *abstrata* e, portanto, sem conteúdo e irreal, a *negação*. A superação da alienação não é, por isso, nada mais que uma superação abstrata, sem conteúdo daquela abstração sem conteúdo, a *negação da negação*. A atividade plena de conteúdo, viva, sensível e concreta da auto-objetivação torna-se assim sua mera abstração, a *negatividade absoluta*, uma abstração que novamente é fixada como tal e é pensada como atividade autônoma, como a atividade por excelência. Como essa chamada negatividade nada mais é que a forma *abstrata, sem conteúdo* daquele ato real e vivo, seu conteúdo só pode ser apenas um conteúdo *formal*, gerado pela abstração de todo o conteúdo. Por isso, são as *formas de abstração* gerais válidas para qualquer conteúdo, logo tanto indiferentes a todo e qualquer conteúdo como, precisamente por isso, válidas para cada conteúdo; são as formas de pensar, as categorias lógicas arrancadas do espírito *real* e da natureza *real*. (Desenvolveremos mais abaixo o conteúdo *lógico* da negatividade absoluta.)

O positivo que Hegel logrou aqui — em sua lógica especulativa — é que os *conceitos determinados*, as *formas de pensamento fixas e universais* em sua autonomia frente à natureza e ao espírito são um resultado necessário da alienação geral do ser humano, assim também do pensamento humano, e que Hegel as apresentou e as resumiu, portanto, como momentos do processo de abstração. Por exemplo, o ser superado é a essência, a essência superada é o conceito, o conceito superado... a ideia absoluta. Mas então o que é a ideia absoluta? Ela se supera a si mesma novamente, caso não queira refazer novamente e desde o início todo ato da abstração e contentar-se em ser, assim, uma totalidade de abstrações, ou a abstração que apreende a si mesma. Mas a abstração que se apreende como abstração se conhece como sendo nada; ela deve renunciar a si mesma e assim chegar junto de um ser que é precisamente o seu contrário, junto da *natureza*. Toda a lógica é então a prova de que o pensamento abstrato por si não é nada, de que a ideia absoluta por si não é nada, que apenas a *natureza* é algo. [XXXII] A ideia absoluta, a ideia abstrata, que "*considerada* em sua unidade consigo mesma é *contemplação*", (Hegel, *Enciclopédia*, 3ª edição, p. 222) a qual "na absoluta verdade de si mesma se *decide* livremente a libertar *de si* como *natureza* o momento de sua especificidade ou da primeira determinação, e ser-outro, a *Ideia imediata* como seu reflexo" (l. c.). Toda essa ideia operando de maneira tão estranha e barroca, que causou terrível dor de cabeça nos hegelianos, nada mais é do que a *abstração* — isto é, o pensador abstrato —, que, instruída pela experiência e esclarecida sobre sua verdade, entre tantas outras condições, falsas e elas mesmas ainda abstratas, decide *renunciar a si mesma* e colocar o seu ser-outro, o particular, o determinado, no lugar de seu estar-junto-de-si\não-ser, sua generalidade e sua indeterminação; a *Natureza* que ela ocultava em si apenas como abstração, como coisa do pensamento, ela *deixa sair de si livre*, isto é, decide abandonar a abstração e contemplá-la uma vez como natureza *livre* dela. A ideia abstrata, que se torna *contemplação* imediata, não é outra coisa senão o pensamento abstrato que renuncia a si mesmo e se decide pela *contemplação*. Toda essa passagem da *Lógica* à filosofia da *natureza* não é nada mais que a passagem — tão difícil de ser realizada pelo pensador abstrato, e por isso descrita por ele de maneira tão extravagante — da *abstração* para a *contemplação*. O sentimento *místico* que impulsiona o filósofo do pensamento abstrato para a contemplação é o *tédio*, a ânsia por um conteúdo.

(O homem alienado de si mesmo é também o pensador alienado de sua *essência*, isto é, da essência natural e humana. Por isso, seus pensamentos são espíritos fixos que vivem fora da natureza e do homem. Em sua *Lógica*, Hegel encerrou todos esses espíritos fixos e concebeu cada um deles primeiro como negação, ou seja, como *alienação* do pensamento *humano*, depois como negação da negação, ou seja, como superação dessa alienação, como *real* exteriorização do pensamento humano; mas — como ele mesmo ainda é prisioneiro da alienação — essa negação da negação é, em parte, a restauração desses espíritos fixos em sua alienação; em parte, é a permanência no último ato, no referir-se a si mesmo na alienação como a sua verdadeira existência {(isto é, Hegel coloca o ato da abstração girando em si no lugar daquelas abstrações fixas; com isso, ele já tem o mérito de mostrar as fontes de todos esses conceitos impróprios pertencentes a filósofos segundo sua data de origem, sintetizando-os e criando como objeto da crítica a abstração consumida em toda a sua extensão em vez de uma abstração determinada) (nós veremos depois por que Hegel separa o pensamento do *sujeito*; mas já está claro que, se o homem não é humano, tampouco a exteriorização de sua essência pode ser humana; então, também o pensamento não podia ser concebido como exteriorização da essência do homem, como um sujeito humano e natural, vivo na sociedade, no mundo e na natureza, com olhos, ouvidos, etc.)}; e, em parte, na medida em que essa abstração compreende a si mesma e sente um tédio infinito sobre si mesma, em Hegel o abandono do pensamento abstrato que só se move no pensamento, sem olhos, sem dentes, sem ouvidos, sem nada, aparece como a decisão de reconhecer a *natureza* como essência e dedicar-se à contemplação.)

[XXXIII] Mas também a *natureza*, considerada abstratamente, para si, fixada na separação do homem, não é *nada* para o homem. É evidente por si mesmo: o pensador abstrato que se decidiu pela contemplação, contempla-a abstratamente. Como a natureza do pensador estava encerrada pelo pensador em sua forma misteriosa e oculta para ele mesmo, como ideia absoluta, como coisa pensada, assim ele, na verdade, na medida em que a liberta, apenas deixou sair de si essa *natureza abstrata*, apenas a *coisa pensada* da natureza — mas então com o significado de que ela é o ser-outro do pensamento, que ela é a natureza real contemplada, diferente do pensamento abstrato. Ou, para falar em uma linguagem humana, o pensador abstrato na sua contemplação da natureza intera-se que os seres, que ele pensou ter criado do nada na sua dialética divina, da pura abstração, como puros produtos do trabalho que se tece em si mesmo e nunca olha para a realidade, nada mais são do que *abstrações* de *determinações da natureza*. Logo, toda a natureza repete para ele, sob uma forma sensível, exterior, as abstrações lógicas. Ele as *analisa* de novo nessas abstrações. Sua contemplação da natureza é, portanto, apenas o ato de confirmação de sua abstração da contemplação da natureza, o ato gerador de sua abstração repetido conscientemente. Assim, por exemplo, o tempo é = negatividade, que se refere a si (p. 238 l. c.). Ao devir superado enquanto existência, corresponde, de forma natural, o movimento superado como matéria. A luz é a forma *natural* da *reflexão em si*. O corpo, como *lua* e *cometa*, é a forma *natural* da *oposição*, que segundo a lógica é, por um lado, *o positivo que repousa sobre si mesmo*, por outro lado, é o *negativo* que repousa sobre si mesmo. A terra é a forma *natural* do *fundamento* lógico, como unidade negativa da oposição, etc.

A *natureza enquanto natureza*, quer dizer, na medida em que ela ainda se diferencia sensivelmente daquele sentido secreto nela oculto, a natureza separada, diferente dessas abstrações não é *nada,* um *nada que se demonstra como nada, sem sentido,* ou apenas tem o sentido de uma exterioridade que deve ser superada. "No ponto de vista finito-*teológico* encontra-se o pressuposto correto de que a natureza não contém em si mesma a finalidade absoluta." p. 225.[69] Sua finalidade é a confirmação da abstração. "A natureza mostrou-se como a Ideia na *forma* do *ser-outro.* Uma vez que a *Ideia* é assim como o negativo dela mesma ou *exterior a si,* a natureza não é exterior apenas em relação a essa Ideia, mas a *exterioridade* constitui a determinação na qual ela é natureza". p. 227.[70]

A *exterioridade* não é para ser entendida aqui como a *sensibilidade* que se *exterioriza* e se abre à luz, ao homem sensível. A exterioridade aqui é para ser considerada no sentido da alienação, de um erro, de um defeito, que não deve ocorrer. Pois o verdadeiro é ainda a ideia. A natureza é apenas a *forma* de seu *ser-outro.* E como o pensamento abstrato é a *essência,* aquilo que lhe é externo é, por sua essência, apenas algo *exterior.* O pensador abstrato reconhece ao mesmo tempo que a *sensibilidade* é a essência da natureza, a *exterioridade* em oposição ao pensamento que se tece *em si.* Mas, ao mesmo tempo, ele exprime essa oposição de tal maneira que essa *exterioridade da natureza* é sua *oposição* ao pensamento, é seu *defeito;* que ela, na medida em que se diferencia da abstração,

---

[69] Hegel, G.W.F. *Enzyklopädie...,* § 257; TW, B.9, p. 47-48. (N.E.)
[70] *Idem, ibidem,* § 247; *idem, ibidem,* p. 24. (N.E.)

é um ser imperfeito. [XXXIV] Um ser imperfeito não apenas para mim, para meus olhos, mas um ser imperfeito em si mesmo tem algo que lhe falta fora de si. Isto é, seu ser é algo diferente dele mesmo. Por isso, a natureza para o pensador abstrato deve superar a si mesma, pois ela já foi colocada por ele como um ser potencialmente *superado*.

"*Para nós*, o espírito tem *a natureza* como seu *pressuposto*, da qual ele é a *verdade*, e, assim, seu *primeiro absoluto*. Nessa verdade, a natureza *desapareceu* e o espírito mostrou-se como a Ideia que chegou ao seu ser para si, cujo *objeto*, assim como o *sujeito*, é o *conceito*. Essa identidade é *negatividade absoluta*, porque na natureza o conceito tem a sua completa objetividade exterior, porém superou essa sua exteriorização, e o conceito tornou-se nela idêntico a si mesmo. Ele é essa identidade, por isso, somente como retorno da natureza". p. 392.[71]

"A *manifestação* — que como manifestação da Ideia *abstrata* é passagem imediata, *devir* da natureza — é, enquanto manifestação do espírito que é livre, o *pôr* da natureza como *seu* mundo; um pôr que, como reflexão, é ao mesmo tempo *pressupor* do mundo como natureza autônoma. A manifestação no conceito é a criação da natureza como seu ser, no qual ele se proporciona a *afirmação* e *a verdade* de sua liberdade."

"O *absoluto é o espírito*; isto é a definição suprema do absoluto."[72]

---

[71] *Idem, ibidem*, § 381; TW, B. 10. (N. E.)
[72] *Idem, ibidem*, § 384; TW, B. 10, p. 29. (N. E.)

[Propriedade privada e necessidades]

[XIV] 7) Nós vimos que significado tem, sob o pressuposto do socialismo, a *riqueza* das necessidades humanas, e, portanto, tanto um *novo modo de produção* como também um novo *objeto* da produção. Nova atuação da força essencial *humana* e novo enriquecimento da essência *humana*. No interior da propriedade privada, o significado inverso. Cada homem especula em como criar uma *nova* necessidade para o outro, a fim de obrigá-lo a tornar-se uma nova vítima, para colocá-lo em uma nova dependência, para induzi-lo a um novo modo de *fruição* e, com isso, à ruina econômica. Cada um procura criar uma força essencial *alienada* sobre o outro para encontrar aí a satisfação de sua própria necessidade egoísta. Com a massa dos objetos cresce, portanto, o império do ser alienado, ao qual o homem está subjugado, e cada novo produto é uma nova *potência* do engano recíproco e da pilhagem recíproca. O homem torna-se cada vez mais pobre enquanto homem, ele precisa cada vez mais de dinheiro para se apoderar do ser hostil, e o poder de seu *dinheiro* entra precisamente em relação inversa com a massa da produção, ou seja, sua pobreza cresce à medida que o *poder* do dinheiro aumenta. — A necessidade do dinheiro é, portanto, a verdadeira necessidade produzida pela economia nacional e a única necessidade que ela produz. — A *quantidade* do dinheiro torna-se cada vez mais sua única qualidade *com poder*; assim como ele reduz todo o seu ser à sua abstração, ele se reduz a si mesmo em seu próprio movimento como ser *quantitativo*. O *exagero* e o *excesso* tornam-se a sua verdadeira medida.

Mesmo subjetivamente isso aparece, em parte, porque a expansão dos produtos e das necessidades o torna escravo *criador* e sempre *calculista* dos apetites desumanos, refinados, não naturais e *imaginários* — a propriedade privada não sabe fazer da necessidade rude uma necessidade *humana*; o seu *idealismo* é a *ilusão*, a *arbitrariedade*, o *capricho*, e não há eunuco que adule de forma mais infame seu déspota e não procure provocar por nenhum meio mais infame sua embotada aptidão para o prazer, para obter astutamente um favor, do que o eunuco da indústria, o produtor, para obter astutamente cêntimos de prata para si, atraindo para fora do bolso do querido vizinho cristão os pássaros de ouro — (cada produto é uma isca com a qual se quer atrair para si a essência do outro, o seu dinheiro, cada necessidade real ou possível é uma fraqueza que aproximará a mosca da armadilha — exploração geral da essência humana comum, assim como cada imperfeição do homem é um vínculo com o céu, um lado que torna seu coração acessível ao padre; cada carência é uma oportunidade para se dirigir ao vizinho sob a aparência mais amável e lhe dizer: querido amigo, eu te dou o que necessitas, mas tu conheces a *conditio sine qua non*;[73] sabes com que tinta tens de me prescrever; eu te engano ao te proporcionar um prazer.) — Sujeita-se às ideias mais indecentes, age como alcoviteiro entre ele e sua necessidade, desperta nele desejos doentios, espreita cada fraqueza nele, para então exigir o adiantamento para esta obra de caridade.

Em parte, essa alienação mostra-se na medida em que, por um lado, produz o refinamento das necessidades e de seus meios e, por outro lado, produz a degradação brutal, a completa simplicidade rude, abstrata, da necessidade; ou melhor, apenas engendrou de novo a si mesma em seu significado contrário. Mesmo a necessidade de ar livre deixa de ser necessidade para o trabalhador; o homem retorna à caverna, que agora, porém, está infestada pelo mefítico ar pestilento da civilização, na qual ele mora ainda mais *precariamente*, como um poder alheio que lhe é subtraído diariamente, e do qual ele pode ser [XV] desalojado caso não pague. Ele deve *pagar* por essa casa mortuária. A casa da *luz*, que Ésquilo, em *Prometeu*,[74] indica como uma das maiores dádivas pela qual o selvagem se tornou homem, deixa de existir para o trabalhador. Luz, ar, etc., a mais elementar

---

[73] Em latim no original: "condição indispensável". (N.T.)
[74] *Prometeu acorrentado*, de Ésquilo. (N.E.)

limpeza *animal* deixa de ser uma necessidade para o homem. A *imundície*, essa degradação, putrefação do homem, o *esgoto* (no sentido literal da palavra) da civilização torna-se um *elemento vital* para ele. O completo abandono *não natural*, a natureza apodrecida torna-se seu *elemento vital*. Nenhum de seus sentidos existe mais, não apenas em seu modo humano como também em um modo *desumano,* logo nem mesmo de modo animal. Os *modos* (e *instrumentos*) do trabalho humano mais rudes reaparecem, como o *moinho de pedra* dos escravos romanos que se tornou modo de produção, modo de existência de muitos trabalhadores ingleses. Não apenas o homem deixou de ter qualquer necessidade humana como também as próprias necessidades *animais* desaparecem. O irlandês conhece apenas a necessidade de *comer*, mas na verdade apenas a de *comer batata*, quer dizer, a *batata Lumper*, a pior espécie de batata. Porém a Inglaterra e a França já têm uma *pequena* Irlanda em cada cidade industrial. E o selvagem, o animal ainda tem a necessidade de caçar, de se mover, etc., de sociabilidade. A simplificação da máquina, do trabalho, é utilizada para fazer do homem em formação, do homem que ainda não se desenvolveu — a *criança* —, um trabalhador, tal como o trabalhador tornou-se uma criança abandonada. A máquina se acomoda à *fraqueza* do homem, para fazer do homem *fraco* uma máquina.

Como o aumento das necessidades e de seus meios engendra a falta de necessidades e de meios, como demonstra o economista (e o capitalista, em geral falamos sempre dos homens de negócio *empíricos* quando nos dirigimos aos economistas — sua confissão *científica* e sua existência): 1) na medida em que ele reduz a necessidade do trabalhador à subsistência mínima necessária e à mais miserável, ele diz, então: o homem não tem nenhuma outra necessidade, nem de atividade, nem de prazer; pois ele declara *também* essa vida como vida e existência *humanas*; na medida em que 2) ele *calcula* a vida mais *escassa* possível como sendo a medida, e inclusive como sendo a medida geral: geral porque vale para a massa dos homens; ele faz do trabalhador um ser insensível e sem necessidades, tal como ele faz de sua atividade uma pura abstração de todas as atividades; por isso, qualquer *luxo* do trabalhador aparece para ele como reprovável e tudo o que ultrapasse a necessidade mais abstrata de todas — seja como prazer passivo, seja como exteriorização de atividade — aparece como luxo para ele. A economia nacional, essa ciência da *riqueza* é, portanto, ao mesmo tempo, a ciência da renúncia, da miséria, da *poupança*, e ela realmente chega a *poupar* ao homem até mesmo a *necessidade* de *ar* puro e de *movimento* físico. Essa ciência da indústria maravilhosa é, ao mesmo tempo, a ciência da *ascese*, e o seu verdadeiro ideal é o avarento *ascético*, porém *usurário*, e o escravo *ascético*, porém *produtivo*. Seu ideal moral é o trabalhador que coloca uma parte de seu *salaire* na poupança e até encontrou uma *arte* servil para essa sua ideia preferida. O sentimentalismo foi levado ao teatro. Por isso, ela é — apesar de sua aparência mundana e voluptuosa — uma ciência verdadeiramente moral, a mais moral de todas as ciências. A autorrenúncia, a abdicação da vida, de todas as necessidades humanas é sua tese principal. Quanto menos tu comeres, beberes, comprares livros, fores ao teatro, ao baile, à taverna, pensares, amares, teorizares, cantares, pintares, praticares esgrima, etc., tanto mais tu *poupas*, tanto *maior* será teu tesouro, que nem traças nem roubo[75] vão corroer teu *capital*. Quanto menos tu *fores*, quanto menos exteriorizares tua vida, tanto mais tu *tens*, tanto maior é tua vida *exteriorizada*, tanto mais *poupas* da tua essência alienada. Tudo [XVI] o que o economista te retira em vida e humanidade, tudo isso ele te restitui em *dinheiro* e *riqueza*. E tudo aquilo que tu não podes, teu dinheiro pode: ele pode comer, beber, ir ao baile, ao teatro, ele conhece a arte, a erudição, as raridades históricas, o poder político, ele pode viajar, ele *pode* apropriar-se de tudo para ti; ele pode comprar tudo; ele é a verdadeira *capacidade*. Mas ele, que é tudo isso, não *deseja* senão criar a si mesmo, comprar a si mesmo, pois todo o resto é seu servo e, se eu tiver o senhor, terei o servo e não necessitarei de seu servo. Todas as paixões e toda a atividade devem, portanto, naufragar na *cobiça*. O trabalhador só pode ter para querer viver, e só pode querer viver para ter.

---

[75] Ver o *Evangelho*, Mateus, VI. (N.E.)

Sem dúvida alguma, levanta-se agora uma controvérsia no terreno da economia nacional. Um lado (Lauderdale, Malthus, etc.) recomenda o *luxo* e amaldiçoa a poupança; o outro lado (Say, Ricardo, etc.) recomenda a poupança e amaldiçoa o luxo. Mas aquele admite querer o luxo para produzir o *trabalho*, isto é, a poupança absoluta; o outro lado admite recomendar a poupança para produzir a *riqueza*, isto é, o luxo. O primeiro lado tem a *romântica* ilusão de que a cobiça não pode determinar sozinha o consumo dos ricos, e ele contradiz suas próprias leis quando faz passar o *desperdício* imediatamente como um meio de enriquecimento; e, por sua vez, se lhe demonstra com muita seriedade e minúcia que eu reduzo *meus bens* com o desperdício e não os aumento; o outro lado comete a hipocrisia de não reconhecer que precisamente o capricho e o devaneio determinam a produção; ele esquece as "necessidades requintadas", ele esquece que sem consumo não se produz; ele esquece que a produção deve tornar-se pela concorrência apenas mais multilateral, mais luxuosa; ele esquece que o uso determina o valor da coisa e que a moda determina o uso, ele deseja ver produzido apenas o "útil", mas esquece que a produção de muito útil produz muita população *inútil*. Ambos os lados esquecem que desperdício e poupança, luxo e privação, riqueza e miséria são iguais.

E tu deves não somente poupar teus sentidos imediatos, como comer, etc., mas também deves poupar a participação em interesses gerais, na compaixão, na confiança, etc., caso queiras ser econômico, caso não queiras te arruinar com ilusões.

Tu deves tornar tudo o que é teu *venal*, isto é, útil. Se eu pergunto ao economista: eu obedeço às leis econômicas quando consigo dinheiro com a entrega, a venda de meu *corpo* à volúpia alheia (os trabalhadores fabris na França nomeiam a prostituição de suas mulheres e filhas como a hora de trabalho x, o que é literalmente verdadeiro), ou ajo de forma não econômica quando eu vendo meu amigo aos marroquinos (e a venda direta de seres humanos como comércio de conscritos, etc. ocorre em todos os países civilizados), então o economista me responde: tu não ages contra as minhas leis, mas veja o que dizem minhas primas, a moral e a religião; minha moral e religião *econômicas* nada têm a objetar contra ti, mas... mas em quem eu devo acreditar mais: na economia nacional ou na moral? — A moral da economia nacional é o *ganho*, o trabalho e a poupança, a sobriedade, mas a economia nacional me promete satisfazer minhas necessidades. — A economia nacional da moral é a riqueza com boa consciência, com virtude, etc., mas como eu posso ser virtuoso se eu não sou nada, como ter uma boa consciência se eu não sei nada? — Isso está fundado na essência da alienação: cada esfera coloca em mim um critério diferente, uma, a moral, a outra, a economia nacional, porque cada uma delas é uma determinada alienação do homem e cada [XVII] uma fixa um círculo específico da atividade essencial alienada; cada uma se relaciona de forma alienada com a outra alienação. ... Assim, o senhor *Michel Chevalier* censura Ricardo por abstrair a moral. Mas Ricardo deixa a economia nacional falar a sua própria linguagem. Se essa não fala moralmente, então a culpa não é de Ricardo. Michel Chevalier faz abstração da economia nacional na medida em que moraliza, mas ele faz abstração, necessária e realmente, da moral na medida em que pratica a economia nacional. A relação do economista com a moral, quando ela não é arbitrária, casual, e, portanto, não fundamentada e não científica, quando ela não se engana com a *aparência*, mas é pensada em sua *essência*, só pode ser a relação das leis nacional-econômicas com a moral; caso isso não ocorra, ou, melhor, caso ocorra o contrário, o que pode fazer Ricardo? Além disso, também a oposição entre economia nacional e moral é apenas uma *aparência*, portanto, não é oposição alguma. A economia nacional apenas expressa de *seu modo* as leis morais.

A falta de necessidade como o princípio da economia nacional mostra-se da maneira *mais brilhante* em sua *teoria da população*. Há *muita* gente. Mesmo a existência da pessoa é um puro luxo e, se o trabalhador é "moralista" (Mill propõe elogios públicos para os que se mostrarem castos nas relações sexuais e censuras públicas para os que pecarem contra a esterilidade do casamento... Isto não é moral, doutrina da ascese?), ele será parcimonioso na procriação. A produção do homem manifesta-se como miséria pública.

O sentido que a produção tem em relação ao rico revela-se *abertamente* no sentido que ela tem para o pobre; para cima é a manifestação sempre refinada, latente, ambígua, aparência, para baixo é grosseira, direta, aberta, essência. A necessidade *rude* do trabalhador é uma fonte bem maior de lucro que a necessidade *refinada* do rico. Os sótãos em Londres rendem aos seus senhorios mais que os palácios, ou seja, em relação a esses, eles representam uma *riqueza maior*, logo, falando em termos da economia nacional, uma maior riqueza *social*. — E, como a indústria especula com o refinamento das necessidades, ela também especula com a sua *rudeza*, mas com a sua rudeza artificialmente gerada, cujo verdadeiro prazer é, portanto, a *autonarcose*, essa *aparente* satisfação da necessidade, essa civilização *no interior* da rude barbárie da necessidade. Por isso, as tabernas inglesas são a ilustração *simbólica* da propriedade privada. Seu *luxo* mostra a verdadeira relação do luxo industrial e da riqueza com o homem. Logo, elas são, com razão, também as únicas diversões dominicais do povo, ao menos as únicas tratadas de forma branda pela polícia inglesa.

[Acréscimos]

[XVIII] Nós já vimos como o economista estabelece a unidade entre trabalho e capital de diversos modos: 1) o capital é *trabalho acumulado*; 2) a determinação do capital no interior da produção — em parte, a reprodução do capital como lucro; em parte, o capital como matéria-prima (material do trabalho); em parte, ele mesmo como *instrumento do trabalho* (a máquina é o capital colocado diretamente como idêntico ao trabalho), é *trabalho produtivo*; 3) o trabalhador é um capital; 4) o salário pertence aos custos do capital; 5) em relação ao trabalhador, o trabalho é reprodução de seu capital vital; 6) em relação ao capitalista, é um momento da atividade de seu capital.

Finalmente, 7) o economista supõe a unidade originária de ambos como a unidade entre capitalista e trabalhador; esse é o estado paradisíaco originário. Como esses dois momentos [XIX] se chocam como duas pessoas, trata-se para o economista de um acontecimento *acidental* e, por isso, a ser explicado apenas exteriormente. (Vide Mill.)

As nações que ainda estão fascinadas pelo brilho sensível dos metais nobres e, por isso, ainda são fetichistas do dinheiro em metal — ainda não são nações de dinheiro consumado. Oposição entre França e Inglaterra.

O quanto a solução dos enigmas teóricos é uma tarefa da prática e é mediada pela prática, bem como a verdadeira prática é a condição de uma teoria real e positiva, revela-se, por exemplo, no *fetichismo*. A consciência sensível do fetichista é diferente da do grego, porque sua existência sensível ainda é outra. A hostilidade abstrata entre sentido e espírito é necessária enquanto o sentido humano para a natureza, o sentido humano da natureza, logo, também o sentido *natural* do *homem*, ainda não for produzido pelo próprio trabalho do homem.

A *igualdade* nada mais é que o eu = eu alemão traduzido em francês, isto é, forma política. A igualdade como *fundamento* do comunismo é sua fundamentação *política*, e é o mesmo quando o alemão o fundamenta concebendo o homem como *autoconsciência geral*. Compreende-se que a superação da alienação sempre ocorra a partir da forma da alienação que é o poder *dominante* — na Alemanha, a *autoconsciência*; na França, a *igualdade* por causa da política; na Inglaterra, a necessidade real material que só se mede *praticamente* em si mesma. A partir deste ponto, criticar e reconhecer Proudhon.

Se nós caracterizamos ainda o próprio *comunismo* — como sendo a negação da negação, como a apropriação da essência humana, mediando-se a si mesmo pela negação da propriedade privada, por isso, ainda não como a posição *verdadeira* iniciada a partir de si mesma, mas a partir da propriedade privada, [...] ao velho modo alemão, conforme a fenomenologia de Hegel — [...] como se tivesse terminado agora como um *momento superado*, e se pudesse acalmar com isso, em sua consciência [...] da essência humana somente pela superação *real* [...] de seu pensamento tal como antes [...] então a real alienação da vida humana continua com ele, e uma alienação tanto maior, quanto mais se tem uma consciência sobre ela enquanto tal — pode ser realizado; assim, ela só pode ser realizada pelo comunismo colocado em ação. Para superar o *pensamento* da propriedade privada, basta inteiramente o comunismo *pensado*. Para superar a propriedade privada real, é preciso uma ação comunista *real*. A história a engendrará e aquele movimento, que nós já conhecemos *no pensamento* como superando a si mesmo, na realidade percorrerá um processo muito duro e longo. Mas nós devemos considerá-lo um progresso real pois, desde o início, adquirimos uma consciência tanto da estreiteza como do objetivo do movimento histórico, e uma consciência que o supera.

Quando os *artesãos* comunistas se unem, inicialmente para eles vale como objetivo a doutrina, propaganda, etc. Mas, ao mesmo tempo, desse modo eles se apropriam de uma nova necessidade, a necessidade da sociedade, e aquilo que aparece como meio tornou-se fim. Esse movimento prático pode ser visto em seus resultados mais brilhantes quando se observa os *ouvriers*[76] socialistas franceses. Fumar, beber, comer, etc. já não são mais meios de união ou meios que unem. A sociedade, a associação, o divertimento, que a sociedade novamente tem como objetivo, basta para eles; a fraternidade entre os homens não é nenhuma frase, mas a verdade entre eles, e a nobreza da humanidade ganha luz diante dessas figuras embrutecidas pelo trabalho.

[XX] Quando a economia nacional afirma que procura e oferta sempre se satisfazem, ela, ao mesmo tempo, esquece que, segundo sua própria afirmação, a oferta de *homens* (teoria da população) sempre ultrapassa a procura, logo, esquece que o desequilíbrio entre oferta e procura conhece sua expressão mais decisiva no resultado essencial de toda produção — a existência do homem.

Quanto o dinheiro que surge como meio é o verdadeiro *poder* e o único *objetivo* — quanto, em geral, o meio faz de mim um ser, que se apropria para mim do ser objetivo alheio, é *finalidade em si*... Isso pode ser observado na propriedade da terra, lá onde a terra é fonte de vida, *cavalo* e *espada*, lá onde eles são os *verdadeiros meios de vida* — também são reconhecidos como os verdadeiros poderes políticos vitais. Na Idade Média, um estamento se emancipa tão logo ele possa sustentar a *espada*. Nas populações nômades, é o *cavalo* que me faz livre, participante da coletividade.

---

[76] Em francês no original: "operários". (N.T.)

Nós dissemos acima que o homem regressa à *caverna*, etc., mas sob uma forma alienada, hostil a ele. O selvagem em sua caverna — esse despreocupado elemento natural que se oferece como deleite e abrigo — não se sente alheio, ou melhor, se sente como estando em casa, como o *peixe* na água. Mas o sótão onde vive o pobre é uma hostil "moradia, que se mantém em si como poder alheio, que apenas se entrega a ele na medida em que ele entrega a ela o suor de seu sangue", que ele não pode considerar como seu lar — onde ele pudesse finalmente dizer: aqui estou em casa. — Antes, ele se encontra na casa de um *outro*, em uma casa *estranha*, que diariamente o espreita e, caso não pague aluguel, o põe na rua. Assim como ele conhece a diferença de qualidade entre a sua moradia e a moradia humana *do outro lado*, no céu de riqueza.

A alienação aparece tanto no fato de que *meu* meio de vida é de um *outro*, que isso que é *meu* desejo é a posse inacessível de um *outro*, quanto no fato de que cada coisa é em si mesma *outra* coisa, que minha atividade é *outra*, que finalmente — e isto vale também para os capitalistas —, em geral, o poder *desumano* domina.

A determinação da riqueza esbanjadora e inativa, que somente se entrega à fruição — na qual o desfrutador de fato, por um lado, se *aciona* como um indivíduo apenas *efêmero*, sem substância, que se consome, e que, ao mesmo tempo, conhece o trabalho escravo alheio, o *suor do sangue* humano como a presa de seu desejo, e, por isso, conhece o próprio homem, e também a si mesmo, como um ser sacrificado inútil (quando o desprezo pelos homens aparece como arrogância, como desdém perante o que pode prolongar cem vidas humanas, ou aparece, em parte, como a infame ilusão de que seu esbanjamento desenfreado e seu consumo irresistível, improdutivo, condicionam o *trabalho* e, com isso, a *subsistência* de outro), que conhece a realização das *forças essenciais* humanas apenas como a realização do seu não ser, de seus caprichos e suas ideias arbitrárias, bizarras; que, por outro lado, conhece essa riqueza como um mero meio e coisa digna de aniquilação; que, portanto, é ao mesmo tempo seu escravo e seu senhor, ao mesmo tempo, é generosa e vil, caprichosa, arrogante, pretensiosa, refinada, culta, espirituosa — essa riqueza ainda não experimentou a *riqueza* como um *poder* inteiramente *alheio* sobre si mesma; antes vê nela seu próprio poder, e não a riqueza, mas sim a *fruição* [...] finalidade última. A essa riqueza [...] [XXI] e à ilusão brilhante, cega pela aparência sensível, sobre a essência da riqueza contrapõe-se o industrial *trabalhador, austero, prosaico\econômico* esclarecido sobre essa essência — e, como ele proporciona uma dimensão maior para aquele sibarismo, declara belos elogios às suas produções —, os seus produtos são exatamente outros cumprimentos vis ao apetite do perdulário —, assim ele sabe apropriar-se para si daquele poder que desaparece do único modo útil. Se, por consequência, a riqueza industrial aparece mais como resultado da riqueza perdulária, fantástica — assim, o movimento do primeiro suplanta o último também de modo ativo, por meio de seu próprio movimento. A queda do *juro monetário* é precisamente uma consequência necessária e o resultado do movimento industrial. Então, os meios do rentista perdulário diminuem, numa escala diária, precisamente na proporção *inversa* ao aumento dos meios e das ciladas da fruição. Ele deve então ou consumir seu próprio capital, isto é, ir à falência, ou deve tornar-se um capitalista industrial... Por outro lado, de fato, aumenta a *renda da terra* direta e constantemente com o decurso do movimento industrial, mas — nós já vimos isso — chega um momento em que a propriedade da terra deve cair na categoria do capital que se reproduz com ganho, como qualquer outra propriedade — e é exatamente esse o resultado do mesmo movimento industrial. Logo, também o senhor da terra perdulário deve ou consumir seu capital, isto é, falir — ou tornar-se o arrendatário de seu próprio terreno, tornar-se o industrial que trabalha na agricultura.

A diminuição do juro monetário — que Proudhon considera a superação do capital e tendência à socialização do capital[77] — é portanto, bem mais, apenas um sintoma da vitória completa do capital que trabalha sobre a riqueza perdulária, isto é, a transformação de toda propriedade privada em capital *industrial* — a

---

[77] Proudhon, Pierre-Joseph. *Qu'est-ce que la propriété?*..., IV, 7. (N.E.)

vitória completa da propriedade privada sobre toda *aparência* de suas qualidades humanas e a sujeição completa do proprietário privado à essência da propriedade privada — o *trabalho*.

Sem dúvida, também o capitalista industrial usufrui. De modo algum ele retorna à simplicidade não natural da necessidade, mas sua fruição é apenas uma questão secundária, descanso, subordinada à produção, sendo assim *calculada*, ou seja, fruição *econômica* em si, pois ele acrescenta sua fruição aos custos do capital, e sua fruição só lhe pode custar o quanto foi desperdiçado com ele pela reposição do lucro com a reprodução do capital. A fruição, portanto, está subsumida ao capital, o indivíduo que frui está subsumido ao indivíduo que capitaliza, enquanto antes ocorria o contrário. A diminuição dos juros é, por isso, apenas um sintoma da superação do capital na medida em que é sintoma de seu domínio completo, alienação que se completa e que por isso avança para a sua superação. Em geral, esse é o único modo em que o existente confirma o seu contrário.

A querela dos economistas sobre luxo e poupança, portanto, é apenas a querela da economia nacional esclarecida sobre a essência da riqueza com aqueles ainda afetados por lembranças anti-industriais românticas. Mas ambas as partes não sabem expressar de maneira simples o objeto da polêmica e, portanto, não podem acabar com ela.

[XXXIV] Além disso, a *renda da terra* seria derrubada como renda da terra — na medida em que a nova economia nacional antes comprovaria, em oposição ao argumento dos fisiocratas de que o proprietário de terra seria o único produtor, que o proprietário da terra como tal seria bem mais o único que vive de rendimento inteiramente improdutivo. A agricultura seria coisa do capitalista, que utilizaria seu capital dessa maneira, caso esperasse dele o ganho habitual. A afirmação dos fisiocratas — de que a propriedade da terra seria a única propriedade produtiva que teria de pagar imposto ao Estado, logo, também a única a aprová-lo e a participar do sistema estatal — transforma-se, assim, na determinação contrária de que o imposto sobre a terra seria o único imposto de um rendimento improdutivo, portanto, o único imposto que não seria prejudicial à produção nacional. Compreende-se que, assim concebido, também o privilégio político do proprietário de terra não resulta do fato de ser o principal tributado.

Tudo o que Proudhon concebe como movimento do trabalho contra o capital é apenas o movimento do trabalho na determinação do capital, do *capital industrial* contra o capital que se consome não *como* capital, quer dizer, como capital não industrial. E esse movimento segue seu caminho vitorioso, ou seja, o caminho da vitória do capital *industrial*. —Vê-se, portanto, que somente quando o *trabalho* é concebido como essência da propriedade privada também o movimento da economia nacional como tal pode ser visto em sua real determinação.

[FRAGMENTOS]

[Divisão do trabalho]

A *sociedade* — tal como ela aparece para o economista nacional — é a *sociedade burguesa*, na qual cada indivíduo é um todo de necessidades e apenas |[XXX]V| existe para o outro, tal como o outro apenas existe para ele na medida em que se tornam reciprocamente meios. O economista — tão bem como a política em seus *direitos humanos* — reduz tudo ao homem, isto é, ao indivíduo, do qual retira toda a determinação, para fixá-lo como capitalista ou trabalhador. A *divisão do trabalho* é a expressão da economia nacional da *sociabilidade do trabalho* no interior da alienação. Ou, como o *trabalho* é apenas uma expressão da atividade humana no interior da exteriorização, da expressão da vida como exteriorização da vida, assim também a *divisão do trabalho* nada mais é que o pôr *alienado, exteriorizado* da atividade humana como uma *atividade genérica real* ou como *atividade* do *homem como ser genérico.*

Sobre a *essência* da *divisão do trabalho* — que naturalmente devia ser concebida como motor principal da produção da riqueza tão logo o *trabalho* fosse reconhecido como a *essência* da *propriedade privada* —, quer dizer, sobre essa *forma alienada* e *estranha* da *atividade humana como atividade genérica*, os economistas nacionais são bastante confusos e se contradizem.

*Adam Smith*: "A *divisão do trabalho* não deve sua origem à sabedoria humana. Ela é a necessária, lenta e progressiva consequência da inclinação para a troca e para o tráfico recíproco dos produtos. Essa inclinação para o comércio é provavelmente uma consequência necessária do uso da razão e da palavra. Ela é comum a todos os seres humanos, mas não se encontra em nenhum animal. O animal, tão logo cresce, vive por conta própria. O homem sempre necessita do apoio de outros e em vão esperaria algo de sua benevolência. Será muito mais seguro dirigir-se ao interesse pessoal deles e convencê-los de que sua própria vantagem requer que se faça aquilo que se deseja deles. Nós nos dirigimos aos outros homens, não à sua *humanidade*, mas ao seu *egoísmo*; nós nunca falamos com eles de *nossas necessidades*, mas sempre de *suas vantagens*... E como recebemos, portanto, a maioria dos bons serviços de que necessitamos reciprocamente por meio da troca, do comércio, do regateio, então é essa disposição para o *regateio* que deu origem à *divisão do trabalho*. Por exemplo, em uma tribo de caçadores ou pastores, um indivíduo particular faz arcos e cordas com mais velocidade e habilidade que um outro. Ele troca frequentemente com os seus colegas essas espécies de trabalho diário por gado e caça; logo ele nota que, por esse meio, pode conseguir mais facilmente tais produtos do que se ele mesmo fosse caçar. Portanto, a partir de um cálculo interessado, ele faz da fabricação de arcos, etc. sua ocupação principal. A diferença de *talentos naturais* entre os indivíduos não é tanto a *causa* como o *efeito* da divisão do trabalho... Sem a disposição do homem para o comércio e a troca, cada um seria obrigado a satisfazer sozinho todas as necessidades e comodidades da vida. Cada um teria de realizar *o mesmo trabalho diário* e aquela *grande diferença* das *ocupações,* que apenas uma grande diferença de talentos poderia criar, não teria ocorrido... Mas como essa inclinação para a troca gera a diversidade de talentos entre os homens, é também a mesma inclinação que torna útil tal diversidade. — Muitas raças animais, ainda que da mesma espécie, adquiriram da natureza diferentes características, que, em relação à sua disposição, são mais evidentes do que as existentes entre homens incultos. Por natureza, um filósofo não é nem na metade diferente em talento e inteligência do que um carregador, assim como um cão doméstico de um galgo, um galgo de um perdigueiro e esse de um pastor alemão. Porém, essas diferentes raças de animais, embora sejam da mesma espécie, não são de quase nenhuma utilidade umas para as outras. O cão de guarda não pode acrescentar nada à vantagem de sua força [XXXVI] servindo-se de algo da agilidade do galgo, etc. Os efeitos desses diferentes talentos e graus de inteligência, na falta de capacidade ou de inclinação para o comércio e a troca, não podem ser usados juntos e não podem de modo algum contribuir para a *vantagem* ou para a *comodidade comum* da espécie... Cada animal deve manter-se a si mesmo e se proteger independentemente do outro — não pode tirar o menor proveito da diversidade de talentos que a natureza distribuiu entre os seus semelhantes. Entre os homens, ao contrário, os mais díspares talentos são úteis uns para os outros porque os *diferentes produtos* de cada um de seus respectivos ramos industriais, por intermédio dessa inclinação geral para o comércio e a troca, encontram-se, por assim dizer, em uma massa comum, onde cada homem pode ir comprar segundo sua necessidade qualquer parte do produto da indústria do outro. — Porque essa propensão dá origem à *troca* da *divisão do trabalho*, ocorre que o *crescimento dessa divisão* é sempre limitado pela *expansão da capacidade de troca*, ou, em outras palavras, pela *expansão* do mercado. Se o mercado for muito pequeno, então ninguém será encorajado a entregar-se inteiramente a uma única atividade, por falta do excedente do produto de seu trabalho que ultrapasse seu próprio consumo, em troca de um mesmo excedente do produto do trabalho de um outro, que ele desejasse criar para poder trocar..."

Na situação *desenvolvida:* "Cada homem consiste em *échanges*,[78] em troca, e torna-se uma espécie de *comerciante*, e a *própria sociedade* é ela mesma uma

---

[78] Em francês no original: "trocas". (N.T.)

sociedade *impulsionadora do comércio*. (Vide Destutt de Tracy: a sociedade é uma série de trocas recíprocas, no *Commerce* está toda a essência da sociedade.) ... A acumulação do capital aumenta com a divisão do trabalho e vice-versa."

Até aqui *Adam Smith*.[79] "Se cada família produzisse a totalidade dos objetos de seu consumo, a sociedade continuaria a existir apesar de não efetuar nenhum tipo de troca — *sem* ser *fundamental*, a troca é imprescindível na situação avançada de nossa sociedade —, a divisão do trabalho é uma aplicação hábil das forças do homem — então, ela aumenta os produtos da sociedade, o seu poder e seus desfrutes, mas ela rouba, diminui a capacidade de cada homem tomado isoladamente. — A produção não pode ocorrer sem a troca."

Assim, J.B. *Say*.[80] "As forças inerentes ao homem são: sua inteligência e sua disposição física para o trabalho; aquelas que derivam sua origem da situação social consistem: na capacidade de *dividir o trabalho* e de *repartir os diferentes trabalhos entre os diferentes homens* (...) e na *capacidade* de trocar os *serviços mútuos* e os produtos que constituem esses meios (...). O motivo pelo qual um homem dedica seu serviço a outro é o

---

[79] Smith, Adam. *Recherches sur la nature et les causes de la richesse des nations*, idem, t.1, p. 29-37. (N.E.)
[80] Say, Jean-Baptiste. *Traité d'économie politique, ou simple exposition de la manière dont se forment, se distribuent et se consomment les richesses*, idem, t. 1, p. 76-77. (N.E.)

interesse próprio — o homem exige uma recompensa para o serviço realizado para um outro. — O direito da propriedade privada exclusiva é imprescindível para que se estabeleça a troca entre os homens." "Troca e divisão do trabalho se condicionam reciprocamente."

Segundo *Skarbek*.[81]

*Mill* apresenta a troca desenvolvida, o *comércio*, como *consequência da divisão do trabalho*. "A atividade do homem pode ser reduzida a elementos bem simples. Na verdade, ele nada mais faz do que produzir movimento; ele pode mover as coisas para afastá-las [XXXVII] ou para aproximá-las umas das outras; as propriedades da matéria fazem o resto. Na aplicação do trabalho e das máquinas frequentemente ocorre que os efeitos podem ser aumentados por meio de uma divisão hábil, pela separação das operações que se opõem e pela união de todas aquelas que de alguma maneira podem se apoiar reciprocamente. Como, em geral, os homens não podem realizar muitas operações diferentes com a mesma velocidade e habilidade, como o hábito lhes cria essa capacidade para o exercício de um número pequeno, logo, é sempre vantajoso limitar o quanto possível o número de operações confiadas a cada indivíduo. — Para a divisão do trabalho e a repartição das forças dos homens e das máquinas da maneira mais vantajosa é necessário, em muitos casos, operar em larga escala, ou, em outras

---

[81] Skarbek, Frédéric. *Théorie des richesses sociales. Suivie d'une bibliographie de l'économie politique*, t.1, Paris, 1829, p. 25-26. (N.E.)

palavras, produzir riquezas em grande massa. Essa vantagem é o motivo do surgimento das grandes manufaturas, das quais frequentemente um pequeno número, apoiado em boas condições, abastece não apenas um único país, mas vários com a quantidade exigida de objetos produzidos por elas." Assim *Mill*.[82]

Mas toda a moderna economia nacional concorda que a divisão do trabalho e a riqueza da produção, divisão do trabalho e acumulação do capital, se condicionam reciprocamente, assim como somente a propriedade privada *deixada livre*, entregue a si mesma, pode ocasionar a mais útil e abrangente divisão do trabalho.

A exposição de *Adam Smith* pode ser resumida assim: a divisão do trabalho confere ao trabalho a infinita capacidade de produzir. Ela está fundada na *inclinação* para a *troca* e o *regateio*, uma inclinação especificamente humana, que provavelmente não é ocasional, mas está condicionada pelo uso da razão e da linguagem. O motivo daquele que troca não é a *humanidade*, mas o *egoísmo*. A diversidade de talentos humanos é mais o efeito do que a causa da divisão do trabalho, isto é, da troca. Também é só com a última que essa diversidade se torna útil. As características peculiares das diferentes raças de uma espécie animal são por natureza mais acentuadas que a diversidade da disposição e da atividade humanas. Mas como os

---

[82] Mill, James. *Eléments d'économie politique, idem*, p. 7. (N.E.)

animais não podem *trocar*, nenhum animal utiliza a capacidade diferente de um animal do mesmo tipo, mas de raça diferente. Os animais não podem reunir as diferentes características de sua espécie; eles não podem contribuir para a vantagem *comum* e a comodidade de sua espécie. O *homem* é diferente, pois os talentos e os modos de atividade mais díspares são utilizados reciprocamente *porque* eles podem reunir seus *diferentes* produtos em uma massa comum, da qual cada um pode comprar. Como a divisão do trabalho provém da inclinação para a *troca*, ela, portanto, cresce e é limitada pela *expansão* da *troca*, do *mercado*. Em situação avançada cada homem é um *comerciante*, a sociedade é uma *sociedade comercial*.

*Say* considera a *troca* ocasional e não fundamental. A sociedade poderia subsistir sem ela. Ela torna-se indispensável em uma situação avançada da sociedade. Entretanto, não pode haver *produção sem ela*. A divisão do trabalho é um meio *cômodo, útil*, uma hábil aplicação das forças humanas para a riqueza social, mas ela reduz a *capacidade de cada homem* considerado *individualmente*. A última observação é um avanço de Say.

*Skarbek* diferencia as forças *individuais inerentes* ao *homem* — inteligência e disposição física para o trabalho — das forças *derivadas* da sociedade — *troca* e *divisão do trabalho* —, que se condicionam reciprocamente. Mas o pressuposto necessário da troca é a *propriedade privada*. Skarbek expressa aqui de forma objetiva o que Smith, Say, Ricardo, etc. dizem quando eles caracterizam o *egoísmo*, o *interesse privado* como fundamento da troca, ou o *regateio* como a forma *essencial* e *adequada* da troca.

*Mill* apresenta o *comércio* como consequência da *divisão do trabalho*. Para ele, a atividade *humana* se reduz a um *movimento mecânico*, divisão do trabalho e uso de máquinas promovem a riqueza da produção. Deve-se confiar a cada pessoa uma esfera tão pequena quanto possível de operações. Por sua vez, divisão do trabalho e uso de máquinas condicionam a produção de riqueza em massa, logo, do produto. Esse é o fundamento das grandes manufaturas.

[XXXVIII] A consideração da *divisão do trabalho* e da *troca* é do maior interesse, porque elas são as expressões *manifestas, exteriorizadas* da *atividade* e da *força essencial* humanas, como uma atividade e força essencial *conformes ao gênero*.

Que a *divisão do trabalho* e a *troca* apoiam-se na *propriedade privada* não é senão a afirmação de que o *trabalho* é a essência da propriedade privada, uma afirmação que o economista não pode demonstrar, e que nós queremos demonstrar para ele. Justamente no fato de que *divisão do trabalho* e *troca* são formas da propriedade privada, aí encontra-se a dupla demonstração de que tanto a vida *humana* necessitou da *propriedade privada* para a sua realização como, por outro lado, que ela necessita agora da superação da propriedade privada.

*Divisão do trabalho* e *troca* são dois fenômenos nos quais o economista reclama a sociabilidade de sua ciência e exprime, inconscientemente em um só fôlego, a contradição de sua ciência, a fundação da sociedade pelo interesse particular não social.

Os momentos que temos de considerar são: inicialmente, a *inclinação* para a *troca* — cujo fundamento está no egoísmo — é considerada fundamento ou ação recíproca da divisão do trabalho. Say considera a troca como não sendo *fundamental* para a essência da sociedade. A riqueza, a produção é explicada pela divisão do trabalho e pela troca. O empobrecimento e perda de essência da atividade individual pela divisão do trabalho são admitidos. Troca e divisão do trabalho são reconhecidas como produtoras da grande *variedade de talentos humanos*, uma variedade que por meio das primeiras novamente se torna útil. Skarbek divide a produção, ou as forças produtivas essenciais, em duas partes: 1) as individuais e inerentes a ele, sua inteligência e disposição especial ou capacidade de trabalho, 2) as *derivadas* da sociedade — não do indivíduo real —, a divisão do trabalho e a troca. Além disso: a divisão do trabalho é limitada pelo *mercado*. O trabalho humano é um simples *movimento mecânico*; o principal é feito pelas características materiais dos objetos. A cada indivíduo deve ser atribuído o mínimo possível de operações — separação do trabalho e concentração do capital, a nulidade da produção individual e a produção de riqueza em massa. Entendimento da propriedade privada livre na divisão do trabalho.

## [Dinheiro]

|XL[I]| Se as *sensações*, paixões, etc. do homem não são apenas determinações antropológicas em sentido estrito, mas verdadeiras afirmações essenciais (naturais), *ontológicas*, e, se elas somente se afirmam quando seu *objeto* é *sensível* para elas, logo, entende-se que: 1) o modo de sua afirmação não é de maneira alguma único e igual, mas é o modo diferente de afirmação que forma a peculiaridade de sua existência, de sua vida; o modo como o objeto é para ela é o modo próprio de sua *fruição*; 2) aí, onde a afirmação sensível é a imediata superação do objeto em sua forma autônoma (comer, beber, elaborar o objeto, etc.), ocorre a afirmação do objeto; 3) na medida em que o homem é *humano*, ou seja, na medida em que também a sua sensação, etc. é *humana*, a afirmação do objeto por um outro é igualmente a sua própria fruição; 4) somente com a indústria desenvolvida, ou seja, com a mediação da propriedade privada, a essência ontológica da paixão humana torna-se tanto sua totalidade como sua humanidade; a ciência do homem é então ela mesma um produto da autoatividade prática do homem; 5) o sentido da propriedade privada — livre de sua alienação — é a *existência* dos *objetos essenciais* para o homem, tanto como objeto de fruição como da atividade.

O *dinheiro*, na medida em que possui a *qualidade* de comprar tudo, na medida em que possui a qualidade de se apropriar de todos os objetos, é, portanto, o *objeto* enquanto possessão eminente. A universalidade de sua *qualidade* é a onipotência de seu ser; por isso, ele vale como ser onipotente. ... O dinheiro é o *atravessador* entre a necessidade e o objeto, entre a vida e o meio de vida do homem. Mas o que permeia *minha* vida, *permeia* também a existência do outro homem comigo. Isso é para mim o *outro* homem.

> "Com a breca! Pernas, braços, peito,
> cabeça, sexo, aquilo é teu;
> mas, tudo o que, fresco, aproveito,
> será por isso menos meu?
> Se podes pagar seis cavalos,
> as suas forças não governas?
> Corres por morros, clivos, valos,
> qual possuidor de vinte e quatro pernas."
>
> Goethe, *Fausto*. (Mefistófeles)[83]

Shakespeare em *Timon de Atenas*:

> "Ouro? Amarelo, precioso e brilhante?
> Deuses, não falo em vão.
> Um pouco disto
> Faz preto, branco; todo errado, certo;
> Nobre, o vil; moço, o velho; bravo, o fraco
> Pois se isto
> De si afasta servo e sacerdote,

---

[83] Goethe, Johann Wolfgang von. *Fausto*: uma tragédia. Parte I. Trad. Jenny K. Segall. São Paulo: Ed. 34, 2004, p. 179. (N.T.)

Mata o homem sério, tirando-lhe o fôlego.
Este crápula amarelo
Erige e mata a fé. Ao vil dá bênção,
Faz a lepra adorada, e os ladrões
Nobres notáveis, reverenciados,
Iguais aos senadores. Isto aqui
É que recasa a viúva enrugada:
Às doentes e ulceradas que são
Vistas com nojo, isto aqui perfuma
Qual dia de abril. Sim, terra maldita,
Puta da humanidade, que traz luta
Entre as ralés do mundo."

E mais abaixo:

"Rei-assassino, áureo divisor
De pai e filho, luz dos violadores
Do mais puro Himeneu, valente Marte,
Amante sempre jovem, fresco, amado,
Cujo rubor derrete o voto santo
Do seio de Diana! Oh, *deus visível*,
Apto a soldar *impossibilidades*,
E a fazê-las beijar-se; ele tem fala
[XLII] Pra todo anseio. Amuleto do peito,
Julgue rebelde o homem, e o ordene
A entrar em conflito, pra que as feras
Tenham mando do mundo!"[84]

---

[84] Shakespeare, William. *Timon de Atenas*, ato IV, cena III. *In: Idem. Tragédias e comédias sombrias*: teatro completo, v. 1. Trad. Barbara Heliodora. 3. imp. Rio de Janeiro: Nova Aguilar, 2009, p. 1341 e 1355. Com adaptações relativas à edição da *MEGA2*. (N.T.)

Shakespeare esboça acertadamente a essência do *dinheiro*. Para entendê-lo, comecemos com a interpretação da passagem de Goethe. O que é o *dinheiro* para mim, o que eu posso pagar, isto é, *sou eu*, o próprio proprietário do dinheiro. Tão grande quanto for a força do dinheiro, tão grande é a minha força. As propriedades do dinheiro são minhas propriedades e forças essenciais — seu proprietário. O que eu *sou* e *consigo* não é de modo algum determinado pela minha individualidade. Eu sou *feio*, mas eu posso comprar para mim a mulher *mais bonita*. Portanto eu não sou *feio*, pois o efeito da *feiura*, sua força repulsiva, é eliminada pelo dinheiro. Eu — segundo minha individualidade — sou *manco*, mas o dinheiro me garante 24 pés, logo não sou manco; eu sou um homem mau, desonesto, sem escrúpulos, vulgar, mas o dinheiro é honrado, e, portanto, também o é seu proprietário. O dinheiro é o bem supremo, portanto seu proprietário é bom; o dinheiro me dispensa ainda do esforço de ser desonesto, logo, eu também sou considerado honesto; eu sou *enfadonho*, mas o dinheiro é o *verdadeiro espírito* de todas as coisas, como poderia seu dono ser enfadonho? Além disso, ele pode comprar as pessoas mais espirituosas, e quem tem o poder sobre os espirituosos não é mais rico de espírito do que o espirituoso? Eu, que com o *dinheiro* consigo *tudo* o que um coração humano deseja, não possuo todas as capacidades humanas? Meu dinheiro não transforma todas as minhas incapacidades em seu contrário?

Se o *dinheiro* é o elo que me liga à vida *humana*, que liga a sociedade a mim, que me liga à natureza e ao homem, não é o dinheiro o elo de todos os *elos*? Ele não pode atar e desatar todos os laços? Por isso, ele não é também o *meio de separação* geral? Ele é a verdadeira *moeda divisionária*, como o verdadeiro *meio de união*, a força *química galvanizadora* da sociedade.

Shakespeare destaca especialmente duas propriedades do dinheiro:

1) é a divindade visível, a mutação de todas as qualidades humanas e naturais em seu contrário, a confusão e a inversão geral das coisas; ele confraterniza as impossibilidades;

2) ele é a meretriz geral, o cafetão geral de homens e povos.

A inversão e confusão de todas as qualidades humanas e naturais, a confraternização das impossibilidades — a força *divina* — do dinheiro está em sua *essência* como *ser genérico* alienado, exteriorizado e que se desprende do homem. É a *capacidade* exteriorizada da *humanidade*.

O que eu não consigo como *homem*, o que, portanto, todas as minhas forças essenciais individuais não conseguem, eu consigo com o *dinheiro*. O dinheiro faz, então, de cada uma dessas forças essenciais, o que ela não é em si, ou seja, o seu *contrário*.

Se eu desejo uma refeição ou preciso da mala-posta porque não sou forte o suficiente para fazer o caminho a pé, então o dinheiro me proporciona a refeição e a mala-posta, isto é, ele transforma meus desejos de seres ideais, ele os traduz de sua existência pensada, representada, desejada, em sua existência *sensível, real,* da representação para a vida, do ser imaginado para o ser real. Sendo essa mediação, ele é a força *criadora verdadeira.*

A *demande*[85] existe também para quem não tem dinheiro, mas sua *demande* é um mero ser ideal que não tem efeito algum sobre mim, sobre o terceiro, sobre os demais [XLIII], nenhuma existência, portanto, para mim mesmo ela permanece *irreal, sem objeto.* A diferença entre a *demande* efetiva, baseada no dinheiro, e a sem efeito baseada na minha necessidade, minha paixão, meu desejo, etc. é a diferença entre *ser* e *pensar*, entre a mera representação que *existe* em mim e a representação tal como ela é para mim enquanto *objeto real* fora de mim.

Se eu não tenho dinheiro algum para viajar, não tenho nenhuma *necessidade*, isto é, nenhuma necessidade real e se realizando de viajar. Se eu tenho *vocação* para isso, mas não tenho dinheiro para isso, não tenho *nenhuma* vocação para estudar, isto é, nenhuma vocação *real*, nenhuma vocação *verdadeira*. Ao contrário, se eu não tenho vocação *alguma* para estudar, mas se tenho a vontade *e* o dinheiro, eu tenho uma vocação *real* para isso. O *dinheiro* — exterior e não proveniente do homem enquanto homem, e não proveniente da

---

[85] Em francês no original: "procura". (N.T.)

sociedade humana enquanto sociedade —, *meio* e *capacidade* gerais de transformar a *representação em realidade,* e a *realidade em mera representação,* transforma tanto as *forças essenciais humanas, reais e naturais,* em representações abstratas comuns e, por isso, em *imperfeições,* fantasias angustiantes; bem como, por outro lado, ele transforma as *imperfeições reais e as fantasias angustiantes,* as forças essenciais realmente impotentes, apenas existentes na imaginação do indivíduo, em *forças essenciais* e *capacidades reais.* Já segundo essa determinação, o dinheiro é então a inversão geral das *individualidades,* que ele converte em seu contrário e lhes confere qualidades que contradizem as suas próprias qualidades.

Ele aparece, então, como esse poder *invertido* também face ao indivíduo e face aos laços sociais, etc., que pretendem ser *essência* para si. Ele transforma a fidelidade em infidelidade, o amor em ódio, o ódio em amor, a virtude em vício, o vício em virtude, o servo em senhor, o senhor em servo, a estupidez em entendimento, o entendimento em estupidez.

Como o dinheiro, enquanto conceito existente e atuante do valor, confunde e troca todas as coisas, ele é, portanto, a *confusão* e a *troca* de todas as coisas, logo, o mundo invertido, a confusão e a troca de todas as qualidades naturais e humanas.

Quem pode comprar coragem é corajoso, por mais covarde que seja. Como o dinheiro pode ser trocado não por uma determinada qualidade, por uma determinada coisa, por forças humanas essenciais, mas por todo o mundo objetivo humano e natural, portanto, ele troca — do ponto de vista de seu proprietário — toda qualidade por outra — e, assim, também por qualidade e objeto contrários a ele —; ele é a confraternização das impossibilidades, ele obriga os contraditórios a se beijarem.

Pressupondo o *homem* enquanto *homem* e sua relação com o mundo como sendo humana, então tu só podes trocar amor por amor, confiança só por confiança, etc. Caso queiras desfrutar da arte, tu deves ser um homem formado artisticamente; se queres exercer influência sobre outros homens e sobre a natureza, tu deves ser uma *exteriorização determinada,* correspondente ao objeto de tua vontade, de tua vida *individual real.* Se tu amas sem despertar amor recíproco, isto é, se teu amor como amor não produz amor recíproco, se tu com tua *manifestação de vida* enquanto homem que ama não te tornas *homem amado,* então o teu amor é impotente, é uma infelicidade.

ÍNDICE DE NOMES REFERIDOS POR MARX

*Aristóteles* (384-322 a.C.). Filósofo grego, autor de obras sobre lógica, metafísica, ética, política, retórica, poética, etc., p. 250.

*Bauer, Bruno* (1809-1882). Filósofo e historiador da religião; jovem hegeliano, p. 253, 254, 255.

*Bergasse, Nicolas* (1740-1832). Político e advogado francês; monarquista e fisiocrata, p. 218.

*Brougham, Henry Peter. Lord* (1778-1868). Jurista inglês, escritor, estadista e dirigente dos Whigs, p. 133.

*Buret, Antoine-Eugène* (1810-1842). Socialista e economista francês, partidário de Jean de Sismondi, p. 135, 136, 137.

*Cabet, Étienne* (1788-1856). Escritor e político francês, autor de *Viagem à Icária*, p. 236.

*Chevalier, Michel* (1806-1879). Engenheiro francês, economista e partidário de Saint-Simon nos anos 30 do século XIX, depois defensor do livre-comércio, p. 220, 297.

*Courier de Mére, Paul-Louis* (1772–1825). Filólogo e jornalista francês, p. 220.

*Cronos.* Divindade da mitologia pré-helênica, considerado deus do tempo, destronado por seu filho Zeus, p. 131.

*Desmoulins, Camille* (1760–1794). Político e jornalista francês, um dos principais incentivadores da Revolução Francesa, p. 218.

*Destutt de Tracy, Antoine-Louis-Claude* (1754–1836). Filósofo e político francês, autor de *Éléments d'idéologie*, p. 220, 313.

*Diana.* Deusa romana da caça e dos animais, p. 321.

*Dom Quixote.* Personagem da obra de Miguel de Cervantes, fidalgo que perde a razão lendo literatura de cavalaria e sofre de delírios tentando imitar os feitos de seus heróis, p. 219.

*Engels, Friedrich* (1820–1895). Filósofo alemão, fundador do marxismo junto com Karl Marx, p. 114, 224.

*Ésquilo* (c.526–c.456 a.C.). Tragediógrafo grego, p. 291.

*Fausto.* Personagem que intitula uma das grandes obras de Goethe; sábio erudito que vende sua alma ao diabo em troca da plena felicidade, p. 320.

*Feuerbach, Ludwig* (1804-1872). Filósofo alemão, crítico da religião e autor de inúmeras obras, p. 114, 115, 248, 255, 256, 257, 258, 274, 275.

*Fourier, Charles* (1772-1837). Pensador francês, autor de um projeto sistemático de reforma social, p. 232.

*Funke, Georg Ludwig Wilhelm* (1808-1862). Teólogo alemão, hegeliano de direita, p. 218.

*Ganilh, Charles* (1758-1836). Político e economista francês, defensor do mercantilismo, p. 220.

*Goethe, Johann Wolfgang von* (1749-1832). Escritor, poeta e dramaturgo alemão, p. 320, 322.

*Gruppe, Otto Friedrich* (1804-1876). Filósofo e escritor crítico de Hegel, p. 255.

*Haller, Carl Ludwig von* (1768-1854). Historiador suíço, defensor da escravidão e do absolutismo, p. 218.

*Hegel, Georg Wilhelm Friedrich* (1770-1831). Filósofo, maior expoente do idealismo alemão e autor de extensa obra, p. 115, 253, 257, 258, 259, 260, 262, 263, 264, 265, 266, 272, 273, 274, 275, 276, 278, 279, 280, 281, 282, 283, 284, 286, 301.

*Hess, Moses* (1812–1875). Filósofo e jornalista alemão, p. 114, 242.

*Himeneu*. Deus grego do casamento, filho de Apolo, p. 321.

*Kosegarten, Wilhelm* (1792–1868). Jornalista, defensor dos privilégios da nobreza e da ordem de classes prussiana, p. 218.

*Lancizolle, Karl Wilhelm von Deleuze de* (1796–1871). Jurista alemão e diretor do arquivo estatal prussiano, p. 218.

*Lauderdale, James Maitland. Conde de* (1759–1839). Economista e político inglês, p. 295.

*Leo, Heinrich* (1799–1878). Historiador e jornalista alemão, ligado à aristocracia agrária prussiana, p. 218.

*Loudon, Charles* (1801–1844). Médico e escritor inglês, que em 1833 participou de comissão para analisar o trabalho fabril, p. 134.

*Louis Philippe. Duque d'Orléans* (1773–1850). Rei da França de 1830 a 1848, p. 158.

*Lutero, Martinho* (1483–1546). Teólogo, escritor e tradutor alemão. Figura central da Reforma Protestante, p. 224.

*Malthus, Thomas* (1766-1834). Economista e demógrafo britânico, p. 295.

*Marshall, John* (1783-1841). Economista inglês, p. 156.

*Marte.* Deus romano da guerra, p. 321.

*McCulloch, John Ramsay* (1789-1864). Economista inglês e divulgador da obra de Ricardo, p. 220.

*Mefistófeles.* Personagem demoníaco a quem Fausto entrega a alma em troca de sabedoria, rejuvenescimento e do amor de uma jovem, p. 320.

*Mill, James* (1773-1836). Filósofo, historiador e economista escocês, defensor do utilitarismo, p. 213, 220, 226, 297, 299, 314, 315, 317.

*Möser, Justus* (1720-1794). Estadista, historiador e escritor político alemão, p. 218.

*Owen, Robert* (1771-1858). Pensador britânico, criador de comunidades industriais e defensor de novidades pedagógicas, p. 237.

*Pecqueur, Constantin* (1801-1887). Economista francês e autor de obra sobre a economia social e política, p. 134, 157.

*Prometeu*. Figura da mitologia grega, castigado por Zeus ao roubar o fogo do Olimpo e entregá-lo aos homens, p. 291.

*Proudhon, Pierre-Joseph* (1809–1865). Filósofo e economista francês, autor de várias obras que exerceram influência nos movimentos anarquistas e federalistas, p. 128, 206, 207, 231, 300, 305, 307.

*Quesnay, François* (1694–1774). Médico e economista francês, fundador da teoria fisiocrática, p. 226.

*Ricardo, David* (1772–1823). Economista inglês; um dos principais representantes da economia clássica, p. 160, 213, 220, 225, 226, 295, 297, 317.

*Saint-Simon, Claude-Henri de Rouvroy. Conde de* (1760–1825). Filósofo e economista francês, p. 220, 232.

*Say, Jean-Baptiste* (1767–1832). Economista francês que difundiu as teses de Adam Smith, p. 141, 148, 165, 167, 171, 174, 213, 226, 295, 313, 316, 317, 318.

*Schulz, Wilhelm* (1797–1860). Jornalista alemão que participou da Revolução de 1848–1849, p. 130, 133, 156, 164.

*Shakespeare, William* (1564–1616). Dramaturgo, escritor e poeta inglês, autor de extensa obra, p. 320, 322, 323.

*Sismondi, Jean-Charles-Léonard Simonde de* (1773-1842). Economista e historiador suíço, p. 160, 218.

*Skarbek, Frédéric* (1792-1866). Economista polonês adepto das ideias de Adam Smith, p. 314, 317, 318.

*Smith, Adam* (1723-1790). Economista e filósofo britânico; fundador da economia liberal clássica, p. 118, 124, 142, 143, 144, 148, 149, 150, 151, 153, 154, 161, 163, 165, 167, 168, 169, 171, 172, 173, 174, 175, 176, 179, 180, 213, 215, 223, 224, 226, 310, 313, 316, 317.

*Strauss, David Friedrich* (1808-1874). Filósofo e teólogo alemão; hegeliano de esquerda, p. 253, 254.

*Timão*. Personagem de Shakespeare; mecenas que serve fartamente supostos admiradores, mas que cai em ruína e abandono quando sua fortuna se esvai, p. 320.

*Villegardelle, François* (1810-1856). Jornalista francês, partidário, durante um período, de Charles Fourier, p. 236.

*Vincke, Friedrich Ludwig Wilhelm Philipp. Barão de* (1774-1844). Estadista prussiano, p. 218.

*Weitling, Wilhelm Christian* (1808-1871). Alfaiate, membro da Liga dos Justos no início do movimento comunista na Alemanha, p. 114.

CONTINUE COM A GENTE!

- Editora Martin Claret
- editoramartinclaret
- @EdMartinClaret
- www.martinclaret.com.br